MARGARET STONBOROUGH-WITTGENSTEIN

URSULA PROKOP

MARGARET STONBOROUGH-WITTGENSTEIN

INTELLECTUELLE, MÉCÈNE ET BÂTISSEUSE

Traduit de l'allemand (Autriche)
par Françoise Stonborough

LES ÉDITIONS NOIR SUR BLANC

Titre original :
Margaret Stonborough-Wittgenstein, Bauherrin, Intellektuelle, Mäzenin.

ISBN : 978-2-88250-229-2

Préface

On s'est jusqu'ici peu intéressé à Margaret Stonborough-Wittgenstein, alors même que cette sœur aînée du philosophe Ludwig Wittgenstein a joué un rôle non négligeable dans l'histoire de l'art et de la culture de la première moitié du XXe siècle en Autriche. On la connaît surtout à travers le célèbre portrait peint par Gustav Klimt, qui fait d'elle une beauté fin de siècle, ou encore comme propriétaire de la fameuse « Maison Wittgenstein » à Vienne. Mais en dépit de ces deux icônes de la modernité viennoise – et malgré la surabondante littérature consacrée à son frère le philosophe –, elle demeurait insaisissable. Ajoutons que les nombreux essais consacrés à la « Maison Wittgenstein », tendent à marginaliser Margaret Stonborough et à minimiser le rôle qu'elle a joué en tant que maîtresse-d'œuvre[1]. Faute de s'être sérieusement intéressés à elle, les auteurs « wittgensteiniens » en ont parfois donné l'image plutôt négative d'une mondaine.

1. Voir à ce sujet, notamment, Thomas Zaunschirm, *Gustav Klimt-Margaret Stonborough-Wittgenstein,* Francfort sur le Main 1988, Paul Wijdeveld, *Ludwig Wittgenstein, Architekt,* Amsterdam 1994, et Bernhard Leitner, *Das Wittgenstein Haus,* Ostfilden-Ruit, 2000.

Ses mérites personnels en tant que mécène et soutien des arts ont donc été passés sous silence. De même que l'on a ignoré l'importance et la constance de son engagement humanitaire, mais aussi son intérêt pour les sciences, ses contacts avec de nombreux savants et la générosité avec laquelle elle a soutenu leurs travaux. Enfin, il faut rappeler l'influence non négligeable qu'elle a exercée sur son frère Ludwig Wittgenstein, dont la personnalité complexe ne saurait être appréhendée – si elle peut l'être – sans référence au tissu serré de ses relations familiales. Si l'on admet le concept de créativité dans le sens élargi qu'on lui donne aujourd'hui et qui ne se réduit pas à la production d'œuvres proprement dites, on peut affirmer que Margaret Stonborough a, sans aucun doute, et avec d'autres femmes de son temps, fait preuve d'une grande créativité sociale[1]. Elle possédait le talent rare de créer un environnement propice à l'activité des chercheurs, des artistes et des intellectuels. La manière dont elle-même concevait son rôle, à ce moment clé de l'irruption de la modernité, est également digne d'intérêt. Dotée de grandes capacités intellectuelles et d'un caractère très affirmé, elle a eu la possibilité, grâce à la fortune familiale, de mener sa vie dans l'aisance et une relative indépendance. Peu de femmes de son temps ont eu cette chance.

Par son ouverture au monde et son intelligence, Margaret Stonborough ne se laisse pas enfermer dans quelque catégorie que ce soit. Elle rencontrait des gens de tous milieux, et parfois des plus opposés. Elle avait de la sympathie pour la social-démocratie, fréquentait la haute aristocratie et pouvait être assez proche des cercles conservateurs catholiques. À l'aise des deux côtés de l'Atlantique – elle deviendra citoyenne américaine par mariage –, elle est à la fois cosmopolite et passionnément autrichienne. Le monde du luxe et de la *high society* est le sien comme l'est aussi celui de l'ascèse intellec-

1. Le concept de créativité sociale a été employé par Lisa Fischer dans « Über die erschreckende Modernität der Antimoderne der Wiener Moderne oder über den Kult der toten Dinge », dans *Die Frauen der Wiener Moderne*, Vienne/Munich, 1997, pp. 208 et s.

tuelle que pratique son frère Ludwig Wittgenstein. Enfin, de la Vienne fin de siècle à l'Europe de la guerre froide, en passant par le nazisme, sa vie aura traversé une période de bouleversements et de catastrophes d'une dimension jusqu'alors inconnue.

Ce travail est fondé, principalement, sur un important matériau original, les lettres et les journaux intimes de Margaret Stonborough, aimablement mis à ma disposition par la famille de Pierre Stonborough[1]. Ces sources ont été complétées grâce au matériel consulté dans diverses archives, les lettres de la famille Wittgenstein qui se trouvent à la Bibliothèque nationale autrichienne notamment, ainsi que les dossiers de la période nazie conservés aux archives de la République autrichienne. En outre, des entretiens avec plusieurs membres de la famille, le major John Stonborough et sa femme Veronica, tous deux décédés depuis, John Stonborough junior, Jérôme Stonborough junior et Cäcilia Sjögren, m'ont aidé à donner chair au portrait. Je voudrais encore citer Hans Veigl, qui m'a indiqué plusieurs ouvrages fort utiles, ainsi que le professeur Christfried Tögel, directeur du Centre Freud, pour sa disponibilité. À tous je souhaite exprimer ici mes sincères remerciements.

Ma reconnaissance particulière va cependant à Pierre et à Françoise Stonborough, pour leur soutien constant et pour l'entière liberté qu'ils m'ont accordée, pour la contribution essentielle qu'ils ont, par là même, apportée à la genèse de ce livre. Après avoir mis les sources à ma disposition, ils ont, au cours de multiples et fructueux entretiens, enrichi ma vision et nourri ma réflexion.

Le rendu des citations originales, qui doivent donner vie au portrait, ne va pas sans poser des problèmes. La personnalité de Margaret Stonborough était complexe. Son pouvoir d'expression était grand mais son humeur était susceptible des variations les plus extrêmes : à un optimisme souvent démonstratif succèdent des crises et des accès de dépression

1. Ce matériau a été, depuis, confié aux archives Brenner à Innsbruck.

– que connaissait également son frère Ludwig. À la lecture de ses lettres et de son journal intime, on est frappé par son emploi brillamment ludique de la langue et par l'extrême clarté de ses images. Pour l'essentiel, ses écrits de jeunesse sont en allemand. Les lettres de ses dernières années, adressées à son frère Ludwig et à son petit-fils Pierre, sont en revanche en anglais. Elle mêle souvent les deux langues, en une sorte de jargon familial. Il n'est pas rare non plus de la voir émailler ses textes de bribes de français et, plus souvent encore, d'expressions tirées du dialecte viennois, voire du yiddish (pour autant que celles-ci n'étaient pas déjà, à l'époque, incorporées à ce dialecte). Les jeux de mots, les allusions que rend possible l'usage conjugué de ces divers idiomes ne sont pas toujours faciles à comprendre, et nécessitent parfois une explication.

MA GRAND-MÈRE
par Pierre Stonborough

J'ai grandi à New York. Durant la Seconde Guerre mondiale, j'y vivais seul avec ma mère. Nous avions peu de moyens et les samedis étaient pour moi des oasis de plaisir et de luxe. Je me rendais en bus sur Park Avenue où se trouvait l'appartement de ma grand-mère autrichienne et chaque fois que j'en franchissais le seuil, je croyais pénétrer dans un autre monde. J'y arrivai ponctuellement (elle y tenait) à 13 heures Elle m'ouvrait elle-même la porte et dès que j'entrais dans cet appartement ravissant, j'y étais accueilli par les effluves du repas qu'elle avait préparé pour moi, et reçu avec un amour et une affection d'autant plus intenses, sans doute, que ma grand-mère vivait seule et que ses deux fils, pris par la guerre, lui manquaient. Ces samedis ont eu sur moi une influence décisive. Ils m'ont donné accès à la famille de mon père et à l'Autriche. Nous déjeunions, puis nous allions au cinéma, voir un film de mon choix que, sans doute, elle endurait. En contrepartie, elle me demandait de rentrer avec elle pour le thé. Nous écoutions alors de la musique classique, à moins qu'elle ne me lise un livre *de son choix.* Ce rituel a duré quelque cinq ans, avant que l'on ne m'envoie en internat et que ma grand-mère, la guerre finie, ne retourne en Autriche et y recouvre ses deux maisons, à Vienne et à Gmunden. Plus tard, durant les longues vacances d'été, entre 1948 et 1954, je traversai chaque année l'Atlantique pour passer juillet et août à Gmunden et y rencontrer ma famille européenne.

Fin 1954, à la veille de Noël, je suis arrivé à Vienne, venant de Bagdad, gravement malade. Après deux mois passés à l'hôpital, j'ai pu rentrer chez ma grand-mère, à la Kundmanngasse, où je suis resté jusqu'à l'été. Ces quelques mois ont été la plus longue période qu'il m'ait été donné de vivre sous le même toit que ma grand-mère. Quatre ans plus tard, alors que je passais par l'Europe pour me rendre en Égypte où m'attendait mon premier emploi, je la trouvai mourante. Après trois alertes cardiaques successives, et dans un extraordinaire sursaut d'énergie, elle mobilisa ses forces pour me recevoir et me donner à croire que sa maladie était sans gravité. Elle mourut quelques jours à peine après mon arrivée au Caire.

Lorsque Ursula Prokop m'a demandé si je voulais bien préfacer sa biographie de ma grand-mère, la difficulté d'ajouter quelque chose d'utile à propos de cette femme hors du commun m'a d'emblée sauté aux yeux. Un jeune homme, tout entier préoccupé de lui-même comme on l'est à cet âge, est-il capable de faire mieux que de recevoir comme une évidence l'amour, l'affection, l'attention et les bienfaits d'un parent âgé ? C'est aujourd'hui, après toutes ces années, que je mesure à quel point cette relation intense m'a été bénéfique. Combien m'ont été profitables l'étendue de ses connaissances, la rigueur de sa pensée, son intuition psychologique, son amour de la musique, son goût, sans oublier son sens de l'humour (à l'occasion, elle riait volontiers d'une plaisanterie scatologique). Comme un homme né fortuné et qui n'a jamais eu besoin de travailler pour vivre, je suis entré dans cette relation comme si elle était des plus normales. Il m'a fallu beaucoup de temps, après l'avoir perdue, pour réaliser que ma grand-mère avait été une femme exceptionnelle.

Un jour où j'étais seul avec elle dans la bibliothèque située au premier étage de la Villa Toscana à Gmunden, ma grand-mère s'est penchée par-dessus un sofa derrière lequel était rangé, couché sur le côté, un grand tableau gris. Quand elle l'a redressé, j'ai pu contempler, pour la première fois, le portrait, aujourd'hui fameux, que Gustav Klimt avait fait d'elle avant son mariage. Puis elle m'a demandé s'il me plaisait ! J'avais alors quinze ou seize ans et tout ce que je fus alors capable de voir, c'était un tableau un peu poussiéreux, presque entièrement dépourvu de couleurs et sans beaucoup de ressemblance avec la personne de soixante ans qui me le montrait. Je ne sais pas pourquoi elle m'a posé la question ; et peut-être était-ce un peu irréfléchi de sa part. Toujours est-il qu'après ma réponse négative, le portrait a disparu. Je ne l'ai revu que très longtemps après et il avait cessé d'appartenir à notre famille. C'était à Paris, en 1986, lors de la grande exposition du Centre Pompidou consacrée à la Vienne fin de siècle, où il figurait à la place d'honneur. Aujourd'hui, si le portrait est célèbre, le sujet en reste largement méconnu. En Ursula Prokop, il a trouvé une excellente biographe. La première fois qu'elle est venue me voir, Ursula Prokop m'a fait part de son irritation : l'intérêt – persistant – que suscitent les Wittgenstein vaut exclusivement pour les hommes de la famille. J'ai donc été très heureux de mettre à sa disposition la correspondance de ma grand-mère et, ce faisant, de lui permettre de redresser un peu la balance.

I
ENFANCE ET JEUNESSE DANS LA MAISON WITTGENSTEIN

L'ORIGINE DE LA FAMILLE

La petite fille qui voit le jour le 19 septembre 1882 à Neuwaldegg, près de Vienne, dans la résidence d'été de ses parents, Léopoldine et Karl Wittgenstein, sera baptisée trois semaines plus tard en l'église paroissiale de Dornbach, sous le nom de Margherita Anna Maria. En famille, cependant, on l'appellera toujours « Gretl ». Elle-même, plus tard, après son mariage américain, s'en tiendra à Margaret, la version anglo-saxonne de son prénom.

La fillette était, après huit ans de mariage, le septième enfant du couple Wittgenstein, qui comptait alors parmi les familles les plus fortunées de l'Empire austro-hongrois. Hermine, l'aînée, était née en 1874, un an après le mariage de ses parents. En 1876 était venue Dora, décédée à la naissance, puis deux garçons, Hans en 1877 et Kurt l'année d'après, suivi par Hélène en 1879 et Rudi en 1881. Après Margaret, cinq ans s'écouleront avant la naissance des deux derniers fils, Paul en 1887 et enfin Ludwig en 1889. Cadette durant toute sa petite enfance, puis confrontée coup sur coup à l'arrivée de deux petits frères, Margaret occupera toujours une place singulière, à la fois benjamine et grande sœur, au sein de sa fratrie. Une position ambiguë qui ne sera pas sans effet sur le développement de sa personnalité. Ses frères et sœurs trouveront eux plus facilement leur place et leur rôle au sein de cette grande famille.

Hermine en particulier, l'aînée, que l'on appelait « Mining » et qui deviendra, pour les plus jeunes, une sorte de mère de substitution. Restée célibataire, c'est elle qui héritera des biens immobiliers de ses parents, devenant ainsi la gardienne du patrimoine familial et, du même coup, une manière de chef de famille implicite. Hélène, dite « Lenka », sera la seule à mener une vie résolument bourgeoise aux côtés de son mari, le chef de cabinet Max Salzer, et de leurs nombreux enfants. La destinée des cinq garçons Wittgenstein sera, elle, marquée par la tragédie : les deux fils aînés, Hans et Rudi, richement doués tous les deux, se suicideront très jeunes. Le premier en 1902, le second à peine deux ans plus tard, en 1904.

Cette double tragédie marquera la famille à jamais. Son ombre s'étendra longtemps sur la vie de leurs frères et sœurs. Kurt, le troisième fils, se tuera lui aussi. Officier de l'armée impériale pris dans la tourmente de la fin de la Première Guerre mondiale, il se suicidera en novembre 1918, incapable de supporter l'écroulement de son univers. Quant à Paul, l'avant-dernier, il sera gravement blessé dès le début de la guerre et perdra son bras droit. Il retournera cependant au front et reprendra même sa carrière de pianiste soliste. Plusieurs compositeurs, dont Maurice Ravel, écriront à sa demande des œuvres pour la main gauche. Enfin Ludwig, dit « Luki », sera le « petit dernier », joli et de santé fragile, que ses grandes sœurs dorloteront longtemps sans tout à fait le prendre au sérieux. À la fin de la Grande Guerre, où il avait été engagé volontaire, Ludwig deviendra instituteur de campagne avant de retourner à Cambridge et d'y être reconnu comme l'un des plus grands philosophes du XXe siècle.

Entre les cinq enfants survivants, les trois sœurs – Mining, Lenka, Gretl – et leurs deux frères – Paul et Luki, les liens resteront toujours intenses, et souvent conflictuels. Pour Margaret, en particulier, ces liens seront d'une extrême importance.

Peut-être parce qu'elle était la cadette des filles, Margaret était proche de sa mère. Pourtant, Léopoldine ne semble guère avoir eu la fibre maternelle. Épuisée par les grossesses à répétition, sous la coupe d'un mari dominateur et exigeant, cette mère, quoique tendre, était nerveuse, fragile, dépassée par la tâche et peu capable d'accorder à ses nombreux rejetons l'attention dont ils auraient eu besoin. Dans le recueil de souvenirs qu'elle rédigera durant la Seconde Guerre mondiale, l'aînée, Hermine, aura ce mot assez dur : « Elle ne comprenait rien aux huit enfants singuliers qu'elle avait mis au monde[1]. » Margaret, évoquant son enfance, ne la contredira pas : « Ma mère poussait le sens du devoir à tel point que cela m'était pénible. Elle était perpétuellement dans un état de surexcitation nerveuse et j'avais du mal à supporter son tempérament exalté[2]. »

La musique seule, qu'elle pratiquait avec passion, semble avoir offert à cette femme surmenée le moyen d'être elle-même. C'était aussi, avec ses enfants, un vrai terrain d'entente. L'image qui nous est parvenue de cette mère est assez floue, voire ambivalente. Celle du père en est, par contraste, d'autant plus impressionnante. Karl Wittgenstein a été l'un des entrepreneurs les plus talentueux de la fin de l'Empire austro-hongrois. Bel homme, escrimeur et cavalier accompli, musicien, plein d'humour, il était avant tout un ingénieur remarquable et un homme d'affaires redoutable. Il semblait n'y avoir aucun domaine où il n'excellât pas. Il exerçait sur ses proches une autorité absolue, sans percevoir combien il était souvent près de les étouffer. Faut-il chercher plus loin l'origine de la fébrilité de sa femme, du tragique sentiment d'échec de ses fils, écrasés par la toute-puissance paternelle ? Si elles n'ont pas eu à se mesurer à la virilité paternelle, ses filles n'en subiront pas moins l'emprise. Hermine – « Mining » – la première-née, sera témoin de la fulgurante ascension économique de son père, qui restera pour elle le personnage

1. Hermine Wittgenstein, *Souvenirs (Erinnerungen)*, tapuscrit non publié, 1944-1948 (archives Pierre Stonborough, abrégé ci-après /P.St.).

2. Margaret Stonborough (ci-après M.St.), notes éparses, vers 1950/P.St.

central de son existence. Jeune fille, elle l'avait souvent accompagné dans ses voyages d'affaires ou d'agrément. Plus tard, elle sera sa confidente et sa conseillère en matière d'art. Les aventures qu'Hermine vit en rêve avec ce « Charlemagne » et qu'il lui arrive de confier à quelque carnet intime révèlent assez les fantasmes inconscients de la jeune femme qui, d'ailleurs, ne laissera jamais d'autre homme entrer dans sa vie[1]. Pour Margaret, beaucoup plus jeune, l'image d'enfance qu'elle garde de ce père est toujours associée à un sentiment de peur diffuse, à de vagues scènes de cruauté[2].

Même si ses qualités étaient exceptionnelles, Karl Wittgenstein était un représentant typique de ce qu'il est convenu d'appeler la « Gründerzeitgeneration », la génération de la révolution industrielle. Une génération aux talents multiples, capable de s'adapter à l'évolution des structures sociales et qui jouera un rôle-clé dans la modernisation accélérée de l'Autriche au cours de la deuxième moitié du XIXe siècle. Karl était issu d'une famille juive allemande assimilée depuis longtemps et originaire de la petite ville de Laasphe dans la principauté des Sayn-Wittgenstein. Moses Meyer, le grand-père de Karl, avait été l'intendant du prince, dont il a vraisemblablement adopté le patronyme en 1809, en application d'un décret napoléonien. Son fils, Hermann Wittgenstein, s'était enrichi dans le commerce de la laine et la mise en valeur de domaines menacés de faillite. Il possédait deux affaires florissantes, à Vienne et à Leipzig. En 1838, il avait épousé Fanny Figdor, issue d'une vieille famille de notables juifs de Vienne avec laquelle il était en relation d'affaires. À l'occasion de ce mariage, il avait rompu avec le judaïsme, s'était fait baptiser avec sa femme – dans la religion réformée – et avait ajouté « Christian » à son prénom. Tout un programme. Plus tard, sous l'influence de son beau-fils, le pasteur Gottfried Franz, il changera même d'obédience, quittant le luthérianisme pour l'helvétisme, une version plus austère de la Réforme. Ce goût

1. Hermine Wittgenstein (ci-après M.W.), *Ludwig sagt... Die Aufzeichnungen der Hermine Wittgenstein*, Berlin, Parerga, 2006.

2. M.St., souvenirs d'enfance/P.St.

pour l'austère, la rigueur, est un trait de famille qui explique peut-être en partie le déni du corps, de la sexualité, manifeste chez plusieurs de ses descendants. La rumeur insistante selon laquelle Hermann aurait été le fils illégitime d'un prince – un Waldeck-Pyrmont ou un Sayn-Wittgenstein – n'a jamais été vérifiée. Elle refera surface à la fin des années trente, lorsqu'il s'agira, pour la famille, de tenter d'échapper aux lois raciales imposées par les nazis.

Hermann et Fanny s'installeront d'abord à Gohlis, près de Leipzig. De leur heureuse union naîtront dix enfants. Dans leur maison, ouverte et accueillante, la musique, déjà, tient une grande place. Grâce au célèbre violoniste Joseph Joachim, un lointain parent de Fanny dont les Wittgenstein ont soutenu la formation et la carrière, contact est noué avec Felix Mendelssohn, Clara Schumann et Johannes Brahms, lequel restera toujours très lié avec la famille. En 1854, c'est le départ pour l'Autriche. Hermann installe les siens dans le château de Vösendorf, qu'il venait d'acheter avec le domaine attenant. Cinq ans plus tard, les Wittgenstein s'installent définitivement à Vienne. L'intégration et l'ascension de la famille dans la société viennoise seront assurées par le mariage des enfants avec des rejetons de la haute bourgeoisie – médecins, scientifiques, hommes de loi ou d'affaires. À l'exception de Karl, aucun des enfants ne trouvera son conjoint dans une famille d'origine juive. Rien ne permet cependant d'affirmer qu'Hermann leur aurait interdit de telles unions.

KARL WITTGENSTEIN SE MARIE ET DEVIENT UN GRAND INDUSTRIEL

Né en 1847, Karl avait commencé sa scolarité dès l'arrivée de sa famille en Autriche. D'emblée il avait fait preuve d'un caractère très affirmé, prompt à la rébellion contre son père, comme ses fils le seront un jour contre lui-même. Dans cette génération déjà, une éducation qui visait avant tout à préparer les garçons à la vie des affaires devait se heurter au penchant de ceux-ci pour les Muses. À dix-sept ans, à la veille de passer son bac, Karl décide ainsi de s'enfuir. Avec pour tout bagage son violon, deux cents florins et un faux passeport, il s'embarque pour l'Amérique. Il y mènera deux ans durant une vie d'aventure et de bohème. Il est serveur dans un bar, joue du violon dans les cafés, travaille comme timonier sur le Missisipi, donne des leçons ou encore fait le gardien de nuit. Cette plongée dans le Nouveau Monde sera pour lui une expérience fondatrice. Bien des années plus tard, devenu lui-même un « businessman » couronné par la fortune, il donnera à la *Neue freie Presse* de Vienne une série d'articles où il laissera parler son admiration pour le mode de vie et la culture qu'il avait découverts outre-Atlantique. Imprégné du pragmatisme et du libéralisme anglo-saxon, il était devenu un entrepreneur doué d'une vision moderne et, en Autriche du moins, très en avance sur son temps. Rentré au bercail en 1867, le jeune fugueur passe enfin son bac. Il commence des études d'ingénieur tout en travaillant pour les chemins de fer autrichiens. En 1872, il rencontre Paul Kupelwieser, directeur des Aciéries de Teplitz, en Bohème, qui lui met le pied à l'étrier. Sa carrière va être fulgurante. En une vingtaine d'années, tirant parti de ses compétences techniques et d'un sens des affaires hors du commun, Karl va créer, avec Kupelwieser devenu entre-temps son beau-frère, l'empire métallurgique le plus puissant de la double-monarchie. L'acquisition d'un procédé qui, pour la première fois, permettait l'exploitation du minerai de fer du pays des Sudètes, très riche en phosphate, pour la production d'acier, ainsi que de très juteux contrats avec les Chemins de fer russes, assurent le succès des Aciéries de Teplitz et leur développement. On construit de nouvelles unités de production, à Teplitz, puis à Kladno, près de Prague où l'usine est baptisée « Poldihütte », en hommage à Léopoldine, la femme de Karl. On absorbe une à une les usines métallurgiques de Bohème, on s'allie avec les Rothschild en coopérant avec leurs aciéries de Witkowitz et on forme avec eux un vaste cartel du fer dont Karl Wittgenstein prend la tête. Sa carrière atteint son apogée lorsqu'il acquiert la majorité des actions de la société « Alpine Montan ».

En 1874, à l'orée de sa carrière, Karl avait épousé Léopoldine Kallmus, rencontrée un an auparavant. Par son père, la jeune femme descendait elle aussi d'une famille juive assimilée et convertie au catholicisme. Les Kallmus étaient des commerçants viennois aisés. La mère de Léopoldine, née Stallner était, elle, issue d'une famille de commerçants catholiques du sud de la Styrie. Des quatre grands-parents des enfants Wittgenstein, elle sera la seule à ne pas être d'origine juive. S'il faut se fier aux *Souvenirs* d'Hermine, le mariage de Léopoldine et de Karl avait été un mariage d'amour, même s'il respectait les conventions sociales. Et la famille Wittgenstein – les nombreuses sœurs de Karl, comme Hermann leur père – avait accueilli avec chaleur la jeune Léopoldine, bientôt baptisée « Poldy ». Les quelques vers qui suivent, adressés par Karl à sa sœur Clara – qui deviendra plus tard la tante préférée des enfants –, la priant d'arranger une rencontre avec l'objet de sa flamme, manifestent l'humour et le charme du futur maître de forges :

Herzliebes Schwesterlein
Möchtest du so gut sein
Fräulein Poldy zu fragen
Ob es ihr würd'behagen
Montag Abends mit mir
Zu spielen am Clavier
Und sagt sie Dir « ja »
Gleich schreib mir's Clara
Denn warten tut weh
Deinem Bruder Carl. Adie[1]

(Petite sœur de mon cœur, serais-tu assez bonne pour demander à Mademoiselle Poldy si elle serait d'humeur, lundi soir, à m'accompagner au piano. Et si elle te dit « oui », écris-le-moi aussitôt, Clara ; car attendre fait souffrir ton frère Carl. Adieu)

1. H.W. *Souvenirs*, p. 48.

D'emblée, on le voit, la musique est au centre de l'entente entre Karl et Léopoldine. Les enfants leur emboîteront le pas avec passion. Pour Léopoldine, pianiste très douée, la musique sera le lieu unique où être pleinement soi-même. Après leur mariage, en grande pompe, à la cathédrale Saint-Étienne de Vienne, le jeune couple s'installe à Teplitz. C'est là qu'Hermine, première-née, voit le jour. Mais en 1875 déjà, la jeune famille est définitivement de retour à Vienne. À Meidling d'abord, un faubourg, dans la Villa Xaire qui sera pour quatre ans le domicile familial. Située à proximité du château de Schönbrunn, cette demeure de nobles proportions témoigne déjà de la nouvelle prospérité de Karl. Pourtant, ce petit château de style baroque tardif, doté d'un salon gigantesque et d'un escalier central imposant, s'avère vite inconfortable, difficile à chauffer et inadapté aux besoins d'enfants en bas âge. Hans, Kurt et Hélène avaient en effet suivi de près la petite Hermine. La villa était par ailleurs trop éloignée de la ville elle-même et Léopoldine voulait se rapprocher de sa mère chérie, qui habitait en plein centre, sur le Ring, la nouvelle avenue circulaire que l'on venait d'achever à l'emplacement des anciens remparts. En 1879, les Wittgenstein déménagent donc et s'établissent place Schwarzenberg, dans le Palais Wiener, du nom de son premier propriétaire ; une bâtisse de style néorenaissance construite vers 1870 par deux architectes alors en vogue, Romano et Schwendenwein. Presque neuf au moment où la famille en prend possession, le palais répond à toutes les exigences du confort moderne de l'époque. Non seulement Léopoldine loge à deux pas de sa mère, mais encore cette nouvelle adresse correspond au statut éminent qui est désormais celui de son mari : la place Schwarzenberg est l'endroit le plus chic du Ring – somptueux boulevard que l'on avait conçu comme une œuvre d'art totale. L'un des membres de la famille impériale, l'archiduc Ludwig Viktor – l'excentrique « Luzivuzi », dont les frasques défrayent la chronique viennoise – s'y est lui aussi fait construire un palais, qui jouxte celui que vient d'acheter Karl. Noblesse oblige, la demeure des Wittgenstein est légèrement en retrait et de moindre hauteur, comme on peut le voir aujourd'hui encore.

Karl est dès lors installé, dans tous les sens du terme, au cœur de la nouvelle élite viennoise. Les temps, pourtant, sont incertains : en 1873, une crise boursière a secoué l'Empire et la vague libérale qui avait marqué les décennies précédentes retombe déjà. L'étoile des nouvelles élites pâlit alors que s'annoncent les partis de masse, avec leur extrémisme et leur antisémitisme. Si Karl avait choisi sa nouvelle adresse pour des raisons de prestige social, il n'en refusera pas moins fermement d'être anobli par l'empereur, ce qui aurait pourtant été la suite logique et le « couronnement » usuel d'une ascension telle que la sienne. En cela, il se montrait fidèle à son idéal d'une démocratie libérale à l'américaine. Mais ce refus était aussi pour lui le moyen de se distinguer des autres « barons d'industrie » que, d'ailleurs, la vieille aristocratie regardait de haut : il voulait se tailler une place à part au sein de ce que l'on appelait alors la « deuxième société » viennoise, entre noblesse et bourgeoisie. Reste qu'on menait chez les Wittgenstein un train parfaitement aristocratique. Un détail le souligne : contrairement aux autres notables logés sur le Ring, les Wittgenstein n'ont jamais pratiqué le « palais locatif », usage qui permettait de rentabiliser, en les louant, les étages d'un palais dont on n'avait pas besoin. Ils voulaient être seuls maîtres chez eux.

Leur salon allait très vite devenir l'un des pôles de la vie culturelle viennoise. Les plus célèbres musiciens du moment le fréquentent régulièrement : le violoniste Joachim, un parent éloigné, Johannes Brahms, ami de la maison, mais aussi Gustav Mahler, Pablo Casals et bien d'autres. Josef Labor, le compositeur aveugle, professeur de la jeune Alma Schindler, qui épousera bientôt Mahler, fait partie du cercle des protégés de la maison. La tradition du salon musical inaugurée par Fanny, la mère de Karl, est poursuivie par Léopoldine. Il n'y a donc rien d'étonnant à ce que Hans, l'aîné des garçons, manifeste à son tour un penchant très vif pour la musique, comme le raconte Hermine dans ses *Souvenirs* : « Quant à Hans, depuis sa plus tendre enfance il ne pensait qu'à la musique. Je nous revois encore, dans notre ancienne maison de la place Schwarzenberg, où nous venions de nous installer après avoir quitté la Villa Xaire. Hans, qui avait alors trois ans, "jouant du violon" avec le plus grand sérieux à l'aide de deux morceaux de bois, tandis que moi, âgée de cinq, je tambourinais sur un tabouret devant lequel je me tenais à genoux, car je voulais, n'est-ce pas, "l'accompagner au piano"[1] ».

UNE ENFANT REBELLE

Deux ans plus tard, en 1881, Karl achète une résidence d'été à Neuwaldegg, un faubourg au nord de Vienne, à la lisière de la forêt. C'est là que les enfants suivants viendront au monde : Rudi en 1881 et Gretl en 1882. Jusqu'à la mort prématurée de Rudi, ces deux enfants-là, presque du même âge, seront toujours très proches. Comme les autres, ils seront baptisés catholiques, la religion de leur mère. De l'enfance de Margaret, nous ne savons que ce qu'en dit Hermine dans ses *Souvenirs*, ou encore Margaret elle-même dans des notes éparses, rédigées à la fin de sa vie, esquisses peut-être d'un projet autobiographique. Ces enfants vivaient dans le plus grand luxe, et pourtant, la tonalité de leurs souvenirs est assez sombre : l'irritation, la tension nerveuse perpétuelle de leur mère – un état dont souffrira également Ludwig Wittgenstein – pesaient sur le climat familial. Les enfants étaient la plupart du temps confiés aux « bons soins » d'une gouvernante aussi incompétente que désagréable, incapable même de veiller à leur bien-être corporel.

Lorsque, bien plus tard, Margaret fera retour sur son enfance, dans une sorte d'auto-analyse à la mode freudienne, elle évoquera toujours l'atmosphère familiale sous des couleurs sombres, traversée de peurs et de menaces pour la petite fille qu'elle était. « Les souvenirs que j'ai de ma petite enfance ont trait soit à des événements sans importance, soit

1. H.W. *Souvenirs*, pp. 97 et s.

à un sentiment de honte. Plusieurs sont liés à un sentiment de peur ou à des punitions. Étrangement, je ne peux me souvenir d'aucun moment d'affection intense ou de joie débordante. [...] La tendresse, la chaleur, la convivialité et, plus que tout, une paix un tant soit peu durable étaient chez nous choses inconnues. [...] Ce pénible défaut d'harmonie ne me retenait nullement de mettre en péril notre paix précaire par mon indiscipline. Je sais bien que j'aurais pu éviter les insupportables réprimandes qu'entraînaient mes fautes quotidiennes, mes cheveux dépeignés, mon tablier sale, ma soi-disant insolence, ma désobéissance. Je me demande aujourd'hui s'il n'aurait pas suffi que l'on m'explique les choses avec tendresse pour que tout soit différent. Je suis restée longtemps réfractaire à des notions comme le Bien et le Beau. Pour les reconnaître, il aura fallu que je me défasse complètement des souvenirs pénibles, de la peur et de l'aversion qui leur étaient associés. [...] Quant à l'humour, souvent brillant, de mon père, il me semblait toujours menaçant, jamais drôle. Les premières choses dont je me souvienne ? Une scène dans les terrifiants escaliers de notre maison de la place Schwarzenberg : mon père, penché sur la balustrade et apostrophant ma tante Sophie : "Puéril, Sophie, puéril." Ou encore, les coussins bruns sur lesquels, enfant, j'étais juchée lorsque nous étions à table. Quand je me replonge dans notre enfance, je suis submergée par la pensée que nous avons été incroyablement maltraités. Personne ou presque n'a été plus mal élevé que nous : sans amour, sans le moindre encouragement à bien faire, sans le moindre égard pour nos aptitudes. Mais dans le même moment me submerge aussi la conscience de toutes les bonnes choses qui nous ont été dispensées. Oui, plus mal élevés que la plupart. Oui, plus richement pourvus que la plupart. » Un tel constat n'est sans doute pas unique ; il caractérise assez fidèlement le climat familial de la grande bourgeoisie de l'époque, sous la domination absolue du père et où la place dévolue aux enfants est insignifiante.

S'y ajoute que les enfants Wittgenstein ne fréquentaient pas d'école mais étaient éduqués à la maison par une pléiade de précepteurs. Karl avait détesté le système scolaire autrichien et il voulait élever ses enfants sur le modèle de l'aristocratie. Hermine jugera plus tard que certains des précepteurs étaient carrément « mauvais » et « qu'avec eux on n'apprenait rien ». Le programme établi par le père mettait l'accent sur les mathématiques et le latin, partant de l'idée que tout le reste – la géographie ou l'histoire par exemple – serait acquis par des lectures personnelles. Reste, s'il faut en croire Hermine, que « personne ne se donnait la peine de contrôler si ce qui avait été adopté comme valable en théorie – le plan d'étude, les jeux – était applicable dans la réalité[1] ». Karl attachait beaucoup d'importance à l'éducation physique, sans se soucier toutefois des capacités réelles de ses enfants. Grimpeur accompli, adorant la montagne, il lui arrivait de les emmener dans des randonnées qui, souvent, excédaient leurs forces. Selon Margaret, il n'était pas rare qu'au cours de telles excursions, elle et son frère Rudi finissent par s'effondrer « en pleurant d'épuisement ». Le sport, alors en vogue chez les grands bourgeois, avait heureusement aussi ses bons côtés, comme en témoignent ces photographies où l'on peut voir les sœurs Wittgenstein tournoyer en riant sur une patinoire viennoise.

En 1890, Karl achète – pour 240 000 florins – un hôtel particulier au 16 de l'Alleegasse, rebaptisée depuis Argentinierstrasse. Grâce à l'évolution favorable de la Bourse, sa fortune vient encore de s'accroître considérablement. La famille s'établit sur l'Alleegasse un an plus tard, après rénovation complète des lieux. On ne connaît pas exactement la raison de ce déménagement. La nouvelle demeure était-elle plus vaste, mieux adaptée ? Karl, dont certaines opérations boursières avaient subi le feu de la critique, souhaitait-il quitter le devant de la scène ? Entre l'église Saint-Charles et les jardins du Belvédère, le quartier est en retrait, élégant et tranquille. Plusieurs industriels s'y sont déjà installés. Contrairement à nombre de ses contemporains, Karl ne fera jamais construire, se contentant d'adapter à ses besoins et à ses goûts les

1. H.W. à Ludwig Wittgenstein (ci-après Ludwig W.), non daté, Bibliothèque nationale autrichienne 1275/33-11.

immeubles qu'il achète. Il est pragmatique, pressé et peu soucieux d'élever un monument à sa propre mémoire. Pour autant, il n'en rabat pas sur ses exigences. Les photographies qui nous restent de l'intérieur de ce palais – aujourd'hui disparu –, de l'escalier monumental, surmonté d'une énorme verrière, à l'opulent « salon rouge », donnent une idée du genre de vie que l'on devait y mener. Les réceptions qui s'y donnaient étaient célèbres ; les artistes y étaient les bienvenus et les soirées musicales en devinrent bientôt légendaires.

En 1892, le déjà célèbre Johannes Brahms était à Vienne. On venait d'y créer son Quintette pour clarinette. Le compositeur avait cependant exprimé le souhait d'entendre son œuvre dans un cadre plus intime – s'agissant de musique de chambre – que la salle de concerts. Karl Wittgenstein ne se fit pas prier : il engagea le fameux ensemble d'Arnold Rosé et fit jouer l'œuvre chez lui, en présence du compositeur, qui allait devenir un ami de la maison. Hermine, dans ses *Souvenirs*, racontera l'événement : « Les soirées musicales de l'Alleegasse – comme nous nommions toujours notre maison – étaient toujours fastueuses, presque solennelles, et dévolues à la plus belle musique. [...] Ce soir-là, pour le souper, on avait dressé des tables dans la grande salle à manger pour les hôtes d'honneur et dans le fumoir attenant pour la jeunesse. Alors que les jeunes gens étaient en train de chercher leur place à table, mon père est apparu à la porte. Après avoir parcouru l'assemblée du regard, il me prit par le bras : il manquait une dame à la table d'honneur et je devais prendre sa place. Je ne puis décrire mes impressions d'alors. Moi, une insignifiante jeune personne de dix-sept ans, me retrouvai assise face à Brahms, entourée d'artistes réputés. Autour de moi, les propos et les reparties fusaient, sérieux ou légers, mais jamais dépourvus de “sel”, comme le voulaient les conventions de l'époque. J'avais été choisie de préférence à bien d'autres jeunes filles, plus âgées et plus importantes que moi ; comment était-ce possible[1] ? » Mise à part l'exaltation de la jeune fille, la

1. H.W. *Souvenirs*, pp.79 et s.

vignette restitue quelque chose de l'air du temps et de la domination, quasi féodale, exercée par Karl sur sa maison.

S'agissant toujours de Brahms et de ses fréquentes visites, Hermine raconte encore un incident qui concerne la petite Gretl et où l'on voit l'ambivalence des enfants à l'égard de ce train de vie brillant, de ces hôtes qu'ils devaient rencontrer et qui, le plus souvent, ne manifestaient à leur endroit ni intérêt ni la moindre compréhension. Brahms avait été invité à déjeuner, et on lui présenta Gretl alors âgée de neuf ans. On venait de lui couper les cheveux très courts pour, comme l'expliqua sa mère, en favoriser la croissance. Après avoir passé la main sur les petites boucles brunes, Brahms avait trouvé drôle d'affirmer que rien ne favorisait la santé des cheveux comme le champagne. Sur quoi l'on s'était empressé d'aller quérir une bouteille du précieux breuvage à la cave et il en avait répandu quelques gouttes sur la tête de l'enfant. Tout le monde, Hermine y compris, avait bien ri... L'enfant, elle, en avait été profondément humiliée. Adulte, le souvenir de l'incident la fera encore frissonner.

Intelligente et hypersensible, Margaret, de son propre aveu, était loin d'être une petite fille modèle. Comme le notera Hermine, elle était souvent désagréable avec ses tantes ou avec d'autres membres de la famille et son comportement lui valait quelques inimitiés. Les enfants Wittgenstein manquaient certainement d'affection et durent chercher ailleurs l'attention et la compréhension qu'ils ne trouvaient pas auprès de leurs parents. Ils semblent avoir trouvé refuge et chaleur auprès de diverses femmes de la famille. Clara par exemple, une sœur de leur père, qu'intéressait déjà la question des droits de la femme, accordera beaucoup d'attention à ses nièces, les incitant à penser et à juger par elles-mêmes, ce qui était loin d'être ce qu'on demandait alors aux filles. Plus tard, dans la correspondance des jeunes Wittgenstein, on trouvera de nombreuses allusions chaleureuses à leur tante Clara. Marie Kalmus, leur grand-mère maternelle, ainsi que Rosalie, sa gouvernante, semblent aussi avoir été dispensatrices de la chaleur et de la tendresse dont ils manquaient cruellement chez eux. Le domicile de la grand-mère, sur le Ring, était à leurs yeux un havre de paix et d'hospitalité : « Du plus loin que je me souvienne et jusqu'en 1902, notre grand-mère logeait au numéro 20, Parkring, au troisième étage. Dans les escaliers déjà, que ma mémoire me présente comme beaucoup plus vastes que n'importe quel autre escalier, je ressentais une impression de chaleur et de bien-être. On y respirait un parfum où se mêlaient l'odeur des lampes à gaz et celle des tapis en caoutchouc et que je trouvais infiniment agréable et élégant. À notre arrivée, l'accueil de grand-mère était des plus tendres. À table on ne nous servait que nos plats favoris et, en dépit de quelques interdits, comme de ne pas toucher à tout, nous ne nous sentions jamais brimés. Chez elle nous avions envie d'être sages[1] », se souvient Hermine. Ils séjournaient avec le même bonheur, l'été, dans la villa que leur grand-mère avait à Reichenau. Ce lien privilégié entre les enfants Wittgenstein et leur grand-mère Kalmus, la seule de leurs quatre grands-parents à ne pas avoir d'ascendance juive, peut-il expliquer en partie l'ambivalence de leur attitude à l'égard de leurs racines juives ? La famille était complètement assimilée et il n'y avait plus de représentant d'une génération antérieure qui aurait pu incarner ou transmettre une tradition ou une identité juive. Les deux grands-pères étaient morts dans les années 1870 et les relations avec Fanny Wittgenstein-Figdor, la grand-mère paternelle, étaient des plus froides et distantes. Il n'est donc guère étonnant que, devenus adultes, les enfants Wittgenstein, certes conscients de leur ascendance juive, ne se soient jamais eux-mêmes le moins du monde perçus comme tels. Une telle attitude était fréquente alors à Vienne, comme en témoigne par exemple le roman d'Arthur Schnitzler *Le Chemin de la liberté*.

LA JEUNE FILLE ET SES AMIS INTELLECTUELS

Comme ses frères et sœurs, Gretl a été élevée par la rébarbative gouvernante Eli et n'a jamais fréquenté l'école. Selon les

1. H.W. *Souvenirs*, p 232.

instructions paternelles, nous l'avons vu, les mathématiques tenaient une large place dans l'enseignement qui leur était dispensé à domicile et elles joueront toujours, pour Gretl comme pour Ludwig, un grand rôle dans leur vie intellectuelle. Par ailleurs, Gretl s'intéressait surtout aux sciences naturelles, biologie et physique, ce qui n'était guère commun chez les filles de son temps et de son milieu. En revanche, son goût pour les travaux à l'aiguille et autres ouvrages de dame était des plus limités ; s'il faut en croire Hermine, la chambre de Gretl n'avait rien de la « chambre de jeune fille » traditionnelle : « Dans sa jeunesse déjà, sa chambre trahissait le rejet de toute convention. C'était l'antithèse de ce qu'on nomme une "chambre de jeune fille". [...] Dieu sait où elle avait été dénicher tous les objets intéressants qui s'y trouvaient. Elle débordait d'idées mais surtout elle savait exactement ce qu'elle voulait et comment l'obtenir. N'ayant pas les moyens de s'offrir des dessins originaux, elle copiait, avec beaucoup d'adresse, et encadrait ceux qui lui plaisaient dans *Jugend* [le premier magazine moderne illustré pour la jeunesse]. Broder ne lui plaisait guère mais, s'il fallait le faire, elle brodait alors les motifs les plus singuliers, celui d'un cœur humain stylisé par exemple, avec son réseau de veines et d'artères. Tous les objets de sa chambre portaient sa marque, ne serait-ce que par la manière de les exposer, par les combinaisons inattendues dont elle avait le secret[1]. »

En grandissant, l'adolescente difficile avait peu à peu découvert son intérêt pour la littérature et la philosophie. Autour d'elle, de son frère aîné Rudi et de leurs deux amis, les frères von Zitkovsky, s'était formé un petit cercle passionné de littérature et de philosophie : Nietzsche les fascinait, de même que Tolstoï et Dostoïevski. Ces deux derniers exerceront sur Margaret une influence profonde, à travers leur vision d'une éthique chrétienne à l'écart de toute institution religieuse. C'est dans ce cercle aussi que le jeune Ludwig devait se frotter pour la première fois à la littérature de son

1. *Ibid.*, p. 123.

temps. On s'y livrait à des joutes intellectuelles auxquelles le jeune Luki, comme on nommait Ludwig, participait volontiers. Cette jeunesse enthousiaste ne se contentait pas de lire et de discuter, mais brûlait aussi les planches. De vilain petit canard au plumage ébouriffé, Gretl, entre-temps, s'était muée en un beau cygne à qui l'on confiait d'ordinaire les rôles de jeune première. Dans la pièce de Grillparzer, *Die Ahnfrau,* (L'Aïeule), Gretl, âgée de seize ans, joue Berta, et Hermine, sa sœur, s'en souvient : « J'avais tressé un rang de perles dans ses cheveux noirs et je ne me lassais pas de la regarder. Grande et mince, agile et pleine d'audace, son beau visage expressif et vivant. C'est ainsi que je la revois, chaque fois que je pense à ses jeunes années[1]. » Les nouvelles élites viennoises encourageaient vivement le goût de leur progéniture pour la musique ou le théâtre. Il n'était cependant pas question que ce goût se mue en passion exclusive. Les pères y mettaient leur veto. Soutenir les arts est une chose, leur céder ses enfants en est une autre.

KARL KRAUS CONTRE KARL WITTGENSTEIN

Les affaires de Karl Wittgenstein ne cessaient de prospérer. Peu à peu, il avait transféré ses activités de l'industrie proprement dite à la banque et à la finance. En 1897, il entre au conseil d'administration de la Credit Anstalt, banque de la famille Rothschild, en tant que principal acteur de l'industrie sidérurgique et expert en fusions industrielles. Il s'ensuit bientôt une augmentation du dividende versé aux actions du cartel Wittgenstein, ce qui en dope le cours. Peu après, Karl se retire de la Credit Anstalt et, au terme d'une opération des plus complexes, transfère son cartel dans une autre banque, la Böhmische Escompte. Certains ne tardent pas à le soupçonner de s'être livré, avec cette opération, à une spéculation boursière de grande envergure. Le journaliste et

1. *Ibidem.*

pamphlétaire Karl Kraus est l'un de ceux qui dénoncent la manœuvre – d'ailleurs parfaitement réussie – avec le plus de virulence. Dans le numéro de septembre 1899 de son fameux journal, *Die Fackel* (Le Flambeau), Karl Kraus écrit ceci : « Ce qui vient de se passer : quelques millions de plus vont remplir les coffres de Wittgenstein et consorts, qui, en droit, appartiennent à d'autres, c'est tout. Et ces autres n'ont aucun moyen de se défendre, car ils ne sont plus actionnaires. Sans doute le procureur pourrait-il intenter des poursuites pour falsification de bilan, mais qui donc croit une telle chose possible[1] ? »

L'année suivante, une grève de mineurs donne à Karl Kraus l'occasion de s'en prendre une nouvelle fois à Wittgenstein, dont il fait la figure emblématique du capitaliste et du spéculateur. Il dénonce aussi en lui un artisan de la « slavisation » de la Bohême, se faisant ainsi l'écho des tensions nationalistes qui agitent alors l'Empire austro-hongrois. Le polémiste considère le progrès et l'industrialisation d'un œil sceptique et il en attaque les acteurs avec une violence aux relents antisémites, qui surprennent d'autant plus qu'il est lui-même juif : « Eh bien ! n'avait-on jusqu'ici aucune idée de la capacité de nuisance de la tribu contre laquelle se dressent aujourd'hui les mineurs ? À moins que nous ayons cru les Rothschild, Wittgenstein et autres Gutmann capables de sortir du moule et de placer les intérêts de l'humanité avant ceux de leur capital ? Chaque fois que M. Rothschild accorde quelques milliers de florins à une institution de bienfaisance, que Mme Gutmann patronne un bal de charité, il convient de rappeler que c'est l'exploitation criminelle de milliers de travailleurs qui permet à ces gens de distraire un millième de leurs profits pour venir en aide à quelques centaines de personnes. Quand M. Wittgenstein sacrifie quelques milliers de couronnes pour offrir à ses ouvriers des billets pour la fête de l'Union des écoles de langue allemande, il faut rappeler à l'opinion publique que ce monsieur et ses pairs versent à

1. *Die Fackel*, Vienne, septembre 1899.

leurs ouvriers qualifiés de langue allemande des salaires de misère, les contraignant ainsi à quitter leur Bohême natale, et qu'ils favorisent, ce faisant, la slavisation du pays mieux que ne le feraient une dizaine d'ordonnances sur la langue[1]. »

La polémique se poursuivit jusqu'en 1901 et Karl Wittgenstein ne manqua pas de se défendre par de cinglantes répliques dans la presse du pays. Mais sa politique de cartellisation ayant aussi fait l'objet de critiques de la part de certains cercles gouvernementaux, son désir de se retirer progressivement des affaires en avait été renforcé. Il avait alors investi sa fortune dans l'immobilier et à l'étranger, à l'abri des crises et des regards.

LE MÉCÉNAT ET LE FINANCEMENT DE LA SÉCESSION VIENNOISE

En 1900, l'année où il décide de prendre sa retraite, Karl Wittgenstein a cinquante-trois ans. Désormais, il consacrera son énergie, son temps et son argent à sa passion pour les arts. Au tournant du siècle, il est déjà l'un des collectionneurs et mécènes les plus importants de Vienne. Peintre elle-même, sa fille Hermine, qui avait étudié avec Anton Nowak et Franz Hohenberger – deux des fondateurs de la Sécession – sera sa conseillère. À Vienne, les beaux-arts étaient alors en ébullition. Un groupe de jeunes rebelles, autour de Gustav Klimt, hostiles à l'académisme ambiant, avait formé la Sécession viennoise, donnant naissance à un mouvement d'art moderne qui allait acquérir une dimension mondiale. Ce mouvement trouvera vite les faveurs de la nouvelle élite industrielle, depuis longtemps soucieuse de se distancer du modèle aristocratique. Pour la bourgeoisie montante, le nouveau langage qui se développe dans les arts est perçu comme l'expression de son émancipation, comme le moyen de sa propre affirmation. Le soutien financier massif accordé par les principaux acteurs de cette « deuxième société » viennoise – les Bloch-Bauer, Lederer,

1. *Die Fackel*, Vienne, février 1900.

Zuckerkandl et, particulièrement, les Wittgenstein – a été, sans aucun doute, la clef du développement et du succès du mouvement moderne viennois, tel qu'il a pris forme dans le cadre de la Sécession et des *Wiener Werkstätte* (les Ateliers viennois d'art décoratif). Pour la plupart, ces mécènes étaient d'origine juive. Karl Kraus, qui détestait l'esthétisme viennois et surtout la Sécession – ce qui en faisait, sur ce terrain aussi, l'ennemi de Karl Wittgenstein – y verra le prétexte de qualifier ce mouvement, textuellement, d'« art juif ».

Voici comment Hermine, bien des années plus tard, fait le portrait de son père en protecteur de l'art de son temps : « Mon père a fait beaucoup pour les jeunes artistes. Il finançait leurs voyages d'étude, achetait leurs œuvres et leur passait commande. Pendant ma jeunesse, beaucoup de jeunes artistes défilaient à la maison, racontant, pleins d'enthousiasme, les nouveautés découvertes ailleurs, se plaignant du conservatisme qui régnait alors à Vienne. Ici, on ignorait en effet complètement le grand tournant que venait de prendre la peinture française dans son rapport à la nature et à sa représentation. La peinture en plein air, l'impressionnisme qui, depuis deux décennies au moins, avaient, en France, soulevé des émeutes parmi le public et la critique étaient pratiquement inconnus ici. À Vienne, quelques artistes de renom dictaient le ton et barraient l'accès des salles d'exposition à toute tendance novatrice. Un jour enfin, de jeunes artistes – écœurés – décidèrent de se grouper en une association indépendante, de faire, littéralement, « sécession » et de se vouer à la modernité. La nouvelle association cherchait des soutiens. En mon père, qui en sera un membre fondateur, elle trouva l'homme de la situation. [De fait, Karl financera en grande partie l'édifice surmonté d'un globe de lauriers dorés qui abrite aujourd'hui encore la Sécession viennoise et que l'on doit à l'architecte Josef Maria Olbrich.] Il suffit de lire l'hommage qu'elle lui rendit après sa mort pour comprendre ce que la Sécession devait à la générosité de mon père. Elle voulut aussi l'honorer particulièrement en inscrivant son nom, seul parmi les donateurs, à côté de ceux des peintres Rudolf von Alt et Theodor Hörmann dans l'antichambre du bâtiment. Ces plaques commémoratives n'existent plus aujourd'hui : après l'Anschluss de 1938, le régime nazi exigea que l'on retire le nom de Karl Wittgenstein. Au cours d'une séance houleuse, en présence du commissaire qui avait formulé cet ordre, le peintre Engelhart, qui présidait alors la Sécession, avait fini par se lever, déclarant qu'il fallait en ce cas retirer les trois noms, car, ajouta-t-il, sans cet homme, cette maison n'existerait tout simplement pas. Ce qui fut fait[1]. »

Hermine raconte aussi comment se constitua, pas à pas, la collection de son père, faite, pour l'essentiel, d'œuvres d'artistes de son temps : « Mon père trouvait un grand plaisir à ses tableaux et ce plaisir, avec le temps, ne fit que s'intensifier et se raffiner. Avec mon aide, je dois l'avouer, il finit par rassembler une collection – petite mais belle, et surtout, homogène – d'œuvres des années 1870 à 1910. Le premier achat avait été *Die Quelle des Übels* (La Source du mal), de Giovanni Segantini. Je me souviens très bien du désir intense qu'il avait eu de ce tableau, exposé à la Sécession lors de la première exposition internationale – qui avait été un grand succès. Le plus souvent, c'est vrai, il me laissait libre d'acheter les tableaux que je voulais – il m'appelait, pour rire, sa directrice des beaux-arts. Mais il avait aussi son goût, qui était déterminant. [...] Cette collection de tableaux, aujourd'hui en partie dispersés parmi les membres de la famille ou vendus, avait été complétée de belles sculptures, de Max Klinger, d'Auguste Rodin et d'autres. Nous connaissions personnellement beaucoup des artistes en question ; certains étaient nos amis, comme Rudolf von Alt, dont je possède encore des œuvres magnifiques, caractéristiques des diverses périodes de son art et qui, en tant qu'Autrichienne, me touchent particulièrement[2]. »

En dehors des artistes cités par Hermine, un grand nombre de « sécessionnistes » de la première heure, presque oubliés aujourd'hui, fréquentaient la maison : Alois Hänisch par exemple, à qui l'on doit de nombreux pastels de l'intérieur

1. H.W. *Souvenirs*, pp. 76 et s.
2. *Ibidem.*

du palais Wittgenstein, Friedrich König ou encore Josef Engelhart. C'est à l'un d'entre eux, Viktor Krämer, que l'on doit le premier portrait de la jeune Margaret. Il la peignit à l'âge de douze ou treize ans, lisant sur un banc de pierre dans le parc de la villa de Neuwaldwegg. Si les Wittgenstein figurent au premier rang des mécènes de la Sécession, ce n'est pas seulement pour en avoir financé en grande partie le bâtiment, c'est aussi par des achats spectaculaires, comme celui du fameux Beethoven du sculpteur Max Klinger, présenté en 1902 lors de la 14e exposition, dite exposition Beethoven. À cette occasion, les « sécessionnistes », toujours ouverts à l'art venu d'ailleurs, avaient invité le sculpteur allemand et l'avaient reçu comme un prince. Inutile de dire que Karl était de toutes les festivités. Avec cette exposition, la Sécession viennoise s'était approchée au plus près de son rêve d'un « art total » au service du culte du héros nietzschéen : la sculpture de Klinger trônait en effet au centre d'un imposant dispositif conçu par Josef Hoffmann et son aura était renforcée par la fameuse fresque « Beethoven » dessinée par Gustav Klimt. L'exposition fit beaucoup de bruit et ne manqua pas de susciter des critiques, de la part de la droite catholique surtout, et pas toujours dépourvues de sous-entendus antisémites. Au départ, il était prévu que la ville de Vienne achèterait la statue du compositeur. Au vu de la violence de la polémique, tant au sein des autorités municipales que dans la presse, Karl résolut d'acquérir lui-même la sculpture et d'assurer ainsi le maintien de sa présence à Vienne.

On peut s'étonner qu'Hermine, dans ses *Souvenirs*, n'évoque pas davantage les liens étroits de la famille avec les chefs de file de la Sécession viennoise, Gustav Klimt et Josef Hoffmann. Pendant vingt ans, ce dernier allait en effet être « le » décorateur des intérieurs Wittgenstein. Le premier à se lancer avait été Paul, un frère de Karl, qui lui avait confié l'aménagement d'une ferme près de St. Aegyd, en Basse-Autriche, où il possédait une fonderie. S'ensuivit une série de commandes qu'Hoffmann eut à réaliser dans cette même région, où les Wittgenstein possédaient à la fois des usines et de vastes domaines forestiers. On lui doit notamment la décoration de l'église réformée de St. Aegyd, entreprise en 1902 aux frais de la famille. En 1894, Karl avait acheté une montagne entière, la Hochreit, dans cette belle région des Préalpes, un refuge que ses enfants adoreront. Hoffmann, devenu en 1906 directeur artistique des *Wiener Werkstätte* (Ateliers viennois), y trouvera un lieu où déployer ses talents puisqu'il sera chargé d'en rénover et d'en aménager la demeure principale. À côté de nombreux appartements, il réalisera aussi l'aménagement de divers bureaux pour les entreprises familiales, comme l'hôtel qui jouxte les aciéries de Kladno près de Prague ou encore les élégants bureaux viennois de la même compagnie sur Invalidenstrasse. Le flux des commandes ne tarira qu'après la Première Guerre mondiale, avec l'arrivée d'une nouvelle génération de Wittgenstein qui voudra définir et affirmer son propre goût.

Pour avoir une idée de ce qu'était alors l'atmosphère de l'hôtel particulier des Wittgenstein, on peut citer les souvenirs du jeune Bruno Walter, alors engagé comme chef d'orchestre à l'Opéra : « À quelques exceptions près, je me suis tenu à l'écart de la société viennoise. Je dois cependant mentionner un salon viennois voué à la musique, celui des Wittgenstein de l'Alleegasse. On y cultivait la noble tradition de ces élites d'autrefois, qui protégeaient les arts et les artistes non seulement par sens de ce qu'elles devaient à leur rang, mais par véritable enthousiasme. Brahms avait été un ami de la famille, Joachim et son Quatuor s'y étaient souvent produits. [...] Musiciens, peintres et sculpteurs fréquentaient la maison, de même que des scientifiques de renom. La maison était ornée d'une foule d'œuvres d'art de la plus haute qualité. Le maître de maison aimait l'art de son temps – c'est chez lui que la statue de Beethoven de Max Klinger avait trouvé refuge et l'un des salons était dévolu à l'art de Gustav Klimt et de ses amis modernes[1]. »

L'ombre n'allait cependant pas tarder à s'étendre sur cette demeure brillante et amie des arts. La tension montait entre

1. Cité d'après Kimberley Cornisch, *Der Jude von Linz, Hitler und Wittgenstein,* Berlin, 1998, p. 84.

les générations : celle des pères, créateurs d'entreprises, axés sur le profit, pour lesquels l'art est objet de jouissance, source de légitimation sociale et symbole de réussite, et celle des fils, pour qui l'art est une vocation. Chez les Wittgenstein le conflit allait tourner à la tragédie. Hans, le fils aîné, vouait à la musique une passion exclusive, au grand dam de son père. Celui-ci avait beau le muter d'usine en fabrique pour divers stages techniques ou commerciaux, Hans ne cédait pas. Le conflit tourna à la rupture ; Léopoldine, la mère, ne sut pas s'interposer. Le jeune homme s'embarqua pour les Amériques et se suicida en 1902, au Brésil. Deux ans plus tard, en mai 1904, ce fut au tour de Rudi, le second fils qui, lui, ne vivait que pour la littérature et le théâtre, de s'ôter la vie. Accompli en public, dans un café de Berlin, sous le prétexte de la mort d'un ami très cher sans lequel il ne voulait pas vivre, le suicide de Rudi fut d'autant plus dramatique pour la famille que la presse en avait parlé et l'avait associé à une éventuelle homosexualité. Dans cette maison, où régnait un ordre moral sans faille, un monde a dû s'écrouler. Pour la jeune Margaret, la disparition brutale de ses deux grands frères, aimés et admirés, sera une blessure inguérissable. Elle partagera avec sa sœur Hermine la conviction que l'origine de ce double suicide est à chercher du côté de la domination absolue de leur père, du manque total d'empathie de leurs deux parents à l'égard de leur progéniture, du poids écrasant de la contrainte et de la pression qu'ils faisaient peser sur leurs enfants.

II
LA JEUNE FEMME

LES FIANÇAILLES

La mort des deux aînés finit par convaincre Karl que le cadre familial n'était sans doute guère adapté à l'éducation de ses enfants. Il envoie ses deux fils cadets, Paul et Ludwig, à l'école publique. Ludwig, qui a quinze ans, est inscrit à Linz, dans une école secondaire d'un type alors relativement nouveau, où les disciplines scientifiques l'emportaient largement sur les langues dites « mortes », en contradiction avec ce que l'on tenait à l'époque pour l'éducation idéale. Ce choix concorde pleinement avec les conceptions pédagogiques de Karl Wittgenstein et, ainsi, ne s'explique pas forcément, comme on le lit souvent, par l'insuffisance de l'acquis scolaire antérieur de Ludwig. De même est-il tout à fait inexact de prétendre que cette école ait été destinée aux couches populaires. Elle comptait au contraire parmi les meilleures en son genre, notamment en raison de l'excellence de ses enseignants. Quant à Margaret, elle ne tarde pas à se fiancer avec un Américain venu étudier la médecine à Vienne. On sait très peu de choses sur ces fiançailles. Les deux jeunes gens s'étaient rencontrés chez le professeur Maresch – un membre du clan depuis qu'il avait épousé une nièce de

Karl –, auprès de qui le jeune homme étudiait alors la physiologie. Jérôme Stonborough, de neuf ans plus âgé que Margaret, avait déjà derrière lui des études de lettres. Il s'était lancé dans la médecine pour le plaisir. Son père était un industriel new-yorkais, descendant d'une famille juive émigrée d'Allemagne, qui avait vraisemblablement anglicisé son nom – Steinberg – et s'était convertie au protestantisme. Les Stonborough étaient prospères et Jérôme pouvait s'adonner à l'étude sans être pressé de gagner son pain. Cette aisance était toutefois sans commune mesure avec la fortune des Wittgenstein.

On ne sait rien des motifs qui ont pu pousser la jeune Margaret à lier son destin à celui d'un homme nettement plus âgé qu'elle et issu d'un univers totalement étranger. Fut-elle séduite par le goût de Jérôme pour les sciences et les arts, qu'elle partageait et qui, en dépit de toutes les crises, restera leur terrain d'entente ? Elle le confirmera plus tard, cette union, elle en a décidé elle-même, en toute liberté. Peut-être y a-t-elle vu, inconsciemment, le moyen d'échapper au poids que le deuil faisait peser sur la vie familiale. Y avait-il alors pour une jeune femme de son milieu un autre moyen de se soustraire à l'emprise parentale ? On peut même penser qu'elle fut bien loin de s'opposer au projet de son fiancé de poursuivre ses études à Berlin. Ludwig connaîtra plus tard cette même ambivalence, ce même besoin de fuir sa famille, qui ne diminue en rien la nostalgie qu'elle inspire. Karl était-il satisfait du choix de sa fille ? On ne le sait pas. Son futur beau-fils était apparenté à la famille Guggenheim, sa sœur avait en effet épousé William, un frère de Solomo Guggenheim. Karl a peut-être joué avec l'idée d'une collaboration, par l'entremise de son beau-fils. Mais si tel a été le cas, il a dû rapidement déchanter : Jérôme ne s'intéressait guère aux affaires et n'avait aucun don pour elles.

LE PORTRAIT DE KLIMT, LÉGENDES ET RÉALITÉ

Les fiançailles de Margaret vont être l'occasion de deux commandes importantes pour la Sécession viennoise et les *Wiener Werkstätte* : à l'exemple de son père, c'est en effet aux

Ateliers viennois que la jeune femme commandera l'ameublement et la décoration de son futur appartement berlinois. Mais, surtout, sa mère, Léopoldine, dont les interventions dans ce domaine sont inhabituelles, prend l'initiative de commander à Gustav Klimt un portrait en pied de sa fille, qui est sur le point de la quitter. Commande est passée début 1904. Klimt accepte et annonce qu'il entreprendra le portrait en mars[1]. Les Wittgenstein possédaient déjà de nombreux tableaux et dessins du chef de file de la Sécession. Les relations entre le peintre et le mécène – sorte d'éminence grise du mouvement –, étaient étroites. À l'occasion de l'exposition Klimt de l'automne 1903, Karl venait d'acquérir le *Goldener Ritter* (Le cavalier doré). La commande du portrait avait suivi.

Diverses légendes entourent ce portrait en pied, grandeur nature, d'une jeune et brune Margaret, parée pour le bal, dans une robe de moire blanche décolletée, un châle de dentelle sur les bras. La rumeur voudrait, en particulier, que ce tableau ait été un mal aimé, qui n'aurait plu ni à la famille commanditaire, ni à l'artiste lui-même. Rien n'est plus faux. Gustav Klimt le tenait pour l'un de ses meilleurs portraits ; il l'empruntera d'ailleurs à plusieurs reprises pour le montrer lors d'expositions internationales. À Berlin en 1905, par exemple, alors que le tableau n'était pas encore achevé ; à Vienne en 1908 ou encore à Rome en 1911. Ni le recueil de souvenirs d'Hermine ni la correspondance de Margaret ne laissent percer la moindre réticence à son sujet, au contraire. La critique, il est vrai, lui a réservé un accueil mitigé. Un journal berlinois notait ainsi en 1905 : « Il se peut que personne avant Klimt n'ait su montrer avec autant d'empathie et de charme la grâce particulière de la jeune femme du monde. [...] Klimt en dit beaucoup sur les jeunes beautés, et en laisse deviner plus encore[2]. » S'il est ici question de mondanité et de modernité, vingt ans plus tard la critique, évoquant un monde perdu, se fait au contraire nostalgique : « Dans la tendre lumière qui baigne le portrait de

1. Au sujet de ce tableau, voir le livre de Thomas Zaunschirm, *Gustav Klimt-Margaret Stonborough-Wittgenstein*, Francfort sur le Main, 1987.

2. Cité par Th. Zaunschirm, *op. cit.*, p. 61.

Margaret par Gustav Klimt, dans le poli d'ivoire et le fin dessin des épaules, dans le regard primesautier des yeux sombres, s'expriment une noble poésie, un charme décoratif. [...] L'âme tendre d'une jeune patricienne autrichienne, la grâce de bon ton et pourtant piquante d'une Viennoise élégante, mi-princesse, mi-artiste – Peter Altenberg l'aurait adorée[1]. » Après la Seconde Guerre mondiale, le regard se fait plus sévère et juge aussi le traitement de la personne elle-même. Dans son célèbre ouvrage sur la Vienne fin de siècle, Carl E. Schorske écrit : « Dans le portrait de Margaret Stonborough-Wittgenstein, le visage et les mains trahissent un calme parfait, un idéal de raffinement, mais peu de caractère[2]. » Et Thomas Bernhard, dans la pièce *Déjeuner chez Wittgenstein*, est encore plus féroce quand il met dans la bouche d'un membre imaginaire de la famille la réplique suivante : « C'est de cela que nous avons toujours souffert – de ces horribles tableaux – Les tableaux valent une fortune – une fortune de millions – mais ils sont horribles – une fois ils sont un peu plus – une fois un peu moins à la mode – mais ils valent toujours des millions – si horribles qu'ils soient ces tableaux – Notre mère était pourtant – une belle femme – attirante – mais sur le tableau elle est repoussante – elle était méchante – mais sur le tableau elle est aimable[3]. » Ces quelques citations suffisent à montrer l'ambivalence suscitée par le portrait. Il faut cependant revenir aux faits. Dans une lettre non datée à Karl Wittgenstein, écrite cependant assez longtemps après la commande, Klimt dit ceci : « Excellence, puis-je encore répondre à une lettre reçue depuis longtemps ? Puis-je espérer un peu de compréhension si je vous avoue qu'en plus d'une incapacité momentanée à écrire, qui m'a déjà fort retardé, j'avais à vous faire une réponse difficile en elle-même ? Et s'il m'est difficile de vous répondre, ce n'est pas tant parce que le tableau n'est pas fini, mais surtout parce qu'il n'est pas encore assez bon. Je peux donc seulement

1. Else Hoffmann, dans le « Modern Welt », n° 25, p. 5.

2. Carl E. Schroske, *Fin de siècle Vienna*, New York, 1987, p. 270.

3. Thomas Bernhard, *Déjeuner chez Wittgenstein*, L'Arche, Paris, 1989, pp. 120-121 (traduction : Michel Nebenzhal).

vous communiquer le prix actuel de mes portraits en pied, qui se monte à quelque 5 000 Gulden [florins]. En raison de ce qui précède, je ne puis accepter votre aimable offre de payer le portrait dès à présent. J'espère pouvoir l'achever cet automne, une fois l'exposition terminée, et j'espère surtout qu'il sera bon, en tant que portrait. Je vous prie une nouvelle fois de bien vouloir m'excuser – cette réponse en souffrance m'a assombri l'humeur. Votre toujours dévoué, Gustav Klimt[1]. »

Une lettre qui nous éclaire sur le caractère de Klimt autant que sur sa manière de peindre. Elle souligne la lenteur avec laquelle il travaillait, son perfectionnisme, dont témoignent le grand nombre d'études préliminaires et le fait qu'il ne cessait de retoucher, au point qu'il fallait parfois lui arracher ses tableaux presque de force. Enfin, on apprend que pour le « prince des peintres du beau monde » qu'il se pique d'être, le règlement de ses honoraires – exorbitants – n'a rien de pressant. 5 000 Gulden (soit 10 000 couronnes, c'est-à-dire quelque 100 000 euros d'aujourd'hui) représentaient alors trois fois le salaire annuel d'un fonctionnaire de rang moyen. Le salaire à la semaine d'un ouvrier était alors de 10 couronnes ! Faut-il préciser que rares étaient ceux qui pouvaient s'offrir un tel luxe. Quant au souhait d'améliorer encore le portrait, par quoi il faut expressément entendre sa ressemblance avec le modèle et non pas l'œuvre en soi, c'est sans doute ce qui a donné naissance à la rumeur selon laquelle la famille n'aurait pas été satisfaite de cette ressemblance et n'aurait donc guère apprécié le tableau.

La controverse traduit en fait la rupture voulue par les modernes au tournant du siècle : c'est le moment où, avant même de se lancer dans les expériences dites de sa « période dorée », Klimt s'est déjà détaché du souci d'une ressemblance ou d'une reproduction de la nature. Dans ses portraits, il entend manifester des types – à la manière des icônes. L'ornementation dont il entoure les visages, inspirée de l'art japonais comme de l'art de Byzance, leur fait une sorte

1. Cité par Th. Zaunschirm, *op. cit.*, p. 17.

d'aura, qui renforce encore leur caractère iconique. Plutôt qu'une imitation servile de la nature, c'est la stylisation elle-même qui devait donner à voir la personnalité du modèle. Le portrait de Margaret répond aussi au projet sécessionniste d'« œuvre d'art totale » où est enclos le modèle, transformé en icône. La robe de Margaret sort d'ailleurs des Ateliers viennois et le décor où elle pose, si vague soit-il, ressemble à un intérieur de Josef Hoffmann. Le peintre renonce à la représentation mimétique de son modèle, il préfère en révéler la personnalité sous une forme très stylisée. Le fameux portrait « doré » d'Adele Bloch-Bauer sera la réalisation la plus éclatante de cette intention, présente déjà, et non sans réussite, dans le portrait de Margaret. Ceux qui l'ont bien connue soutiennent en effet que le peintre, malgré quelques divergences de détails superficiels, a su rendre avec une extraordinaire sensibilité la personnalité de son modèle et ce qu'elle avait de singulier.

Il faut également noter, et c'est peut-être une autre source de la rumeur, que Klimt, bien connu pour sa façon d'embellir et de rajeunir ses modèles, s'en est cette fois visiblement abstenu. Les photographies contemporaines du tableau révèlent en effet des traits plus fins, un menton moins proéminent et des sourcils moins broussailleux. On peut imaginer que l'artiste se soit trouvé aux prises avec une équation difficile : il avait accepté de peindre la fille de l'un de ses principaux protecteurs, il devait en restituer la beauté sans toutefois rien lui donner de sensuel ou de tentateur. Or on sait que pour Klimt la beauté ne se dissociait pas de l'érotisme, qu'il était grand amateur de femmes et qu'un lien affectif le liait souvent à ses modèles. Il est donc tentant de penser qu'il s'est efforcé, dans ce portrait, d'éviter toute trace de la sensualité qu'il conférait d'habitude à ses portraits de femme. La personnalité même de Margaret lui aura facilité la tâche. Élevée dans une famille très puritaine, la jeune intellectuelle ne correspondait en effet en rien à l'image partout répandue de la sensualité viennoise fin de siècle. Et c'est bien ce que le peintre donne à voir, dans la distance presque arrogante – le menton levé et le regard fixé au loin – de son modèle, dont il semble, dans le même but, avoir durci les traits. Quant au corps, il est quasi absent sous la fluidité précieuse de la robe qu'accentue encore l'arrière-plan presque abstrait, typique du peintre. Comme le révèle la trentaine de dessins préliminaires, qui montrent le modèle assis ou regardant le spectateur, la solution retenue le fut au terme d'un laborieux processus. La troublante froideur qui émane de ce portrait tient peut-être également au deuil, à la mort de Rudi, le frère aimé, dont le suicide, en mai 1904, est tout récent et jette son ombre sur les fiançailles. Klimt ne peint pas une fiancée rayonnante mais une jeune femme qui semble en état de tension nerveuse. Quant à la relation entre le peintre et son modèle, les lettres de Margaret elles aussi démentent la légende. Cette relation semble avoir été parfaitement amicale : elle appréciait beaucoup l'humour et les manières ouvertes du peintre. Lui, de son côté, sut capter, en artiste sensible, la personnalité singulière de son modèle. Les nombreuses séances de pose donnèrent lieu à autant de discussions sur l'art et la culture. Et Margaret ne se lassait pas d'entendre les potins que lui rapportait Klimt sur le petit monde des peintres viennois.

Révélatrice de l'importance que Gustav Klimt accordait à ce portrait est la demande adressée à Karl Wittgenstein, en février 1905 vraisemblablement : il souhaite présenter au Kunstschau de Berlin, qui se tiendra en mai, non seulement le *Cavalier doré*, en la possession de Karl, mais aussi le portrait « inachevé », comme il le dit textuellement, de Margaret[1]. Celle-ci, qui se trouve alors en voyage de noces, doit avoir eu connaissance de la demande du peintre, car elle note dans une lettre à sa mère datée de février : « Si vraiment mon tableau est le meilleur portrait de Klimt, c'est une très grande joie pour moi[2]. » Le tableau sera en effet exposé à Berlin et – comme déjà évoqué plus haut – très favorablement accueilli par la presse. Le « tableau inachevé » – ou variante berlinoise – diffère bien, par maints détails, de la version définitive ultérieure. Après l'exposition berlinoise, Klimt a notamment transformé l'arrière-plan sur lequel se détache la tête : un arc

1. *Ibidem.*
2. M.St. à sa mère, 24(?).02.1905/P.St.

est venu remplacer une ligne droite, entourant la tête d'une sorte de nimbe et conférant ainsi au portrait un caractère d'icône. Une manière de faire que le peintre répètera peu après dans son portrait de Fritza Riedler.

Les parents de Margaret accrochèrent son portrait dans le salon rouge de leur palais de l'Alleegasse et autorisèrent son auteur à l'emprunter à diverses reprises pour l'exposer. Margaret a pu en hériter après la mort de son père, en 1913, mais plus probablement après celle de sa mère, en 1926. Le tableau l'accompagna-t-il lors de ses fréquents changements de domicile ? On l'ignore. Ce que l'on sait, c'est qu'il sera plus tard accroché dans la maison que Ludwig construira pour elle à Vienne, et qu'elle acceptera elle aussi de le prêter, notamment pour la grande rétrospective Klimt de la Sécession en 1928. Il est certain qu'elle avait pleinement conscience de la qualité et de la valeur de ce tableau. Quelque vingt-cinq ans plus tard, quand elle sera presque ruinée, qu'il lui faudra réduire drastiquement son train de vie et vendre une grande partie de sa collection d'art, elle ne songera pas une minute à se séparer de son portrait. Selon une autre légende encore, la bouche dont Klimt l'avait pourvue lui aurait tant déplu qu'elle l'aurait elle-même retouchée. En 1956, vers la fin de sa vie, et alors qu'elle l'avait prêté à la Neue Galerie de Linz, elle fit expertiser le tableau. L'expertise, qui en documente très précisément l'état, ne mentionne pas la moindre retouche. Après la mort de Margaret, le tableau fut vendu par son fils Thomas à la Neue Pinakothek de Munich, où il se trouve encore aujourd'hui. On le considère comme l'une des œuvres majeures de la période dite médiane de Gustav Klimt et comme l'une des icônes du Jugendstil viennois.

MARIAGE ET VOYAGE DE NOCES

Pour Margaret, le temps des fiançailles et des préparatifs du mariage prit fin le 7 janvier 1905, au terme des six mois de deuil qui avaient suivi la mort de Rudi. C'est en l'église évangélique de la Dorotheergasse, à Vienne, que se déroula la cérémonie. Les témoins en furent le professeur Maresch, chez qui les fiancés s'étaient rencontrés, Max Salzer, le mari de sa sœur Hélène, ainsi qu'un de ses oncles, Ludwig Wittgenstein senior. Malgré ce mariage protestant, Margaret, devenue du même coup citoyenne américaine, n'en demeura pas moins fidèle à sa foi catholique. Il n'existe malheureusement aucun témoignage sur les festivités qui ont entouré la cérémonie. On imagine que rien n'a été épargné pour en faire un événement à la mesure du statut de la famille. Les jeunes époux partirent le jour même pour un voyage de noces de plusieurs mois, comme le voulait l'usage. Il s'agissait aussi d'une sorte de voyage de formation et il devait comprendre, dans ce but, la visite de quelque pays exotique. En route vers le Sud, on fit halte, le soir même, à la Hochreit, le domaine familial situé dans les Préalpes de Basse-Autriche, un lieu aussi splendide que parfaitement isolé. Au lendemain de la nuit de noces, Margaret y écrit sa première lettre à sa sœur Hermine – Mining, son aînée de huit ans, sa confidente épistolaire chaque fois qu'elle sera loin de Vienne. Malgré l'arrivée du téléphone, la correspondance joue encore un rôle essentiel dans le quotidien de la grande bourgeoisie d'alors et obéit à un certain rituel. Dans chaque nouvel appartement, le bureau de Margaret – pièce et table à écrire – sera l'objet d'une attention particulière. Elle en fera dessiner les meubles par les maîtres du moment, Koloman Moser ou Dagobert Peche. Épistolière passionnée, elle notera d'ailleurs dans son journal : « Écrire des lettres va redevenir à la mode. Comme on le pratiquait autrefois, c'était un sport sain car la fixation et la formulation de pensées fuyantes éclaircissent la soupe trouble et opaque du vécu[1]. » Grâce à l'en-tête du papier à lettre, on peut suivre le correspondant à la trace, qu'il écrive de chez lui, d'un hôtel ou d'un paquebot de luxe. Le rituel voulait aussi que lors d'un deuil, tous les membres de la famille utilisent un papier bordé de noir pour toute la durée de ce deuil.

1. M.St. Journal, 3.1.1918/P.St.

Mais qu'écrit donc Gretl à sa sœur au lendemain de son mariage ? « Ma Mining aimée ! J'ai été heureuse de ta chère, bonne lettre. Comme les adieux ont été difficiles ! bien pires que je l'avais imaginé. C'est avec le cœur lourd, dans le plein sens du terme, que je suis partie ; mais en chemin déjà, après avoir versé toutes les larmes de mon corps, je me suis sentie nettement mieux. Jérôme a été vraiment mieux que bien, montrant autant de compréhension que de patience. Tu sais combien la montée dans la neige et l'arrivée là-haut peuvent être magnifiques. Comme tu peux l'imaginer, je n'étais guère en état de savourer le paysage mais enfin, ça m'a distraite un peu. Un premier soir, c'est vraiment abominable. Là encore Jérôme est digne de louanges ; il m'a rendu les choses aussi faciles que possible. [...] Aujourd'hui, il fait ici en haut un temps magnifique, nous passons des skis – trouvés ici – à la luge. J'ai prié Willy [Zitkovsky, un ami commun à son frère et à elle-même], juste après la cérémonie, d'aller porter mon bouquet sur la tombe de Rudi. Plein, plein de baisers à papa, aux garçons [à ses frères Paul et Ludwig] et aux Salzer. Je t'embrasse, ma chère vieille, ta nostalgique et aimante, Gretl[1]. »

Est-ce là la lettre d'une jeune épousée radieuse ? Le chagrin encore à vif causé par la disparition de Rudi explique sans doute la mélancolie du ton. Mais il ne faut pas sous-estimer non plus, comme elle le laisse clairement entendre, le choc que pouvait être la nuit de noces pour une jeune fille élevée avec l'extrême pruderie alors de mise dans la bourgeoisie. Par-delà l'événement traumatisant qu'a pu être cette « première fois », l'attitude de Margaret à l'égard de la sexualité sera toujours empreinte de réserve, voire de distance. Bien loin de la sensualité féminine viennoise telle que l'ont peinte un Arthur Schnitzler dans ses romans ou un Gustav Klimt dans ses tableaux, ou encore telle que l'incarnait une Alma Mahler. Son attitude est en fait plutôt semblable à celle de l'impératrice Sissi. Comme celle-ci, Margaret vouait un culte quasi narcissique à sa propre beauté et savourait les

1. M.St. à H.W., 8.1.1905/P.St.

nombreux hommages masculins qu'elle lui valait, à condition que ce fût à distance.

Après un arrêt à Venise et une traversée agitée, les jeunes mariés débarquent au Caire, leur destination, d'où ils entreprendront diverses excursions, dont la remontée du Nil jusqu'à Louxor et Assouan. Au fil des jours et de l'habitude, la relation s'installe peu à peu dans la conjugalité. Quelques allusions trahissent cependant l'inconfort de Margaret face à une proximité physique à laquelle elle n'est pas habituée, dans une cabine de bateau en particulier. Comment faut-il comprendre son rejet de la culture antique égyptienne, aussi radical qu'étonnant, alors que son mari, féru d'égyptologie, se passionne ? « Les ruines égyptiennes ne me font pas la moindre impression et le Nil est carrément ennuyeux », écrit-elle à sa mère[1]. Quand bien même elle ne cesse d'afficher dans ses lettres son parfait contentement d'épouse, se devinent déjà, entre les lignes, les sources de tensions et de conflits qui mettront bientôt son mariage à mal. La personnalité difficile de Jérôme se révèle peu à peu : agitation intérieure, jalousie maladive, troubles de l'humeur allant jusqu'à la dépression caractérisée. On les perçoit en creux dans cette lettre à Mining : « Il est touchant de voir comme Jérôme est content. Il n'arrête pas de s'émerveiller qu'un mariage puisse être aussi heureux. Il est transformé et montre maintenant *a sunny disposition.* Imagine-toi qu'il n'est même plus jaloux et qu'il rayonne du matin au soir[2]. » Margaret était une belle jeune femme, élégante, et qui savait mettre ses attraits en valeur. Même si elle les tenait à distance, elle ne manquait jamais d'admirateurs, ce qui provoquait la jalousie de son mari. Margaret n'est pas malheureuse, mais elle n'est pas vraiment heureuse non plus, un état qui laisse la porte ouverte au mal du pays, à la crainte aussi de perdre l'indispensable appui de sa sœur : « Je ne crois vraiment pas que mon mariage puisse changer quoi que ce soit entre toi et moi. Pour ma part je suis si peu changée que la moindre ligne de ta part m'intéresse

1. M.St. à sa mère, 1.2.1905/P.St.
2. M.St. à H.W., 26.2.1905/P.St.

plus que tu ne peux l'imaginer. Je vis chaque moment en pensée avec vous à la maison. J'entends littéralement maman en conférence dans l'escalier avec Minna, toi claquant les portes quand tu rentres de l'atelier, ou encore papa qui, en rentrant, crie "Ohé la compagnie[1] !" »

Renseignée par sa sœur, Margaret suit de loin, mais avec passion, les potins de la scène culturelle viennoise. Comme le veut l'usage, elle est en contact épistolaire avec tous les membres du clan. Seul, Ludwig – « Luki » –, le petit dernier manque d'enthousiasme et Margaret se plaint à sa mère : « S'il te plaît, dis à Luki que Jérôme et moi sommes fâchés. Nous avions convenu avec lui que nous cesserions de lui écrire s'il ne répondait pas à notre carte. Il avait "promis, juré", mais malgré la missive comminatoire que je lui ai expédiée de Louxor, il n'a pas répondu. Et voilà qu'il a l'audace de se plaindre ! Attends un peu, garnement[2] ! » Le garçon avait des circonstances atténuantes. Il étudiait alors au lycée de Linz mais, fragile, de tempérament nerveux et souvent malade, il alternait alors séjours à Linz et séjours de repos chez ses parents à Vienne. Informée, sa sœur change de ton : « Je suis heureuse d'apprendre que Luki va déjà beaucoup mieux. Sa lettre m'avait effrayée et je ne pouvais attendre d'apprendre si, de retour à la maison, il s'était, comme d'habitude, vite rétabli[3]. »

Le jeune couple reste au Caire jusqu'à mi-mars, participant encore aux festivités que les autorités britanniques organisent à l'occasion du carnaval à l'intention de la clientèle fortunée des hôtels de luxe. « Mardi gras a été très amusant ; un grand cortège masqué a traversé notre jardin. Pour "la crème" [en français dans le texte] – dont nous étions naturellement – on avait installé des tribunes. On a eu droit à une vraie bataille de confettis et j'ai eu bien du mal à me défaire de tous ces petits bouts de papier multicolores. J'ai reçu des bonbons et

1. *Ibidem.*
2. M.St. à sa mère, 20.2.1905/P.St.
3. M.St. à sa mère, 4.3.1905/P.St.

des fleurs. Il y avait plein de gens intéressants, un jeune fils de l'empereur allemand, le Khédive, etc[1]. »

Le voyage de retour passe par Naples, puis le jeune couple séjourne quelque temps dans le palais familial. Mi-mai les jeunes gens quittent Vienne pour Berlin, où ils ont l'intention de passer quelques années. Jérôme projette d'y poursuivre ses études dans un laboratoire de chimie.

L'APPARTEMENT BERLINOIS – PUR *WIENER WERKSTÄTTE*

Arrivant à Berlin, Margaret se trouve, pour la première fois, confrontée à la nécessité d'installer et de diriger un train de maison, dans le grand style auquel elle est habituée. Son voyage de noces prolongé l'a frustrée d'activités et c'est pleine d'énergie, d'optimisme et d'ambition qu'elle relève le défi. Inspirée par le renouveau des arts décoratifs viennois, elle entend faire de son foyer une œuvre d'art totale, dont chacun des éléments, du mobilier aux petites cuillères en argent, en passant par les rideaux, obéit à la même esthétique. Commande est passée aux Ateliers viennois (*Wiener Werkstätte*), et le « design », comme on dirait aujourd'hui, est de Josef Hoffmann et Kolo Moser. Ce dernier accompagne la marchandise à Berlin pour en surveiller la livraison et la mise en place. Margaret, comme elle le raconte à sa mère, met la main à la pâte : « Notre appartement est le plus beau qu'on puisse imaginer, et des plus confortables. Moser – extrêmement gentil comme toujours – et moi avons passé trois jours à installer les meubles, à accrocher les tableaux et à peindre des cadres. [...] Jérôme et moi sommes enthousiastes et chantons chaque jour vos louanges et celles des *Wiener Werkstätte*. Je suis impatiente de vous le montrer[2]. » De fait, la décoration de cet appartement fera l'objet, à l'époque, de plusieurs publications dans les revues spécialisées. La grande élégance des formes est un exemple de ce que les Ateliers viennois

1. M.St. à sa mère, 10.3.1905/P.St.
2. M.St. à sa mère 18.4.1905/P.St.

offraient alors de meilleur[1]. Les meubles d'Hoffmann sont d'une grande pureté de lignes tandis que Moser ajoute volontiers aux siens des éléments décoratifs peints. Logiquement donc, c'est Hoffmann qui a conçu la chambre de Jérôme tandis que Moser dessinait celle de Margaret, y compris le secrétaire, meuble de la plus haute importance. En dépit de ces différences, dues à la personnalité des deux artistes, l'ensemble offrait un aspect très homogène.

L'appartement ne tarda pas à se remplir des œuvres et objets d'art achetés tant par Margaret que par Jérôme. Une somme généreuse, reçue en cadeau de mariage de son oncle Louis (Ludwig senior, un frère de son père) avait ainsi permis l'achat de plusieurs tableaux, d'artistes de la Sécession viennoise essentiellement[2]. Mais il revient aussi à Margaret de choisir, d'engager et de former le personnel de maison. Un domaine où l'expérience lui fait défaut et qui donne lieu à un échange de courrier abondant avec sa mère.

LA VIE À BERLIN

Deux semaines à peine après leur arrivée à Berlin et alors que Margaret, heureuse, est absorbée par l'aménagement de sa maison, Jérôme demande soudain qu'elle laisse tout tomber et qu'elle l'accompagne à Cherbourg pour accueillir sa mère, qui débarque de New York. Ce trait de caractère de Jérôme, instable, versatile, ne tenant pas en place, prendra plus tard des allures de manie, au sens quasi médical du terme. Pour l'heure, la jeune épouse se soumet, mais elle ne

1. *Deutsche Kunst und Dekoration,* Bd XVII, 1905-1906, pp. 149 et s. – L'installation comprenait un salon, une salle à manger, une chambre pour chacun des époux, une salle de bain, ainsi que des chambres d'amis et des logements pour les domestiques. Les meubles dus à chacun des deux artistes, J. Hoffmann et K. Moser, étaient signés de leurs initiales. Moser s'était spécialement chargé des meubles recouverts de tissus, leur ajoutant souvent un élément pictural et décoratif, par exemple aux pieds des lits (voir MAK Inv. Go 1397/1908 ; ou encore Skler, WV 97).

2. *Cf.* M.St. à H.W., 12.5.1905/P.St.

se prive pas de faire savoir à sa famille viennoise le peu de joie que lui cause cette décision inopinée. Une joie qui s'amenuise encore lorsqu'elle découvre la famille de son mari, sa mère, sa sœur ainsi qu'une tante. Elle les juge parfaitement incultes et ne sait pas quoi leur dire. Alors qu'elle s'acquitte à contrecœur de son devoir en recevant sa belle-mère, elle brûle du désir d'accueillir sa propre famille à Berlin. Or, en ce moment, à Vienne, l'humeur est plutôt sombre. On vient de découvrir, chez Karl son père, les premiers symptômes d'un cancer et il est donc hors de question pour lui d'aller rendre visite à sa fille. D'autre part, Ludwig, enfant à problèmes, est à nouveau malade et semble traverser une vraie crise. Margaret se bat pour qu'on l'envoie chez elle à Berlin et qu'on le lui confie pour une certaine durée, même s'il doit, pour cela, manquer l'école. Elle est sans doute consciente que l'atmosphère de la maison familiale n'est pas idéale pour un garçon sensible comme Ludwig et elle pense pouvoir lui apporter aide et compréhension. Elle tente donc de convaincre sa mère : « [...] Je suis contente d'apprendre que ce cher et bon papa va déjà mieux. Je ne savais pas qu'il n'avait pas le droit de bouger et j'en ai du coup doublement mal pour lui. Je vais naturellement accéder à ton vœu que Luki ne reste chez moi que le temps qu'il voudra, encore que j'aie du mal à comprendre pourquoi il doit absolument se remettre au travail après une semaine. Je suis au contraire de l'avis qu'il faudrait lui interdire d'ouvrir un livre durant au moins trois semaines. Tu écris qu'il est en très mauvais état, pourquoi ne lui laisse-t-on pas le temps de se rétablir complètement ? Ce n'est pas à passer ses journées à la maison, à apprendre, qu'il va retrouver des forces ou être moins nerveux. Manquer une année scolaire n'a vraiment aucune importance quand il semble clair que c'est la santé de Luki qui est en jeu. Pour lui, faire le voyage jusqu'à Berlin et n'y rester que quelques jours ne sera rien d'autre que du stress. Tandis que je suis fermement persuadée qu'un plus long séjour chez nous lui ferait beaucoup de bien[1]. » De fait, le séjour

1. M.St. à sa mère, 2.5.1905/ P.St.

de Ludwig à Berlin, en mai 1905, – il sera l'un des premiers à découvrir le nouveau logement de Margaret – semble avoir été très court et n'aura donc pas répondu aux espoirs de sa sœur, dont la déception est manifeste : « Je m'étais fait une joie de te renvoyer Luki avec une belle mine mais je dois y renoncer ; son mal de gorge l'a en effet encore affaibli[1]. »

Malgré les visites qu'elle reçoit et les tâches domestiques qu'elles impliquent, Margaret n'a pas la vocation de femme d'intérieur : elle se lance au contraire dans des études scientifiques. Alors que son mari travaille dans un institut de chimie, elle suit des cours d'embryologie et d'histologie, et trouve même une place dans un laboratoire. Comme elle n'a pas suivi de scolarité officielle et ne peut donc montrer aucun diplôme, elle ne peut accéder à l'université qu'en auditeur libre. Ses premiers contacts avec des étudiantes, dont la plupart sont issues de milieux modestes, confrontent la jeune femme avec un monde dont elle ignore tout et éveillent chez elle des sentiments mélangés. Voici ce qu'elle en écrit à sa sœur : « Figure-toi que j'ai une place au laboratoire d'histologie, avec un siège, un placard que je peux fermer à clé, un microscope. Je peux y travailler tous les jours de 9 à 17 heures, sous surveillance naturellement. Cela est tout à fait à part des cours, où il s'agit moins de travailler que d'écouter. C'est très amusant d'être ainsi assise avec d'autres qui s'éreintent sur les mêmes choses que soi et qui sont tout aussi maladroites. À une exception près, je trouve ces filles peu ragoûtantes. Il y en a dix, dont six sont des juives russes. Sales, négligées, vêtues, la plupart du temps, de façon inconvenante. D'autres portent le cheveu court et ignorent complètement les hommes. À côté de cela, il y a encore quelques blondes Allemandes, qui ne font rien d'autres que sourire. Naturellement, elles ne s'approchent pas des hommes. Ce sont toutes de pauvres petits lapins, moches et pitoyables[2]. » Mais Margaret est enceinte et ne se sent pas très bien. Elle se résout donc à interrompre ses études. Entre théâtre et concerts, sa vie

1. M.St. à sa mère non daté, mai 1905/P.St.
2. M.St. à H.W., 12.5.1905/ P.St.

reprend le rythme en usage dans la société oisive et cultivée. Berlin est alors une capitale en pleine effervescence, dont l'offre culturelle est très riche. Elle assiste à une représentation de *Salomé* avec Tilla Durieux dans le rôle. Elle est en contact avec la famille du violoniste Joachim, dont elle fréquente les concerts. Elle s'intéresse aussi à la peinture, visite toutes les expositions, développe un goût pour les nabis, acquiert, entre autres, des œuvres de Maurice Denis et d'Émile Bernard.

La chaleur qui s'abat sur la ville en ce début d'été, ajoutée au mal du pays, fait qu'elle attend avec impatience les vacances en Autriche, sur la Hochreit, le domaine familial. On vient justement d'y entreprendre d'importants travaux de modernisation et de rénovation. L'aménagement proprement dit en est lui aussi confié aux Ateliers viennois et à Josef Hoffmann. De loin, Margaret suit avec grand intérêt l'avancement des travaux : « Tout ça me paraît complètement fou[1], mais ce sera à coup sûr très beau. En tout cas, je brûle de curiosité. [...] Pour nous, la Hochreit, en l'état, nous aurait largement suffi, mais naturellement, cela sera maintenant encore mieux. Plus il y a de salles de bain et de cabinets de toilette, mieux c'est[2] », écrit-elle à son père. Une lettre – guère respectueuse – de Fritz Wändorfer, directeur commercial des Ateliers viennois à Josef Hoffmann, confirme que la venue de Margaret est bien l'un des prétextes à la rénovation des lieux : « L'antichambre est des plus réussies – si on oublie la fichue couleur rouge de la cabane d'à côté, qu'on ne peut pas manquer de voir – je ne connais rien de plus clair et de plus gai. La Stonborough va en raffoler[3]. »

C'est couverte de cadeaux par ses parents – des tableaux de peintres viennois pour l'essentiel – que Margaret reprend le chemin de Berlin à l'automne de 1905, au terme d'un séjour de plusieurs semaines sur la Hochreit. Les murs de son domicile en sont couverts. D'où cette tentative d'empêcher

1. Dans le texte : *meschuggen,* un mot yiddish *(N.d.T.).*

2. M.St. à son père, 6.6.1905/ P.St.

3. Cité par Michael Nedo, Michele Ranchetti, *Ludwig Wittgenstein,* Francfort sur le Main, 1983, p. 95.

Hermine de lui en acheter encore, révélatrice de la « collectionnite » aiguë des Stonborough comme des Wittgenstein : « Imagine-toi nos chambres : la mienne est complète. Depuis que j'y ai transféré le Denis [Maurice Denis] et l'Amiet [Cuno Amiet] en provenance de la salle à manger, il n'y a plus place pour un seul tableau. Dans la salle à manger n'entrent plus que des dessins ou des pastels et ce, seulement parce qu'il me reste encore une paroi vide, très sombre. Reste la chambre de Jérôme et là, il me faut de gros "morceaux" car la pièce est très grande et n'y sont accrochées, pour l'instant, que des bricoles, ce qui me gêne en permanence. Je vais lui donner le Bernard [Émile Bernard], encore qu'il ne soit pas non plus très grand. Donc, selon moi, et sauf si tu penses que laisser filer le tableau en question serait une grosse bêtise, il vaut mieux ne pas l'acheter. Comme tu le sais, ce que tu trouves beau me plaît en général aussi. Si tu m'avais écrit sous le coup de l'enthousiasme, j'aurais réfléchi à deux fois. J'ai déjà un nombre de tableaux considérable et aucun de mes murs n'a lieu de se plaindre de sa nudité. J'ai donc décidé de ne plus acheter de tableaux, à moins d'être séduite au-delà de toute mesure[1]. »

Les deux sœurs s'informent mutuellement de l'actualité culturelle viennoise et berlinoise, elles échangent aussi leurs opinions sur les artistes du moment, avec certains des clichés alors de mise dans la bourgeoisie. Margaret rend ainsi compte à Hermine d'une visite qu'elle vient de faire à un éditeur d'art berlinois que lui a conseillé Emil Orlik, un membre de la Sécession viennoise installé à Berlin : « Il y a ici une importante galerie d'art, un peu comme Artaria, dont Orlik m'a dit qu'elle éditait et représentait Klinger. J'y suis allée hier avec Jérôme et nous avons demandé à voir les dessins qu'ils avaient de lui. On nous a montré quelques nus, bien moins beaux que les nôtres, ainsi que – et c'est là que ça devient intéressant – quatre dessins à la plume des plus choquants. L'un représente la mort en squelette, debout, appuyée sur sa faux dans un paysage épatant, et qui fait pipi. Un autre montre

1. M.St. à H.W., non daté, probablement novembre 1905/P.St.

une jolie fille sur les toilettes, les jupes haut relevées, d'un excellent dessin. Elle a devant elle un pot et un balai de cabinet. Au-dessous est écrit quelque chose comme "Rêverie". Les deux derniers sont des scènes érotiques. J'en étais baba. Voilà qui ne ressemble pas du tout à Klinger. Dans la manière, cela faisait penser à du Goya[1]. » Le goût de Margaret pour l'art de son temps se cantonnait alors surtout aux plus mesurés des modernes viennois comme le montre aussi son compte rendu de la visite à la galerie de Paul Cassirer, l'un des pionniers de l'avant-garde, de l'expressionnisme en particulier, dans le Berlin de ces années-là : « Chez Cassirer, on peut voir quelques Van Gogh très intéressants, que, pourtant, je ne voudrais pas avoir chez moi[2]. »

1905 touche à sa fin et s'approche le premier Noël qu'elle passera loin des siens. La question des cadeaux, très importante chez les Wittgenstein, était en général abordée longtemps à l'avance et faisait l'objet de conciliabules et de préparatifs des plus sérieux. Les anniversaires et les fêtes y étaient célébrés avec faste, on décorait les pièces, disposait les cadeaux avec art. Noël était pour eux la fête par excellence. Des décennies plus tard, quand Ludwig et Margaret vivront hors d'Autriche, Noël restera l'occasion de grandes retrouvailles familiales dans le palais de l'Alleegasse. Margaret contemple donc la perspective d'un Noël hors du cercle familial avec désarroi, d'autant plus que sa grossesse approche du terme et qu'en dépit d'une feinte assurance l'accouchement lui fait très peur. Elle n'en dit rien à sa mère mais se confie à sa sœur. Ses craintes sont en partie inspirées par les connaissances, alors tout à fait inhabituelles, qu'elle a acquises en biologie. À quoi s'ajoutent les mythes et les tabous qui, à l'époque, entouraient encore la grossesse et la naissance : « Je suis devenue très laide. Il arrive que je me fasse littéralement peur quand je me vois le matin dans le miroir. Naturellement, cela m'est complètement égal. [...] En revanche, il est naturel que j'attende impatiemment vos lettres, car je suis

1. *Ibidem.*
2. M.St. à H.W., 13.12.1905/P.St.

désormais immobilisée. Vu les circonstances, je me porte plutôt bien, encore que ces dernières semaines ne soient naturellement pas une partie de plaisir. Je suis bien contente de ne pas craindre l'accouchement. Du coup, lorsque je me réveille au milieu de la nuit, comme cela arrive souvent, avec l'impression que ça y est, je ne pense qu'une chose : Dieu merci ! Enfin ! J'en suis très heureuse car même si j'étais blême de peur, cela ne changerait de toute façon rien et l'attente serait encore bien pire. Je crois que cette force nous vient de la nature ; je me souviens en effet, les premiers mois, avoir frissonné d'épouvante à lire comment se passe l'accouchement. Je veux me comporter dignement et, sur ma table de nuit, j'ai écrit, en petites lettres : Sois courageuse ! Trouves-tu ça très bête[1] ? »

Anxiété et solitude – Jérôme passe ses journées au laboratoire – que distraient de menus plaisirs, comme l'acquisition, à un prix avantageux, d'un pastel d'Émile Bernard, cadeau de Noël pour son mari, ou de bonnes nouvelles, comme celle de la santé retrouvée de « Luki ». À ses parents, qui viennent encore de lui envoyer plusieurs tableaux, elle assure avoir passé d'excellentes fêtes. Mais elle avoue à Hermine : « Je suis restée longtemps à contempler l'image de l'Alleegasse, je me suis imaginé que tout était illuminé, que vous étiez tous en train d'échanger des cadeaux et, là, je n'ai pas pu m'empêcher de pleurer un peu[2]. »

En dépit des assurances des médecins, sa peur de l'accouchement n'était pas sans fondement. Le 9 janvier 1906, au terme de deux jours de travail douloureux, elle met enfin au monde son premier fils, Thomas, dit « Tommy ». Un bébé qu'elle aime tendrement et dont elle parle souvent en l'appelant « Mitzi » ou « Lili », signe peut-être du désir inconscient qu'elle avait d'avoir une fille.

Comme c'était alors la règle, Margaret reste alitée pendant quelques semaines avant de vivre à nouveau normalement. Elle reçoit nombre de visiteurs, venus de Vienne ou de New

1. *Ibidem.*
2. M.St. à H.W., 26.12.1905/P.St.

York. Elle retrouve le chemin des galeries d'art et noue contact avec Hugo von Tschudi, alors directeur de la Galerie nationale, très engagé en faveur de l'art moderne. Von Tschudi s'intéresse spécialement aux impressionnistes français, dont il achète et expose les œuvres en grand nombre. Cela lui vaut la méfiance des nationalistes allemands et de l'empereur Guillaume II en particulier. Au point qu'au terme d'une guérilla culturelle prolongée, il finit, en 1909, par quitter Berlin. Plusieurs années auparavant, en 1902, il avait visité, à Vienne, l'exposition « Beethoven » montée par la Sécession. Il n'est pas impossible que Margaret ait eu alors l'occasion de faire sa connaissance. Elle admire en lui le célèbre historien d'art et il semble avoir exercé une grande influence sur son jugement, comme elle le raconte à sa sœur après avoir parcouru la Galerie nationale en sa compagnie : « Tschudi s'est montré extrêmement gentil et très intéressant. Je crois que nous nous sommes charmés mutuellement. Du moins avais-je cette impression – que toi et moi avions souvent après une visite de ce genre – ne sommes-nous pas, après tout, des jeunes filles excessivement charmantes ? C'était aussi dû au fait que nous avions, lui et moi, pratiquement les mêmes goûts[1]. »

Peu à peu la jeune femme prend ses distances avec l'idéal des modernes viennois, appréciés et soutenus par sa famille. À la faveur de ce processus d'émancipation, ses critiques se font plus pointues. Elle rejette le concept rigide d'œuvre d'art totale (*Gesamtkunstwerk*) de la Sécession et des Ateliers viennois. Elle revendique de pouvoir exprimer ses goûts très personnels de façon créative. Cette évolution, son penchant pour le bizarre et le non-conventionnel, font l'objet de nombreux échanges avec sa sœur : « Chère vieille Hermine de mon cœur, mille mercis pour ta chère lettre. J'ai déjà réfléchi à la question des cadres. Voici ce qui me plairait : une bordure richement sculptée – de fruits et de bestioles – carrément "renaissancesque", en bois sombre, ferait l'encadrement d'ensemble ; entre les tableaux, des créatures genre caryatides,

1. M.St. à H.W., 10.2.1907/P.St.

dressées sur le bord inférieur et soutenant le bord supérieur. Les tableaux eux-mêmes ne devraient naturellement pas toucher au cadre lui-même ni aux caryatides, mais en être séparés par une bordure de bois plate. Ton idée d'un cadre plat de bois précieux ne me dit rien ; celle d'un cadre en marqueterie déjà davantage, mais ce qui me plairait par-dessus tout c'est un cadre sculpté. Je suis certaine qu'Ederer serait capable de le dessiner à merveille et connaîtrait peut-être un homme capable de l'exécuter. Oublions les WW [*Wiener Werkstätte*], ils sont mille fois trop chers[1]. » Lorsqu'elle décide de se faire à nouveau portraiturer – cette fois par un artiste français –, Margaret consulte naturellement Hermine : Théophile Steinlen ou Charles Lucien Léandre, connu pour ses pastels ? Ce sera Léandre qui, à l'occasion d'un de leurs voyages à Paris, réalisera deux pastels, l'un de Jérôme, l'autre de Margaret. S'il parvient assez bien à capter la personnalité complexe de Jérôme, entre robustesse trapue et vulnérabilité à fleur de peau, l'artiste passe complètement à côté de Margaret, dont le portrait n'est guère que la représentation courtoise d'une quelconque dame du monde, que rien ne distingue.

EN VISITE À NEW YORK

Le séjour à Berlin touche à sa fin. Au printemps 1907, Jérôme obtient d'un professeur zurichois l'invitation de venir travailler, dès l'automne, à ses côtés. Avant de partir pour la Suisse, les Stonborough décident de rendre visite à la famille de Jérôme, en Amérique ; à sa sœur Aimée en particulier, qui a épousé un Guggenheim et attend un enfant. S'il faut en croire les lettres de Margaret, la fréquentation de la famille de son mari et des Guggenheim s'avère pour elle des plus décevantes. Même, si par l'origine et le destin, ces familles ont des traits communs avec les Wittgenstein, elles paraissent à Margaret, qui a grandi au sein de l'élite cultivée de la Vienne

1. M.St. à H.W., 31.1.1907/P.St.

fin de siècle, à la fois incultes et grossières dans leur ostentation de parvenus. Jugement qu'elle étend d'ailleurs à la ville de New York en général. Rompant avec l'habitude d'enjoliver ce qu'elle rapporte à sa mère, elle dit cette fois carrément les choses : « Chère maman de mon cœur ! Aujourd'hui enfin j'ai une matinée pour moi. J'en profite pour t'envoyer une longue lettre. J'espère recevoir bientôt des lettres de la maison. Je les attends avec impatience. Allez-vous tous bien ? Papa est-il complètement remis ? [...] Nous sommes tous les trois en pleine forme et profitons – Jérôme surtout –, de notre séjour ici. Nous vivons dans un extrême confort, avec une douche de massage dans notre salle de bains et des wc dont le siège est un véritable fauteuil. Aimée et Will sont plus que touchants dans leur joie de nous avoir chez eux. Nous sommes déjà allés trois fois au théâtre. Jamais je n'ai vu une pareille camelote et un public aussi peu exigeant[1]. » Avec sa sœur, elle se montre plus précise encore : « Chère vieille ! J'ai enfin reçu ta longue lettre du 2 et c'était un plaisir. Je l'ai lue au moins cinq fois, celle de maman aussi. Je ne me souviens pas avoir jamais été aussi affamée de nouvelles. Cela doit tenir au fait que la vie est ici tellement différente de chez nous. Je ne sais pas vraiment pourquoi mais j'ai l'impression de venir d'une autre planète. Ne crois pas que je me plaigne, non, absolument pas, les gens sont incroyablement gentils avec moi et je dissimule naturellement ma différence. Mais, vois-tu, si quelqu'un pense qu'une telle richesse est enviable, il se trompe. On peut bien sûr se payer un pot de chambre en or décoré de brillants ; il n'y a pas de limite à de telles bêtises. Elles sont heureusement plutôt rares chez Aimée et Will. Leur maison est en partie vraiment belle et en partie franchement ratée[2]. » Dans les lettres qui suivent, sa frustration ne fait que croître. Elle trouve les femmes de la famille Guggenheim bêtes à pleurer. Le tourbillon de mondanités où on l'entraîne l'empêche de faire ce qui l'intéresserait. Elle ronge son frein et vide son cœur dans ses lettres à sa « chère

1. M.St. à sa mère, 9.4.1907/P.St.
2. M.St. à H.W., 16.4.1907/P.St.

vieille » : « New York n'est pas l'Amérique. La ville n'a pratiquement aucune couleur locale. Un conglomérat d'architectures doublé d'un conglomérat de peuples. Les gens que je fréquente sont si inintéressants qu'avec la meilleure volonté du monde je n'ai rien à en dire. Ma vie se réduit à presque rien. La famille passe ses journées à la maison. [...] J'aimerais avoir tout ça derrière moi. [...] Le milieu dans lequel nous vivons m'est si antipathique que je ne voudrais pas être enterrée ici[1]. » Son destin la conduira pourtant à plusieurs reprises à séjourner dans ce pays et dans cette ville qu'elle finira par aimer.

En attendant, lorsqu'on offre à son mari le poste richement rémunéré de vice-président dans une société que les Guggenheim projettent de fonder, Margaret réagit de façon extrêmement négative. Pour elle, le « business » est méprisable ; il corrompt les hommes et les rend bêtes. Même si elle prétend n'avoir rien fait pour cela, il est certain que le refus de Jérôme doit beaucoup à son influence. À la mesure de son rejet de la vie new-yorkaise, grandit son intérêt pour ce qui se passe à Vienne et dont l'informent les lettres d'Hermine. Elle est par exemple indignée d'apprendre que Gustav Mahler a été contraint de démissionner de son poste de directeur de l'Opéra de Vienne : « Je suis très malheureuse de cette affaire Mahler ; avant d'avoir reçu ta lettre, je ne voulais pas y croire. Jérôme et moi nous sommes toujours réjouis d'aller à l'Opéra et nous y avons toujours trouvé du plaisir. J'avais littéralement envie de pleurer. Ces idiots à Vienne ! Je ne peux pas imaginer que Mahler se plaira à New York[2]. »

DE ZURICH À PARIS

À la fin de l'été 1907, les Stonborough rentrent enfin en Europe. D'abord à Vienne, chez les parents, puis à Zurich où Jérôme commence à travailler pour le professeur Willstätter.

1. M.St. à H.W., 22.5.1907/P.St.
2. M.St. à H.W., 2.7.1907/P.St.

Margaret se lance donc – et ce ne sera pas la dernière fois – dans l'installation d'un nouveau domicile. Elle aménage sa maison de la Rigistrasse avec enthousiasme et ne tarit pas d'éloges sur la ville et la richesse de sa vie culturelle. Et elle recommence à étudier. Faute d'un baccalauréat, elle avait dû, à Berlin, se contenter du statut d'auditrice. Elle décide donc de passer, en externe, les examens de fin d'études secondaires qui lui ouvriront la porte de véritables études universitaires. Zurich possède l'une des rares universités alors ouvertes aux femmes. Pour l'époque et de la part d'une mère de famille, ce projet est des plus inhabituels. Ses connaissances linguistiques et sa culture générale sont d'un niveau plus que suffisant, elle concentre donc ses efforts sur les autres disciplines : mathématiques, physique et géométrie descriptive. Ce travail en vue d'un but concret, le défi intellectuel qu'il représente, lui procurent une satisfaction intense. Elle est heureuse et sa relation avec son mari, qui lui aussi est content de son travail, connaît un rare moment d'harmonie. D'autant qu'ils ont des intérêts communs. Non contents de compléter leur collection d'art moderne, ils commencent aussi à s'intéresser à l'art japonais. Ils font du cheval ensemble, partent pour de longues promenades botaniques, tout au plaisir d'identifier les plantes qu'ils rencontrent. Margaret, le traumatisme du premier accouchement oublié, commence même à désirer un deuxième enfant. La santé de son père, dont le cancer s'aggrave, est son seul sujet d'inquiétude. Comme toujours, Margaret continue de suivre de loin ce qui agite la scène artistique viennoise. Les querelles qui divisent les artistes de la Sécession viennoise, qu'elle connaît tous personnellement, l'irritent : « Je viens de lire dans la *Neue freie Presse* de dimanche la réponse haineuse de Kolo Moser à un article de la Sécession que je n'ai malheureusement pas lu [...]. Il est triste de voir comment les deux partis se déchirent de plus en plus[1]. » Avec le temps et la distance géographique, son jugement à propos des artistes en question se fait cependant plus

1. M.St. à H.W., 16.11.1907/P.St. – En 1905 nombre d'artistes, parmi les plus importants, avaient quitté la Sécession emmenés par Gustav Klimt.

sévère. Elle leur reproche d'avoir cessé d'évoluer. Au cours des nombreuses visites qu'elle rend à Vienne à son père malade, elle prend part aux événements culturels qui s'y déroulent. En été 1908, elle assiste par exemple aux diverses manifestations artistiques qui marquent le jubilé des soixante ans de règne de l'empereur François-Joseph, en particulier au somptueux cortège historique organisé en son honneur.

Au printemps 1909, après avoir subi avec succès tous les examens requis, elle obtient enfin son certificat de maturité – l'équivalent d'un baccalauréat. En pleine euphorie, elle décrit en détail à sa sœur cette épreuve qui aura aussi été pour elle un événement social hors du commun : « Je vais maintenant te raconter mes examens. C'était absolument crevant. Je suis la seule femme, dans cette section de mathématiques élargies, à avoir réussi. J'en ai ensuite été malade de fatigue pendant deux jours, me traînant comme une misérable mouche. La chose a commencé le mercredi 31 [mars]. Jeudi a sans doute été la pire journée. De 8 à 12 heures et de 14 à 18 heures, travail ininterrompu : examens écrits de mathématique, de géométrie descriptive, suivis d'une dissertation allemande. De l'écrit encore vendredi, puis ont commencé les oraux. Mardi matin c'était le dernier examen oral – de géométrie descriptive, à la suite de quoi on a annoncé les résultats et distribué les diplômes. Tu n'as aucune idée de l'excitation dans laquelle toute la chose s'est déroulée et surtout, naturellement, l'annonce des résultats. Après avoir vu plusieurs personnes sortir l'une après l'autre, la mine défaite, de la salle où l'on est appelé, par ordre alphabétique, pour recevoir les résultats, on commence à trembler. Pourtant j'étais presque certaine de m'en être plutôt bien tirée. Dès que quelqu'un ressortait la mine épanouie et le diplôme en main, il était entouré, félicité et chacun lui serrait la main. De toute façon, pendant les examens, tout le monde parle à tout le monde sans se connaître. On se tient dans les couloirs des journées entières en attendant d'être appelé, on se répète les questions posées, on s'entraide et on tremble ensemble (on est appelé par groupe de 5). Pour moi, dessiner au tableau noir était ce qu'il y avait de pire ; mais même ça s'est bien passé. En fait, tout le monde était gentil. Une étudiante m'a même apporté des fleurs à la remise des diplômes. [...] Je me sens maintenant merveilleusement bien, je paresse comme il se doit et me réjouis tous les jours d'être débarrassée des cours et de tout ce fichu bachotage. Demain je descends en ville pour m'immatriculer[1]. » De fait, Margaret s'inscrit à l'université de Zurich pour le semestre d'été, en physique et en mathématique.

Une nouvelle fois cependant, comme à Berlin quelques années auparavant, elle se voit contrainte d'interrompre les études à peine commencées : la famille déménage à Paris. Les raisons précises de ce nouveau départ ne nous sont pas parvenues. Peut-être est-ce déjà l'effet de l'instabilité croissante de Jérôme. Peut-être aussi a-t-il reçu une offre intéressante d'un laboratoire parisien. Quoi qu'il en soit, après les vacances d'été passées comme il se doit sur la Hochreit, les Stonborough sont à Paris dès l'automne 1909 et Margaret se lance dans l'installation de leur nouvelle demeure. On loue une maison rue de la Faisanderie, dans un nouveau quartier élégant tout proche du bois de Boulogne et Margaret prend les choses en main avec l'enthousiasme que lui inspire toujours ce genre d'activité. La maison est neuve, mais pas sans défauts : « Imagine, écrit-elle à Hermine, une maison neuve et dans l'évier ne coule que de l'eau froide ! Pour l'eau chaude, il faut aller au fourneau. Les pièces sont blanches comme neige, Louis XVI. Malgré le chauffage central, elles ont toutes une cheminée en marbre avec un miroir au-dessus. Les murs des deux salons ne sont pas tapissés mais lambrissés de bois peint en gris clair [...]. Pour toutes les autres pièces, j'ai le droit de choisir les papiers peints et le prix au rouleau est si correct que je n'ai pas de peine à m'y tenir. Il semble que j'aie à nouveau eu beaucoup de chance. Parmi les innombrables maisons et appartements visités, aucun n'approchait, même de loin, cette villa. Mes meubles doivent arriver demain. Mon Dieu, faites que ce soit vrai ! C'est un vrai plaisir

1. M.St. à H.W., 13.4.1909/P.St.

que de choisir des papiers peints et je crois, j'espère, avoir bien choisi. Mes meubles offriront au Louis XVI un contraste bienvenu[1]. » Ces meubles sont de toute évidence ceux que les Ateliers viennois avaient dessinés pour son appartement berlinois et qui déménagent donc pour la deuxième fois.

Une fois installée, Margaret va connaître, à Paris, quelques années de relative tranquillité. Paris est alors la capitale de l'avant-garde et Margaret en profite largement. Elle assiste avec enthousiasme aux spectacles des Ballets russes, court les expositions, s'intéresse de plus en plus à la peinture française du moment. Elle remplit ses nombreux devoirs sociaux, reçoit sa famille viennoise et les parents américains de son mari. Elle voyage avec lui. Ce train de vie, conventionnel et mondain, ne convient toutefois qu'à une des facettes de sa personnalité et ne lui fait nullement oublier son goût pour l'étude. Elle fait part à Hermine de son nouveau programme et défend ses activités intellectuelles avec une passion et avec des accents quasiment féministes : « Je suis à nouveau en plein dans les mathématiques et j'espère pouvoir passer les examens ce printemps. J'ai été bien inspirée de m'en tenir aux mathématiques et à la physique, et de renoncer à l'architecture. Je me sens parfaitement capable de maîtriser les deux premières – il y faut juste un rien de compréhension et du travail. Le peu de don que je puis avoir en matière d'arts appliqués – rien d'autre que du goût en fait – ne m'aurait vraisemblablement pas suffi pour l'architecture. Mon professeur est bien et il a du plaisir à ce qu'il fait. Je ne puis te décrire la satisfaction que j'éprouve à apprendre. Je deviens quelqu'un d'autre quand j'étudie. Mon humeur atteint de tels sommets que je pourrais passer la journée à chanter. Si seulement on pouvait prescrire ce remède à l'humanité entière. Je suis certaine que c'est la panacée universelle contre l'insatisfaction et un bon ersatz au mari et aux enfants[2]. » Le peu de cas qu'elle fait de ses propres talents ne l'empêche pas de dessiner toujours et encore des tasses, des verres, par exemple.

---

1. M.St. à H.W., 15.10.1909/P.St.
2. M.St. à H.W., 27.10.1910/P.St.

Ludwig, qui étudie alors la construction de machines à Manchester, s'essaie lui aussi aux arts plastiques. Il produit un livre, illustré de sa main, et le fait parvenir à ses frères et sœurs. Margaret se montre impitoyable : « J'ai reçu le livre de Luki, je l'ai lu et l'ai trouvé des plus minables. Quelques-uns des dessins sont certes épatants, mais l'ensemble[1] ! » On aura sans doute répété à Ludwig – très susceptible – le jugement dévastateur de sa sœur aînée. Ce qui pourrait expliquer la froideur de leurs relations au cours des années suivantes.

Hermine, qui tient sa sœur informée de tout ce qui se passe à Vienne, lui décrit un jour une séance d'hypnose qui s'est tenue chez les Wittgenstein (peut-être une tentative désespérée pour soulager Karl, dont la santé ne cesse de se détériorer) ; Margaret est fascinée. Sa réaction donne à penser que le sujet intéressait les jeunes Wittgenstein depuis longtemps : « Comme j'aurais aimé être là pour cette histoire d'hypnose. Je me demande ce que Rudi [son frère préféré, qui s'est suicidé en 1904] aurait dit si on lui avait raconté, en son temps, qu'un jour on se livrerait, à la maison, à de telles entreprises. Oui, les temps changent. L'époque n'est pas si éloignée où papa, à table, déclarait que l'hypnose était pure charlatanerie et se moquait de Wolfrum censé prendre ces choses au sérieux. On va bientôt rencontrer chez vous des médiums et des esprits frappeurs, et papa va devoir renoncer à sa fameuse phrase sur la quatrième dimension[2]. » Cet intérêt pour l'hypnose et les rêves, alimenté par les récents écrits de Sigmund Freud, ne quittera plus les Wittgenstein.

L'année 1911 apporte de nouveaux changements dans la vie de Margaret : Marie Kallmus, sa grand-mère chérie, meurt cette année-là et l'état de son père se détériore, affectant la santé de sa mère, de tout temps très fragile. La situation est si tendue que Margaret, soucieuse de ménager ses parents, envisage de renoncer pour la première fois à ses chères vacances d'été sur la Hochreit. Hermine, que les circonstances amènent peu à peu à prendre en main les affaires familiales, finit par la

1. M.St. à H.W., 9.5.1910/P.St.
2. M.St. à H.W., 24.2.1911/P.St.

convaincre de ne rien changer à son programme. À l'automne 1911, les Stonborough sont de retour à Vienne, installés dans la villa familiale de Neuwaldegg. On ne sait rien des raisons de ce nouveau déménagement. Il se peut que Margaret ait souhaité se rapprocher de son père mourant, qu'elle ait également désiré accoucher à Vienne de l'enfant qu'elle porte. Elle est cette fois certaine d'attendre une petite fille. Mais ce deuxième enfant, né en juin 1912, est aussi un garçon. L'accouchement n'est pas moins difficile que la première fois. On doit même recourir aux forceps. Margaret, affaiblie, contracte ensuite une grave infection des glandes mammaires, très douloureuse, et qui, à une époque où les antibiotiques sont encore inconnus, entraîne une lésion cardiaque dont elle souffrira, physiquement et psychiquement, jusqu'à la fin de sa vie. Le bébé est baptisé John, elle l'appellera « Ji » ou encore « Ji-Ji ». Six ans séparent ses deux fils et Ji sera ainsi toujours considéré comme « le petit ». Les Stonborough quittent bientôt la villa parentale de Neuwaldegg et louent un appartement dans le troisième arrondissement de Vienne, Salesianergasse 29, dans un immeuble qui n'existe plus et à l'emplacement duquel se dresse aujourd'hui l'ambassade de Grande-Bretagne.

LA VILLA TOSCANA

Karl Wittgenstein meurt au mois de janvier 1913, après un long calvaire. Avec sa part d'héritage, Margaret achète en été de la même année une imposante propriété à Gmunden, en Haute-Autriche, avec l'intention d'en faire sa résidence estivale. Plusieurs membres du clan Wittgenstein possédaient déjà des résidences secondaires en Haute-Autriche ou dans le Salzkammergut proche. L'oncle Paul à Hallein, où son neveu Ludwig lui rendait volontiers visite, la tante Clara à Thumersbach. La propriété que s'offre Margaret s'appelle la Villa Toscana. Située aux abords de la petite ville de Gmunden, sur la rive du Traunsee, et dressée au milieu d'un grand parc, l'imposante bâtisse avait appartenu à Johann Orth, l'ancien archiduc Johann Salvator d'Autriche. Disparu sans laisser de traces depuis 1890, Johann Orth avait été déclaré officiellement mort en 1911 et Margaret acquiert la villa et ses dépendances au cours d'une vente aux enchères, pour le prix de 335 000 couronnes. Bâtie vers 1860 pour la famille du grand-duc Léopold II de Toscane – d'où son nom – la villa avait été dessinée par Ernst Ziller, élève de l'architecte Theophil Hansen. Le bâtiment avait déjà connu quelques vicissitudes. D'abord néoclassique dans le style d'un temple grec, il avait été entièrement remanié vingt ans plus tard par l'archiduc Johann Salvator, qui avait voulu lui donner l'allure d'un manoir, dans le style de la région. Au moment où Margaret l'achète, la villa est dans un état de désolation complète. C'est la beauté du parc qui l'a séduite. Voici ce qu'elle en dit à sa sœur : « Les principales ombres au tableau : les toilettes, primitives et malodorantes, l'eau courante, chichement distribuée, l'absence de salles de bains, l'éclairage défaillant, etc. Mais tout cela est secondaire. Je suis toujours ravie du parc. Je me suis acheté un hamac, je l'ai installé au plus bel endroit et, puisque la faculté m'ordonne beaucoup de repos, j'y passe de nombreuses heures. Ah, Minka, je voudrais tant que tu viennes, je brûle d'impatience de te montrer le tout[1]. » L'état misérable des lieux n'est pas pour déplaire à Margaret. Elle se lance avec ardeur dans une rénovation exhaustive, qui l'occupera des années durant. Son mari n'y prend aucune part – selon le plan cadastral, elle est d'ailleurs seule propriétaire. Elle pense d'abord confier les travaux à un architecte en vue, Franz von Krauss, qui s'est fait un nom grâce aux nombreuses villas qu'il a construites pour la grande bourgeoisie viennoise. Il semble cependant que le grand homme se soit montré d'emblée peu enclin à se plier aux idées, très précises, de la maîtresse d'œuvre. Dès les premières esquisses, au printemps 1914, c'est la rupture. Sans doute pour la même raison, Margaret avait écarté l'idée d'engager Josef Hoffmann, qui avait longtemps été l'architecte attitré des Wittgenstein : les conceptions dogmatiques de celui-ci ne pouvaient que

1. M.St. à H.W., 7.6.1913/P.St.

brimer sa propre créativité. Énervée, elle écrit à sa sœur : « Ce Krauss me donne les pires contrariétés. C'est un idiot. Si au moins c'était un idiot de bon goût[1] ! »

Peu de temps après, elle engage Rudolf Perco, un élève d'Otto Wagner, qui a encore très peu de constructions à son actif, mais qui passe pour brillant et dont les esquisses, très imaginatives, ont été remarquées. Ce choix révèle une certaine part d'audace chez Margaret, l'envie aussi d'expérimenter. Un jeune architecte, pensait-elle, serait plus malléable, plus ouvert aux idées très arrêtées qui étaient les siennes. On ne connaît pas les circonstances exactes de leur rencontre. Il se peut qu'elle ait eu lieu à l'instigation du sculpteur Anton Hanak, figure alors importante de la scène artistique viennoise, qui avait déjà réalisé pour elle quelques travaux. Hanak et Perco appartenaient au cercle d'artistes qui gravitait autour de la Sécession et de l'école d'Otto Wagner, et incarnait alors l'avant-garde viennoise. De fait, la collaboration avec Perco se déroule à la totale satisfaction de la maîtresse d'œuvre, comme elle le rapporte bientôt à Hermine : « J'aurais plein de choses à te dire ; par exemple que Perco est très bien. Sur le plan artistique, je n'ai pas encore eu le temps de vraiment le tester mais sur le plan des affaires, il nous a vraiment impressionnés. Et il a, avec ça, une façon d'être si agréable, tranquille et franche[2]. »

Il s'agissait d'abord de rénover la villa sur le plan technique, en la dotant d'un chauffage et d'équipements sanitaires modernes. Parmi les innovations, un monte-plats et un système d'aspirateur central, accessible depuis toutes les pièces. Il fallait adapter l'édifice aux besoins d'une famille avec enfants. L'ordonnance des pièces, groupées sur deux étages autour d'un hall central en forme d'atrium, sera, pour l'essentiel, respectée. À l'étage, on réunira deux chambres pour en faire une vaste bibliothèque. Enfin, on créera dans les combles un nouvel étage, pour les chambres des enfants. Mais c'est l'aménagement des pièces elles-mêmes, la décora-

1. M.St. à H.W., 10.3.1914/P.St.
2. M.St. à H.W., 23.4.1914/P.St.

tion intérieure qui mobilise avant tout Margaret : le revêtement des parois, des cheminées, les portes, les radiateurs, les balustrades. D'après ce que l'on peut reconstituer du déroulement des opérations, il n'y a pas eu de concept préétabli, avec le souci d'une unité de style, mais on s'est attaqué aux problèmes au fur et à mesure qu'ils se présentaient. Margaret prend une part très active à l'élaboration des dessins, elle déborde d'idées, parfois peu orthodoxes, que Perco s'efforce de réaliser, avec une grande sensibilité. Avant que la Première Guerre mondiale interrompe le travail, les plans sont bien avancés. On a déjà les esquisses pour le monte-plats, les portes des chambres d'enfant, mais aussi les somptueuses balustrades dorées qui donnent sur le hall, au premier étage, avec le motif du petit soleil doré qui donne son rythme à l'ensemble. Un leitmotiv qui se retrouvera un peu partout dans cette maison dont le décor néobaroque et classicisant signe l'ambition aristocratique de la maîtresse d'œuvre. Tant Margaret que Perco désignent d'ailleurs toujours l'édifice comme « le château Toscana ». Au reste, plusieurs familles de la haute noblesse autrichienne ont leur résidence d'été dans les environs et c'est avec elles que s'organisera la vie sociale de Margaret et des siens quand elle sera à Gmunden.

Au moment même où Margaret s'efforce d'établir un domicile fixe en Autriche, au moins pour l'été, Jérôme est toujours en proie à son instabilité coutumière, à son besoin permanent d'ailleurs. Qu'une possibilité de travail semble s'ouvrir à lui dans un institut à Oxford et déjà la famille quitte son appartement viennois pour s'établir, à l'automne 1913, à Abingdon, près d'Oxford. Margaret s'efforce à l'optimisme. Elle n'en commence pas moins à manifester une certaine résistance, en jouant de sa faiblesse physique. Ses malaises semblent avoir une composante psychosomatique, comme le révèle la première lettre adressée à sa sœur après son arrivée en Angleterre : « Ma très chère, je voulais t'écrire il y a longtemps déjà, mais tu sais ce que c'est : les choses s'accumulent affreusement et on finit par ne plus pouvoir se décider à commencer. Il est vrai aussi que les trois premières semaines ont été misérables. Le jour même de notre départ de Gmunden, je me suis sentie si mal qu'il s'en est fallu d'un cheveu que je ne parte pas. Mais les billets étaient pris, les valises bouclées, tout était prêt pour le voyage et je me suis dit qu'il valait mieux que je m'alite en Angleterre qu'à la maison. C'était toujours la même histoire : palpitations, amygdales infectées, fièvre et douleurs dans les bras[1]. » Ces migrations incessantes sont d'autant moins justifiables que Tommy, l'aîné des garçons, est en âge d'aller à l'école. Pleine d'anxiété pour l'avenir et tourmentée par le destin tragique de ses frères aînés, extrêmement doués mais trop peu armés pour la vie, Margaret en vient à souhaiter que Tommy soit moins brillant mais plus capable d'être heureux que ses oncles. Ses craintes devaient se révéler en partie fondées : doué d'une grande intelligence, le garçon montrera les dispositions dépressives et difficiles des Wittgenstein, de même que l'instabilité héritée de son père.

La famille passe l'été 1914 en Autriche et Margaret, tous ses maux oubliés, se réjouit de reprendre les travaux dans sa maison de Gmunden : « Je pourrais pousser des cris de joie quand je pense au travail qui m'attend à Gmunden ; ça va être quelque chose[2] ! » Son frère Ludwig, qui séjourne à Hallein chez l'oncle Paul, vient lui rendre visite, puis on se rend sur la Hochreit, pour la réunion de famille habituelle. Quant au retour en Angleterre, il n'y faut pas compter. La Première Guerre mondiale vient d'éclater, qui va bouleverser non seulement la vie de Margaret mais celle de tous les Européens.

---

1. M.St. à H.W., 10.3.1914/P.St.
2. M.St. à H.W., 23.7.1914/P.St.

III
LA PREMIÈRE GUERRE MONDIALE

LA GUERRE ÉCLATE, LES WITTGENSTEIN S'ENGAGENT

Paradoxalement, le déclenchement de la guerre n'est pas, pour Margaret, sans avantages : plus question en effet de jouer les oiseaux migrateurs. Les Stonborough se voient pour l'heure contraints de rester en Autriche et Margaret peut enfin espérer demeurer un peu à Vienne, près de sa famille. La fièvre patriotique qui s'empare des esprits en 1914 n'épargne pas les Wittgenstein. Les trois fils encore en vie sont volontaires et s'engagent aussitôt, y compris Ludwig, de santé délicate et qu'une hernie rend en principe inapte au service. Margaret partage alors l'euphorie générale et l'idée que la guerre sera ce « bain d'acier » capable de sauver la société de la décadence, et chacun de l'enlisement dans le quotidien et les problèmes personnels. Elle commente ainsi, pour Hermine, l'engagement de leurs frères et de leurs amis : « Pour Luki, je me réjouis et je pense, comme toi, que le secours nous est là venu d'où nous ne l'attendions pas. Pour beaucoup de nos amis, s'ils en reviennent sains et saufs, cette guerre aura été une bonne chose[1]. » Alors que les espoirs de Margaret portent surtout sur l'état de santé psychique des jeunes gens, Ludwig, lui, voit dans l'expérience de la guerre l'occasion d'une purification morale et il note, après le premier accrochage avec l'ennemi : « Ce serait maintenant le moment de se montrer un homme convenable car me voilà face à face avec la mort[2]. » L'optimisme de l'heure éclate aussi dans cette carte postale de Margaret à son frère, dont le ton badin trahit sans doute un peu trop la condescendance de la grande sœur pour son cadet. « Mon Lukinet ! [Lukerl] j'espère que ce pince-menton te trouvera en forme et content. Je donnerais tout pour savoir comment se déroule ta vie maintenant. Je doute que tes cartes à maman lui parviennent jamais car ton écriture, dans son élégance échevelée, va sans doute passer pour un code secret. Willi Zitkovsky est au 6e régiment d'artillerie de campagne, pas très loin d'où tu es. Peut-être allez-vous vous rencontrer et pouvoir jouer aux devinettes. Mille salutations de tous et baisers de Gretl[3]. »

Dans la mesure du possible, les femmes de la famille s'engagent elles aussi. Elles organisent et financent dispensaires et hôpitaux militaires. Faute de pouvoir retourner en Angleterre, les Stonborough s'installent d'abord à Gmunden, où Margaret se lance bientôt dans l'établissement d'un hôpital. Avec une ardeur qui révèle combien les contraintes de la vie bourgeoise, en privant les femmes de la possibilité de mettre en œuvre leurs talents hors de chez elles, pèsent sur cette femme intelligente et active. Le sens critique toujours en éveil, elle n'en redoute pas moins le caractère superficiel, futile, purement mondain, que pourraient avoir ses entreprises. Voici ce qu'elle en dit à sa sœur, engagée comme aide-soignante à Vienne : « Il en est pour moi dans cette guerre comme pour toi. Je ne peux rien faire, rien du tout. Je ne sais pas ce que je donnerais pour pouvoir contribuer réellement à

1. M.St. à H.W., 22.8.1914/P.St.

2. Cité par R. Monk, *Wittgenstein, Das Handwerk des Genies,* Stuttgart, 1992, p. 130.

3. M.St. à Ludwig W., 20.8.1914, Bibliothèque nationale autrichienne 1275/25-1.

cette campagne. Rien ne me paraît plus affreux que d'avoir vécu un événement comme celui-ci sans y avoir vraiment participé. Tu comprends sûrement ce que je veux dire. Donner de l'argent c'est bien, mais je voudrais pouvoir engager toutes mes forces. Donner le meilleur, physiquement et intellectuellement. Toi, tu as la chance de pouvoir le faire. Ici, tout se déroule dans une atmosphère de bienfaisance élégante qui m'est insupportable. Je crains que les hôpitaux de Vienne soient les plus mal lotis. Ici et à Ischl, nous serons au contraire très bien équipés. Tu sais que j'ai pris à ma charge l'entretien de 80 à 100 hommes[1] ? »

La cruelle réalité de la guerre n'allait pas tarder, cependant, à rattraper la famille. En octobre 1914 déjà, Paul est gravement blessé sur le front russe. On doit l'amputer du bras droit. Il est fait prisonnier. Pour lui, qui se destinait à une carrière de pianiste de concert, la perte de ce bras est particulièrement tragique. Choqué, son frère Ludwig note : « Je n'arrête pas de penser au pauvre Paul dont la vocation vient d'être ainsi brutalement brisée. Terrible ! Quelle philosophie permettrait-elle de surmonter cela ? Y a-t-il une autre issue que le suicide[2] ? » Le moral du blessé, tel qu'il transparaît dans ses lettres, ne laisse pas, en effet, d'inquiéter sa famille. Margaret, sans grande conviction, tente de rassurer sa mère et sa sœur, à laquelle elle écrit : « Chère vieille de mon cœur, ci-joint une lettre de Paul que j'ai copiée pour toi. [...] Je n'ai qu'une chose à dire, et je l'ai dite à maman également, je crois entrevoir, dans ses dernières lignes, que la mélancolie du ton doit plus au fait de "se sentir malade" qu'à la perte de son bras. Le cher brave garçon[3]. »

Alors qu'elle travaille comme garde-malade, Margaret contracte elle-même une sévère infection qui a pour conséquence d'aggraver à nouveau ses troubles cardiaques. Léopoldine, sa mère, accourt à Gmunden, au chevet de sa fille préférée. Les soucis accablent la pauvre femme de toute part :

1. M.St. à H.W., 22.8.1914, P.St.
2. Cité par Nedo/Ranchetti, *op.cit.*, p. 122.
3. M.St. à H.W., 11.11.1914, P.St.

la blessure de Paul mais aussi l'état mental de Kurt, qui semble sombrer dans la dépression. En fait, il n'y a que Ludwig, son fils cadet, d'ordinaire si difficile, qui semble en mesure de la réconforter. Or, s'il n'en laisse rien paraître à sa famille, Ludwig n'en traverse pas moins lui aussi une crise grave. Oscillant toujours, à l'égard des siens, entre intimité et distance, il ne leur écrit rien de ses propres tourments. La guerre l'aidera à se dégager de l'emprise hyperprotectrice du clan familial.

À la fin de cette première année de guerre, les Stonborough se rendent à Vienne pour y fêter Noël. Faute d'y avoir un domicile, ils séjournent à l'hôtel, au grand déplaisir de Léopoldine. En été 1915, quand il faut bien admettre que cette guerre risque de durer, on se décide à revenir à Vienne – Tommy doit entrer à l'école – et la famille s'installe au n° 10 de la Krugerstrasse où elle loue un étage du palais Erdödy. Margaret doit à nouveau aménager un appartement, comme on en informe Ludwig : « La famille Stonborough s'est installée tout à côté de l'hôtel Bristol et Gretl se voue sans relâche à rendre habitable dans les plus brefs délais le grand appartement qu'elle a loué[1]. » Hermine trouve le nouveau domicile de sa sœur « joli, bizarre, presque dépourvu de mobilier utilitaire mais plein de détails plaisants pour les yeux[2] ». Pour les dix années à venir et malgré de longues interruptions, la Krugerstrasse sera l'adresse des Stonborough. Le décor porte la griffe de la maîtresse de maison et la famille ne cessera de s'extasier sur sa beauté. On y mènera une vie mondaine et élégante, ponctuée de soirées de musique de chambre, à l'exemple des parents. Bien des années plus tard, on s'en souviendra avec beaucoup de nostalgie.

Léopoldine est heureuse et soulagée d'avoir enfin sa fille près d'elle en ces temps difficiles. En novembre 1915, à la faveur d'un échange de prisonniers, Paul rentre enfin. Les États-Unis étant – pour l'heure – encore neutres, Jérôme trouve à s'occuper. Ses connaissances en médecine aidant, il peut travailler comme volontaire à la clinique Eiselsberg, un

---

1. Léopoldine W. à Ludwig W., 13.10.1915, BNA 1276/13-2.
2. H.W. à Ludwig W., BNA1275/40-4.

établissement où Karl Wittgenstein avait été soigné et auquel on avait fait une donation élevée après sa mort. Léopoldine y faisait traiter ses mauvaises veines et Paul, retour de captivité, doit y faire réopérer son bras amputé, comme sa mère l'explique à Ludwig : « Paul a bonne mine, il se sent même parfaitement bien et d'humeur étonnement joyeuse. Toutes ses vieilles plaisanteries sont de retour, saines et sauves avec lui. Il est entré ce matin à la clinique Eiselsberg pour une petite intervention et devra malheureusement y passer plusieurs jours – je ne sais pas combien. D'après Gretl, dont le mari travaille depuis plusieurs semaines à la clinique, il s'agit probablement de l'ablation d'une petite excroissance nerveuse, douloureuse, à l'extrémité du moignon[1]. »

Mais pour les Stonborough, l'embellie est brève. Le climat conjugal se détériore. Jérôme a contracté une infection à la clinique et doit interrompre son travail. Il reste enfermé chez lui, d'une humeur noire. Léopoldine décrit à Ludwig l'inquiétude que lui donne le couple : « Gretl ne va pas bien. C'est à nouveau le cœur. Jérôme qui, comme Mining, s'est infecté à l'hôpital, doit rester à la maison. Il passe son temps à ruminer sur le conflit américano-allemand, ce qui n'est pas bon pour les nerfs de Gretl. Espérons le retour de temps plus paisibles[2]. »

La mésentente du couple s'accentue en été 1916 où Margaret part seule pour Gmunden. Elle écrit, de façon assez sibylline, à sa sœur : « On peut, en écrivant, parler de sa vie extérieure comme de sa vie intérieure. À toi, j'ai toujours un peu parlé des deux. La vie intérieure était autrefois claire, elle est à présent confuse. La vie extérieure ne se déroule plus uniquement parmi des choses, comme c'était le cas autrefois, elle se déroule maintenant parmi des êtres humains[3]. » La situation la préoccupe visiblement et son mariage ne lui paraît plus très solide. Un autre jour, elle écrit : « Ma santé a toujours des hauts et des bas. Pour le reste, j'attends toujours, avec une

1. Léopoldine W. à Ludwig W., 20.11.1915, BNA 1277-3.
2. Léopoldine W. à Ludwig W., 28.2.1916 BNA 1276/15-4.
3. M.St. à H.W., 3.8.1916/P.St.

certaine impatience peut-être mais pleine de confiance, le moment où je verrai clairement la façon dont je dois vivre. En attendant, je vis comme je peux, au jour le jour[1]. »

Dans la mesure où la guerre le permet, elle tente de poursuivre la rénovation de sa villa. Son architecte, Rudolf Perco, est lui aussi sous les drapeaux et l'échange de courrier avec lui est des plus difficiles. Les travaux progressent néanmoins, comme elle l'annonce à sa sœur à propos des pièces qui viennent d'être débarrassées de leur vieil enduit néogothique : « Tu n'as aucune idée de la splendeur des couleurs et de l'illumination. Si seulement je pouvais te les montrer, ma toute chère[2] ! » À sa grande déception, Hermine n'a pu lui rendre qu'une courte visite. Ludwig rentrant à Vienne en permission, Hermine devait y être aussi pour prendre soin de lui. Entre Margaret et ce dernier, le climat est alors très tendu. Trop sûre d'elle, encline à critiquer sans beaucoup de ménagement, Margaret n'est pas toujours populaire parmi les siens. Sa propension à manipuler ses proches lui vaut de nombreux conflits. Les « savons » qu'elle se croit parfois en droit d'administrer sont bien connus, pour le meilleur ou pour le pire, comme en témoigne Hermine dans une lettre à Ludwig : « Après le “savon” que lui a passé Gretl – et qu'il a trouvé tout à fait justifié – Paul se dit complètement changé. Si nécessaire, comme il l'en a lui-même priée, l'opération sera répétée, et avec plus de vigueur encore. Je n'y ai pas assisté mais Gretl m'a raconté combien Paul avait été touchant, lui avouant à quel point il souffrait de tout cela, et de sa propre irritabilité[3]. »

Au fil des années, Margaret développera ce goût de traiter les difficultés psychiques d'autrui, pratiquant même, à sa manière, une forme de psychothérapie sauvage. Le grand charme de Margaret, sa personnalité, charismatique mais ne souffrant guère la contradiction, provoqueront chez son entourage des réactions diamétralement opposées. De l'admi-

1. M.St. à H.W., 9.9.1916/P.St.
2. *Ibidem.*
3. H.W. à Ludwig W., 7.4.1917, BNA 1275/33-4.

ration sans limites, que lui voueront souvent les femmes, jusqu'au rejet catégorique. Il n'est dès lors pas étonnant de la voir parfois maltraitée dans la littérature consacrée à son frère Ludwig[1]. Hermine, qui vouera toujours à sa sœur une vive admiration, s'emploiera souvent à aplanir les tensions familiales, comme en témoigne cette lettre à Ludwig : « Je suis heureuse que Greti soit à Vienne pour quelques jours. Je l'aime et je l'admire plus que je ne saurais dire. Pourquoi donc a-t-elle ce talent de provoquer des critiques bien plus féroces qu'on n'en réserve à des gens incapables de faire autant de bonnes et grandes choses qu'elle ? Cela me peine toujours infiniment. Maman elle-même est choquée par certaines de ses remarques, de ses toilettes, etc. Mais ce sont là des choses superficielles et fugaces. La grandeur intérieure est, elle, plus difficile à saisir[2]. » Leur relation était peut-être conflictuelle, mais il n'en demeure pas moins qu'entre Ludwig et Margaret l'échange intellectuel sera toujours intense. À plusieurs reprises, il lui fera tenir copie de ses travaux philosophiques, preuve, s'il en fallait, de l'estime qu'il portait à sa sœur. C'est de même à leur fructueuse collaboration, à leur goût commun pour les mathématiques et la construction, que Vienne doit l'un des joyaux de l'architecture moderne classique.

À l'automne 1916, Margaret quitte Gmunden pour Vienne. Les tensions et les conflits, aggravés par le tour funeste que prend la guerre, précipitent chez elle une sorte de fuite dans la maladie. En février 1917, les États-Unis rompent les relations diplomatiques avec l'Autriche-Hongrie. Jérôme est de plus en plus nerveux, comme le note Léopoldine : « À part quelques rhumes, tout va bien ici comme à la Brahmsplatz [adresse d'Hélène et de sa famille] et à la Krugerstrasse [adresse des Stonborough]. Que les Stonborough puissent rester à Vienne quoi qu'il arrive est, à cause de Gretl, mon plus cher désir. Un jour son mari veut rester, le lendemain il veut partir, ce qui, naturellement, est terrible pour

1. Brian McGuiness en particulier (Nedo/Ranchetti, *op. cit.*, p. III) la décrit comme étroite d'esprit et suffisante.

2. H.W. à Ludwig W., 1.9.1916, BNA 1275/32-1.

Gretl[1]. » Hermine constate de même : « Je viens de passer l'après-midi avec Gretl. Tu ne croirais pas quel cher brave type elle est ! Pour l'instant, on ne sait pas s'ils vont pouvoir rester à Vienne. Je manque de mots pour te dire à quel point ce serait pour elle souhaitable ! Sa santé n'est pas bonne et il lui faut vraiment un contrepoids pour pouvoir supporter Jérôme et la psychose de guerre dans laquelle il s'est installé[2]. »

DÉPART POUR LA SUISSE – MARGARET EN CRISE

Au mois d'avril 1917, l'Amérique entre en guerre. Jérôme décide de quitter l'Autriche aussitôt, sans tenir compte de l'état de santé de sa femme et de ses enfants. Les Stonborough prennent quasiment la fuite, le 14 avril, et partent pour Zurich au grand dam de Léopoldine : « Ils auraient bien pu rester. C'était ce que souhaitait le professeur Wiesel, qui traite Gretl. Mais Jérôme ne voulait rien savoir et, s'ils étaient restés, aurait sans doute rendu la vie impossible à sa femme. Si bien qu'il vaut sans doute mieux pour elle qu'ils soient partis. Ils ne resteront pas à Zurich mais pensent se rendre à Lucerne. Tommy, qui était au lit depuis plusieurs jours, est parti avec une grosse toux qui fait craindre une coqueluche[3]. » Crainte justifiée : les deux garçons ont bien contracté cette infection des bronches, à l'époque non dépourvue de risques. Éprouvée physiquement et moralement par la tension des derniers mois, Margaret supporte mal ce départ précipité et la séparation d'avec ses proches. Elle sombre dans une dépression qui sonne le glas de sa jeunesse, mais dont elle émergera plus mûre.

Entre elle et son mari, rien n'allait plus. Pourquoi l'a-t-elle suivi dans un exil dont elle ne voulait pas ? Nous n'avons pas de réponse. Sans doute lui était-elle encore très attachée. Est-il absurde d'imaginer que sa dépression ait pu être pour elle, inconsciemment, un moyen ultime d'obtenir de lui quelque

1. Léopoldine W. à Ludwig W., 13.2.1917, BNA 1276/18-6.
2. Hermine W. à Ludwig W., 20.3.1917, BNA 1275/33-3.
3. Léopoldine W. à Ludwig W., 26.4.1917, BNA 1276/19-7.

chaleur, quelque attention ? Pour l'heure du moins, sa fierté lui interdisait d'admettre l'échec de son mariage et ses lettres d'exil sont tout imprégnées du souci de sauver les apparences d'une vie de famille normale. De fait, sa dépression est profonde et affecte aussi sa santé physique. L'énergie qu'elle trouvait toujours pour aménager ses demeures successives l'a abandonnée. Elle se laisse emporter passivement, d'un palace à l'autre, quittant rarement son lit, sans prendre aucune part à la vie qui l'entoure. Retirée, solitaire, elle se plonge à nouveau dans les livres, renouant avec sa passion d'adolescente pour la littérature et la philosophie. Et reprend par écrit l'échange d'idées avec Hermine et, indirectement, avec Ludwig.

Les Stonborough ont passé les premières semaines d'exil à Zurich, sans défaire les valises, dans l'attente d'une décision de Jérôme, dont les plans changent chaque jour. Margaret, elle, vit dans l'espoir d'un prochain retour : la Révolution russe vient d'éclater et la guerre semble à un tournant. « Je n'ai pas abandonné mon espoir d'une paix prochaine. Pour l'instant, je suis contente que les Russes nous laissent tranquilles, se trouvent forcés de nous laisser tranquilles. Cela diminue mon inquiétude pour Luckerl. Je suis de bonne humeur, malgré ma santé défaillante, car j'ai la conscience en paix. Comme dit Tolstoï, contraint par la chair, libre par l'esprit[1]. » Les lenteurs du courrier dues à la guerre, voire parfois l'embargo postal, accroissent son isolement, sa nostalgie. À elle qui se tourmente pour son pays et pour ses proches, la vie relativement paisible d'une Suisse neutre paraît insupportable : « Il est si pénible de vivre dans un pays dont les habitants ne ressentent pas la guerre et tout ce qui y touche avec la même acuité que nous. Mes pensées ne vous quittent pas, et gare si vous n'êtes pas tous en pleine forme à mon retour cet automne[2] ! »

Margaret, cependant, eût cessé d'être elle-même si, en dépit de son découragement et de tout son mal-être, elle avait complètement renoncé à fréquenter les musées : « Ma vieille chérie, écrit-elle à Hermine, par où commencer ? Par toute la

1. M.St. à H.W., avril 1917/P.St.
2. M.St. à sa mère, 3.5.1917/P.St.

tendresse que j'ai pour toi ou par l'exposition Cuno Amiet visitée aujourd'hui ? Quelle surprise ça a été et combien j'aurais aimé – comme toujours – que tu sois avec moi ! Amiet, d'habitude si apprivoisé, si "hodlerien", est devenu si sauvage qu'on ne le reconnaît plus. À Vienne on ne voit rien de tout cela, c'est un autre monde. [...] De cette grande exposition, je n'ai vraiment vu qu'une seule salle, celle consacrée aux tableaux d'Amiet appartenant au Kunsthaus, je ne voulais pas présumer de mes forces. Une des toiles, en particulier, si belle qu'il me plairait beaucoup de l'avoir. On voit ici beaucoup de choses ultramodernes, dont pas mal de déchets. On est tourné vers le futur, on va de l'avant, on collectionne beaucoup, mais guère de choses anciennes[1]. »

Comme toujours, Margaret manifeste un goût singulier, selon des critères esthétiques et artistiques bien à elle. Comme elle le constate à la faveur de ses visites aux musées et aux galeries, la guerre donne un élan sans précédent au marché de l'art helvétique, beaucoup de gens considérant désormais l'art comme une valeur refuge, ce dont profitent les artistes en vue : « À Zurich, rapporte-t-elle à sa sœur, j'ai vu un beau Picasso, mais 12 000 francs, c'est hors de prix. Tu te trompes beaucoup si tu crois qu'un Picasso n'irait pas dans mon appartement. Car ce qu'il y a d'étonnant et de beau dans un appartement fait à ton image, c'est qu'il se prête à tous les détours et variations de ton goût. On trouve dans le mien du baroque débridé comme du grec sévère et un Picasso lui irait comme un gant[2]. » Le Picasso en question devait appartenir à la période bleue de l'artiste, si l'on se fie à la description faite à Hermine : « Picasso a représenté, en buste, un couple de travailleurs, pleins de chagrin. La couleur, bleue presque entièrement, avec du jaune. »

Durant ce printemps 1917, la correspondance entre les deux sœurs est marquée par un thème récurrent, révélateur du drame existentiel d'Hermine. Depuis toujours, celle-ci, qui a étudié avec des artistes soutenus par son père, nourrit des ambitions artistiques. Pour faire plaisir à Margaret, elle a entrepris de

1. M.St. à H.W., 14.5.1917/P.St.
2. M.St. à H.W., 8.6.1917/P.St.

peindre un tableau du salon de la Krugergasse. Alors que Margaret ne cesse de l'encourager, Hermine exprime des doutes croissants – elle en a toujours eu – quant à son talent. Après y avoir longtemps travaillé, elle finit par détruire le tableau en question. Et ce geste trahit bien davantage qu'une crise artistique. S'y manifestent aussi l'angoisse et l'incertitude d'une femme célibataire, qui a dépassé la quarantaine, dans la société de l'époque. Hermine la raisonnable, la solide, celle qui, toujours, est là pour les autres, père, mère, frères et sœurs, s'effraye d'un avenir de solitude. Margaret s'efforce de la rassurer. Pour la première fois leurs rôles s'inversent. Forte de son expérience, c'est elle, la plus jeune, qui donne des conseils. Cessant de l'appeler « ma vieille chérie » (*Herzensalte*) Margaret s'adresse à une Hermine visiblement déprimée comme à son « enfant chérie » (*Herzenskind*) : « Pauvre enfant chérie, cela me fait tellement de peine pour toi que tu aies cru devoir déchirer ce tableau. Je me demande si c'était nécessaire. Ce devait l'être pour toi. Mais je pourrais crier quand je pense au découragement que tu dois surmonter chaque fois qu'il t'arrive quelque chose comme ça. Je t'en prie, ne baisse pas les bras. Promets-moi au contraire que tu vas t'y remettre dès que tu auras retrouvé la paix et le repos. Tu sais bien que j'y tiens de tout cœur, et pas seulement parce que c'est mon salon. » Puis, répondant aux craintes d'Hermine pour son avenir : « Je ne vois rien de mélancolique à une solitude innée. Cette solitude serait encore tienne quand bien même tu vivrais au sein d'une famille remuante et toujours plus nombreuse. Maman d'ailleurs l'éprouvait aussi, même quand papa vivait encore et que nous étions tous à la maison. Lenka, elle, est de nature sociable. Pour elle, une vie et un futur comme les tiens seraient une contrainte, l'imposition d'une solitude dont elle aurait lieu de se plaindre. Je ne comprends pas du tout comment t'est venue cette idée. [...] Premièrement, tu es seule parce que c'est ce que tu veux, deuxièmement, un être aussi entouré d'amour que tu l'es n'est pas seul et, troisièmement, tous les humains sont seuls[1]. »

1. M.St. à H.W., 18.5.1917/P.St.

Au terme d'infinies tergiversations, les Stonborough finissent par prendre leurs quartiers à Lucerne. Pas pour longtemps. On ne cesse de changer de ville et d'hôtel, on ne sait, en somme, pas quoi faire de sa vie. Margaret s'en plaint : « Jérôme est d'excellente humeur mais d'une affreuse instabilité. Cette vie l'y incite encore. À peine sommes-nous arrivés quelque part qu'il fait déjà des plans pour une nouvelle destination et même si, ensuite, la date du départ est reportée, il est impossible de s'installer dans la moindre durée[1]. » Margaret s'enfonce d'autant plus dans la dépression qu'elle ne voit aucune issue. Son mari parle de partir vivre aux États-Unis dès la fin de la guerre, un projet qui la désespère. Lorsqu'il s'oppose à une visite que veut leur faire Lenka, la coupe est pleine. Pourtant, même sans illusions sur le caractère de son mari, Margaret se plie à ce que paraît lui dicter son devoir. « Je devrais, contre Jérôme, me dresser sur mes pattes de derrière, mais l'idée de se battre à longueur de journées contre quelqu'un à qui on est lié pour la vie me paraît stupide. Surtout s'il s'agit de choses de peu d'importance. Il en va autrement, en revanche, quand il s'agit de quelque chose d'aussi grave que l'avenir des enfants. Jérôme a ainsi l'intention de s'installer pour une durée indéterminée, dès que la guerre sera finie, aux États-Unis et, naturellement, d'y emmener Tommy. Que devrais-je faire dans ce cas ? Je sais que ce serait folie de retirer maintenant ce garçon d'une école de langue allemande pour le mettre dans une école américaine, mais si je m'y oppose, c'est à coup sûr le divorce, dont Jérôme parle déjà pratiquement tous les jours, et contre lequel je me défends avec insistance, à cause des enfants justement. À cause des enfants mais pour lui aussi, car il ne sait manifestement pas ce qu'il dit. Pour moi, le divorce serait bien sûr la solution la plus commode, ce qui, dans un pareil cas et si l'on a un peu le respect de soi, est une raison de plus de s'y opposer[2]. » Une position qu'elle gardera toujours, en dépit des difficultés et des séparations. Elle ne cessera jamais de se sentir liée à son mari et se fera un devoir de se tenir, secourable, à ses côtés, même dans les pires moments.

1. M.St. à H.W., 15.6.1917/P.St.
2. M.St. à H.W., 27.7.1917/P.St.

Pour occuper le vide des journées qu'elle passe alitée, elle lit ; beaucoup, intensément : Goethe, Rousseau, Jean Paul, Gobineau et Renan, qui viennent alimenter ses échanges épistolaires avec Hermine. Comme Ludwig, elle fait sienne l'éthique d'un christianisme dont elle estime que le message a souvent été défiguré par les églises : « Je viens de lire la *Vie de Jésus*, d'Ernest Renan, qui m'a beaucoup plu. Il m'est apparu que l'image des lys des champs, qui ne sèment, ni ne récoltent, donnée par le Christ en exemple à l'humanité, est aujourd'hui employée pour stigmatiser les paresseux. On voit par là combien son enseignement a été dénaturé[1]. » Thomas Carlyle n'est en revanche pas du tout de son goût : « Je lis maintenant Carlyle et, à chaque page, je me fâche. Il fait partie des gens à qui il suffit d'ouvrir le bec pour m'irriter[2]. »

Grâce à Hermine, Margaret est tenue au courant de la vie familiale : ses deux frères, à la joie de leur mère, sont à Vienne pour une permission et ne repartiront pour le front qu'à la fin de l'été. Les lettres de Margaret à sa mère sont pleines de nostalgie, d'un peu de jalousie aussi : « Que fait le petit Luki, de quoi a-t-il l'air, qu'est-il en train de te lire ? Peut-être est-il justement en train de te faire la lecture au moment où cette lettre arrive. Je me représente exactement comment il lève les yeux au ciel, avec une patience feinte, pendant que tu la parcours. Dis-lui que je l'embrasse et que je m'en vais déjà[3]. » Paul qui, entre-temps, était parti pour une tournée de concerts, est réintégré dans l'armée malgré la perte de son bras et devra lui aussi retourner au front.

HERMINE RÉNOVE

Après la mort de Karl, le père, c'était à Hermine qu'était échue la charge de gérer les propriétés de la famille, les demeures viennoises comme la Hochreit. Elle a d'ambitieux

1. M.St. à H.W., 28.6.1917/P.St.
2. M.St. à H.W., 15.7.1917/P.St.
3. M.St. à sa mère, 29.6.1917/P.St.

projets de rénovation, qui sont aussi pour elle une manière de secouer le joug paternel, comme elle le révèle, de façon à peine déguisée, dans une lettre à Ludwig : « Il serait intéressant de savoir ce que maman serait devenue en épousant quelqu'un d'autre que papa. N'est-elle pas en effet comme une plante, je ne dis pas tordue, mais à l'étroit, qui ne peut se développer qu'une fois le grand arbre enlevé ? L'appartement de Neuwaldegg lui-même, si nous parvenons à en faire ce que nous voulons, signera l'abandon du style de papa en faveur de celui de maman, tel qu'elle l'a adopté pour la vieille maison[1]. » Sur le conseil de Ludwig, Hermine engage Paul Engelmann, un jeune architecte élève d'Adolf Loos, dont il avait fait la connaissance à l'armée. Par ce choix, les Wittgenstein mettent fin à leur longue collaboration avec les Ateliers viennois (*Wiener Werkstätte*). Mais c'est dès avant la guerre que Loos et ses théories avaient retenu l'attention des jeunes Wittgenstein. Lorsqu'il était entré en possession de sa part de l'héritage paternel, Ludwig avait fait parvenir un don à Adolf Loos, comme à plusieurs autres artistes ; c'était alors une pratique courante parmi les héritiers de grandes fortunes. Ludwig Ficker, éditeur de la revue *Brenner*, dont Wittgenstein avait fait la connaissance grâce à Karl Kraus, avait joué les intermédiaires. Les deux hommes s'étaient rencontrés et étaient restés en contact : on échangeait des livres et Loos était invité aux soirées musicales données dans le palais familial. Ludwig admettra plus tard avoir été marqué par la personnalité de Loos. Pourtant leur relation ne semble pas avoir été des plus faciles. Même si les conférences sur l'esthétique qu'il donnera à Cambridge dans les années trente s'inspireront sans aucun doute des écrits de Loos, ce n'est pas à lui que Ludwig fait appel, en 1914, pour dessiner le caveau de famille après la mort de son père, mais à l'architecte Robert Örley. De même, c'est Engelmann et non Loos qu'il recommande à sa sœur. Les deux hommes se reverront après la guerre, mais Wittgenstein se dira déçu

1. H.W. à Ludwig W., été 1917, BNA 1275/33-11.

par le snobisme de Loos et mettra fin à tout contact entre eux[1].

En septembre 1917, Hermine va donc de l'avant : « Je voulais de toute façon t'écrire aujourd'hui pour te demander l'adresse d'Engelmann à Brünn. Je voudrais en effet l'engager comme architecte-conseil pour les travaux à Neuwaldegg. Qu'en penses-tu ? Hoffmann ne le fera sûrement pas. Ou alors, je vais me retrouver avec un intérieur à la Hoffmann, ce dont je ne veux à aucun prix. On ne doit, au contraire, pas voir trace de l'architecte, si ce n'est dans l'absence de maladresses et d'erreurs tels qu'il ne manquerait pas de s'en produire dans le grand escalier ou la salle à manger si nous nous passions de l'aide d'un architecte. [...] Si au moins nous pouvions, dès l'an prochain, nous lancer dans la décoration. Les préparatifs m'amusent comme une enfant. J'y consacre beaucoup de temps et de réflexion. C'est devenu ma distraction favorite[2]. » Engelmann veut bien accepter le mandat, à condition que Ludwig approuve le projet. D'où la note d'Hermine à ce dernier : « J'ai pu apaiser ses scrupules en lui affirmant que tu serais plus qu'heureux d'être débarrassé de tout l'horrible et prétentieux bric-à-brac, si nous parvenons à l'éliminer, et que, grâce au ciel et sauf en ce qui concerne l'appartement de Greti, nos goûts sont identiques[3]. » On peut en retenir, d'une part, le rejet sans appel de l'esthétique du tournant du siècle – qui était celle du père dont on récuse ainsi l'emprise –, d'autre part que Ludwig, alors, n'approuve pas davantage le goût de Margaret, tel qu'il se manifeste dans son appartement de la Krugerstrasse. Dans la lettre où elle évoquait le tableau de Picasso, Margaret avait elle-même qualifié son intérieur de « baroque sauvage ». Si l'on se souvient des balustrades dorées qu'elle voulait pour sa villa de Gmunden, on comprend qu'elle cultivait alors une esthétique des plus personnelles et éclectiques. Les postulats d'Adolf Loos

1. Voir à ce sujet Brian McGuiness, *Wittgensteins frühe Jahre,* Francfort sur le Main, 1992, pp. 434 et s.

2. H.W. à Ludwig W., 11.9.1917, BNA 1275/33-15.

3. H.W. à Ludwig W., 3.10.1917, BNA 1275/33-16.

en faveur de la vérité des matériaux et d'une architecture à la fois rationnelle et sobre avaient séduit Ludwig parce qu'ils rejoignaient les siens. Ils s'étaient en revanche heurtés à un refus très net de la part de Margaret. Sa critique féroce du projet de caveau familial commandé par Hermine et Ludwig à l'architecte Robert Örley, après la mort du père, souligne encore la divergence fondamentale de leurs goûts respectifs à cette époque. L'architecte avait pris pour modèle un temple grec circulaire, dont il avait radicalement épuré le dessin, s'attirant le commentaire suivant de Margaret, dans son journal : « Fonctionnalité + beau matériau ! Que c'est peu ! C'est à peine mieux que fonctionnalité + vilain matériau. Cela n'a rien à voir avec l'art. Sans une étincelle divine, c'est mort. Si je ne l'avais pas déjà su, le tombeau-pissoir concocté par Luckerl avec Minka [Hermine] et Örley me l'aurait appris. [...] Quand bien même connaîtrais-je toutes les lois, toutes les règles de l'art, quand bien même disposerais-je des plus beaux matériaux, si me manque l'amour... [illisible]. On ne peut concevoir d'enfant viable en laboratoire[1]. »

Même si elle lui répète ses objections, Margaret, étonnamment, n'en n'approuve pas moins la décision d'Hermine d'employer Engelmann : « Je dois te dire que je me félicite de ton choix. Le petit Engelmann m'a d'emblée bien plu. A-t-il du talent ? Je n'en ai aucune idée, mais je suis convaincue qu'on peut s'entendre avec lui parce qu'il parle le même langage que nous. Je préfère de beaucoup cela à un talent confirmé avec lequel je ne m'entends pas. N'est-il pas un élève de Loos ? J'ai encore dans l'œil le bâtiment de la Michaelerplatz [construit par Loos en 1909-1911 pour la maison de commerce Goldmann & Salatsch]. Oui, si fonctionnalité et beaux matériaux suffisaient... Si cela était en soi quelque chose ! Mais cela n'est rien, à peine mieux que fonctionnalité et vilains matériaux. Cela n'a rien à voir avec l'art[2]. » Pourtant, et malgré ces réserves, la collaboration d'Hermine

1. Journal de M.St., 15.12.1917/P.St. Voir aussi Peter Nigst, *Robert Örley*, Vienne, 1996, pp. 56 et s.

2. M.St. à H.W., 15.12.1917/P.St.

et de Paul Engelmann, sous l'égide de Ludwig, semble avoir fini par venir à bout des partis pris esthétiques de Margaret. Suivant de loin mais avec intérêt l'avancement des travaux, elle se convainc peu à peu des mérites d'Engelmann. Tant sur le plan personnel que sur celui de l'esthétique, la rénovation de la maison de Neuwaldegg paraît ainsi avoir été une sorte de galop d'essai en prévision de la future « Maison Wittgenstein » de la Kundmanngasse.

Paul Engelmann devient un intime de la famille, un partenaire dans les discussions philosophiques qui en passionnent tous les membres, Ludwig en premier lieu, mais Hermine et Paul aussi bien. Grâce aux lettres de sa sœur, Margaret n'en est pas tout à fait exclue. Tel est du moins ce qui transparaît des notes prises de façon irrégulière par Hermine de 1917 au début des années vingt, où elle essaie de consigner les points de vue des uns et des autres[1]. Ces discussions tournent, pour l'essentiel, autour de l'éthique, de l'esthétique et de la religion. On y convoque Tolstoï et Dostoïevski, Nietzsche, Schopenhauer, Kierkegaard ou encore Weininger. Elle note par exemple en automne 1917 : « Ludwig dit que religion et éthique sont absolument indissociables. Si la religion n'était pas le fondement de l'éthique mais quelque chose de tout à fait distinct, que l'on pourrait avoir ou pas, alors il ne vaudrait pas la peine d'en parler. Quant à moi, j'ai une <u>conscience</u>, je sais de moi-même ce que je tiens pour bien ou mal, mais je n'ai <u>pas de religion</u>. J'ignore aussi pourquoi j'ai cette connaissance de ce qui est bien et de ce qui est mal ; c'est une question qu'il ne me vient pas à l'idée de me poser. Ludwig est de l'avis que quiconque se pose cette question ou s'interroge sur le sens de la vie ne peut manquer d'en arriver à une idée de Dieu, du divin, etc.[2] » Elle transcrit plus loin une métaphore par laquelle Ludwig tente de définir pour elle la valeur du christianisme. « Dans une conversation sur le christianisme, Ludwig a employé la comparaison suivante : prenons un tableau de Rembrandt, accroché depuis toujours dans un salon. Les

1. Hermine Wittgenstein, *Ludwig sagt…*, *op. cit.*
2. Cahier d'H.W., automne 1917.

anciens propriétaires l'estimaient et l'admiraient à sa juste valeur tandis que, pour les nouveaux propriétaires, il ne représente plus rien. Un étranger arrive, qui n'y connaît rien, et demande ce que c'est que cette chose accrochée au mur. On lui répond que, selon la tradition, il s'agirait de quelque chose d'infiniment précieux et coûteux. Sur quoi il propose d'en faire une analyse chimique. Il en ressort qu'il s'agit d'une pièce de toile ordinaire sur laquelle on a étalé de l'huile et d'autres substances. Les propriétaires en tirent la conclusion que ceux qui ont attribué à cet objet une valeur inestimable étaient dans l'erreur la plus complète. Plus tard arrive un temps où l'on retrouve la compréhension de ces choses et on a alors de la peine à imaginer qu'il puisse y avoir eu une époque où l'on croyait pouvoir évaluer un Rembrandt par une analyse chimique. »

Hermine jette aussi quelque lumière sur la posture religieuse et morale de sa sœur : « Greti prétend qu'elle est elle-même totalement irréligieuse. Je crois cependant que ce qu'elle nomme religion n'a rien à faire avec la religion. [...] Elle ne croit pas davantage à l'existence du sacré. Je n'y aurais moi-même jamais cru, si je n'avais eu Ludwig. » Plus loin : « Greti écrit : j'ai découvert que la conscience est, à côté de l'intelligence, une instance d'égale importance. Pour l'intelligence, la distinction entre bien et mal n'existe pas ; la conscience, elle, ne fait pas la différence entre stupide et malin. L'être humain dispose des deux organes. Il doit appliquer l'un ou l'autre, selon les cas, avec discernement. »

MARGARET TIENT UN JOURNAL

Tandis qu'à Vienne Hermine poursuit, autant que la guerre et son engagement humanitaire le lui permettent, la rénovation de la demeure familiale, prenant le jeune architecte Engelmann sous son aile, Margaret souffre de plus en plus de son sort d'exilée. Ses troubles cardiaques persistent malgré les séjours aux bains de Vulpera, dans le canton des

Grisons, et à Saint-Moritz, en Haute-Engadine. La famille s'est finalement installée à l'Hôtel National, à Lucerne, qui sera leur port d'attache pour les deux ans à venir. En cette fin d'été 1917, Margaret croit encore à un arrêt imminent des hostilités. Elle est fermement décidée à rendre visite aux siens durant l'automne et prend contact, dans ce but, avec le ministre plénipotentiaire autrichien en Suisse, le baron de Vaux. Jérôme, lui, redoute qu'une visite de sa femme dans un pays ennemi n'entraîne des difficultés avec les autorités américaines. Ce projet de voyage devient une nouvelle pomme de discorde entre les deux époux. Leurs enfants, par ailleurs, supportent mal le nomadisme et les tensions familiales. Surtout Tommy, l'aîné jusque-là suivi par un précepteur, et que l'on finit par se résoudre à envoyer en internat, à Zuoz, en Engadine.

Comme Hermine le faisait déjà, Margaret se met alors à rédiger un journal intime. Pas si intime que ça d'ailleurs puisque les deux sœurs, comme le révèle leur correspondance, envisagent de s'échanger leurs écrits. Margaret conçoit le sien essentiellement comme un outil d'autoanalyse, le lieu où elle pourra se confronter sans complaisance avec ce qu'elle juge être ses faiblesses de caractère. « Il serait sain que le destin me fasse chuter, d'un solide coup de pied, des hauteurs mondaines dont je sais bien que, de moi-même, je n'aurai jamais le courage de descendre. Alors peut-être, mais seulement peut-être, deviendrais-je un être humain. Pour l'heure, je me contente de voir assez exactement le chemin qu'il faudrait suivre, sans pouvoir me résoudre à l'emprunter. Non sans mauvaise conscience, je reste donc confortablement installée dans la voiture qui me conduit sur une autre route. Si tant d'heures de solitude passées dans mon lit ne me rendent pas meilleure, du moins m'enseignent-elles une plus grande lucidité sur moi-même[1]. » Rompre avec le genre d'existence mené jusqu'ici lui coûterait d'autant plus que son charme et son rayonnement sont, comme elle en est consciente, des atouts qui assurent le succès de ses relations mondaines. Ainsi

1. M.St., *Journal*, 23.11.1917/P.St.

note-t-elle après son rendez-vous avec le baron de Vaux : « J'ai été des plus aimables et il a eu du plaisir à s'entretenir avec moi. Indépendamment du sexe de la personne concernée ou de son âge, exercer mon charme et mon pouvoir jusqu'à un certain point me procure parfois un vif plaisir. Ma vanité et ma confiance en moi y trouvent leur compte[1]. »

Ce journal lui sert aussi à mettre au clair ce que lui inspirent ses abondantes lectures. Comme par hasard, ces lectures ont les mêmes thèmes, religieux et philosophiques, que ceux dont débattent les siens et leurs amis à Vienne. Elle lit Schopenhauer, un de leurs héros du moment, sans pourtant être totalement convaincue, comme l'indique l'entrée du 12 septembre de son journal : « J'ai bien avancé dans Schopenhauer. En ce qui concerne l'affirmation et la négation de la volonté, j'ai moi-même suivi plusieurs des chemins qu'il emprunte aussi mais ils m'ont conduite ailleurs ou moins loin. » Elle note encore le lendemain : « Beaucoup lu Schopenhauer. Le développement de la pensée est magnifique mais les conclusions sont insatisfaisantes, car arbitraires. » Elle poursuit quelques semaines plus tard ses commentaires critiques : « Ce que l'intellect peut saisir de ce qui est intelligible, Schopenhauer l'a saisi. Une partialité aussi grandiose et monstrueuse, une telle hypertrophie de l'intellect aux dépens des sentiments est certainement des plus rares. Ce que l'on pouvait atteindre par l'intellect, il l'a atteint, mais rien de plus. C'est pourquoi, pour lui, le seul chemin qui puisse conduire à la félicité pure est celui du miracle. L'humilité, justement, ne se trouve pas sur le chemin de l'intellect. Et c'est la vieille histoire du problème que l'on ne peut résoudre parce qu'on a laissé de côté une donnée importante[2]. »

Cette lecture de Schopenhauer lui inspire une théorie toute personnelle qui tente de résoudre les problèmes de la métaphysique en leur appliquant la méthode des sciences naturelles. Elle se réfère, ce faisant, à un ouvrage du physiologiste Emil du Bois-Reymond intitulé *Sieben Welträtsel* (Sept

1. M.St., *Journal* 12-13.9.1917/P.St.
2. M.St., *Journal*, 1.1.1918/P.St.

mystères de ce monde) qui poursuit le même but et qu'elle avait lu, très jeune, avec son frère Rudi : « Le jour n'est plus très éloigné [...] où l'on reconnaîtra, en le prouvant expérimentalement, que l'énergie vitale et les courants électromagnétiques comme la lumière et l'électricité ne sont que les manifestations diverses d'une même force. Dès lors se trouveront unifiées la volonté, selon Schopenhauer, et l'énergie selon Einstein [...]. Ainsi sera finalement percé le tunnel que la philosophie attaquait par un bout et les sciences naturelles par l'autre[1]. » Ce genre de théorie rencontre peu d'écho à Vienne, s'il faut en croire Hermine : « Greti écrit que la volonté de Schopenhauer et l'énergie d'Einstein – dont la concentration serait aussi pour lui la masse – seraient une seule et même chose. Selon elle la grande énigme serait ainsi résolue. Je soupçonne que Ludwig ne serait pas de cet avis et que, pour lui, une philosophie qui trouverait sa validation dans les sciences naturelles n'en serait pas une[2]. » Quant à Nietzsche, sa relecture provoque quelques commentaires acerbes. Il n'est plus question d'une adhésion non critique à ses théories : « Relu Nietzsche. J'y trouve certes beaucoup de choses dont je me sens proche mais aussi tout un fatras de phrases qui sonnent comme des rengaines et me semblent donc dépourvues de la moindre valeur[3]. »

Otto Weininger – dont l'essai *Sexe et caractère* avait paru en 1903 – provoque en revanche de sa part un rejet sans appel. L'ouvrage, par la radicalité de ses positions, s'était acquis une large audience. Weininger, au terme d'une démonstration complexe y déniait aux femmes – et aux juifs qui, selon lui, leur ressemblaient beaucoup – toute trace de caractère propre. La misogynie et l'antisémitisme latents de la société d'alors s'en étaient trouvés justifiés. Contrairement à Ludwig et à Hermine, fascinés par la radicalité des positions éthiques de Weininger, Margaret prend argument d'un féminisme rare à l'époque pour tirer à boulets rouges sur ses théories. Elle

1. M.St., *Journal*, 13.6.1918/P.St.
2. Cahier d'H.W., 1919.
3. M.St., *Journal*, 16.5.1918/P.St.

conteste la validité d'un point de vue exclusivement masculin sur les femmes : « Weininger doit son douteux succès d'abord au thème de son livre, qui intéresse beaucoup de gens, ensuite au fait qu'il y a eu jusqu'ici fort peu d'experts compétents sur ce thème. En effet, où trouver l'arbitre pour juger de l'autre sexe sans qu'intervienne l'amour ou la haine ? La nature n'a-t-elle pas justement tout fait pour empêcher l'indifférence ou l'impartialité entre les sexes ? Il est au reste assez comique que chacun ou presque se prétende fin connaisseur du sexe opposé au prétexte qu'il est parvenu à bien connaître, qui sa mère, son père, une sœur ou un frère. [...] Comme s'il suffisait de posséder quelques arbres dans son jardin pour être expert forestier[1] ! » À son avis, les causes de ce que Weininger dénonce comme l'absence de caractère des femmes sont clairement à chercher du côté de la société, de la famille, et du rôle où l'on y maintient la femme : « Ce n'est pas que les femmes soient incapables de distinguer le bien et le mal. Cette distinction, les hommes comme les femmes ont des difficultés à la faire quand ils sont aveuglés par leurs passions. Si, toutefois, les femmes sont moins portées à respecter les règles indispensables au bon ordre de la vie en société, c'est, justement, que l'on ne peut saisir toute l'importance des règles d'un jeu que si l'on est soi-même admis à y jouer[2]. »

Aussi antisémite – alors qu'il est lui-même juif – que misogyne, Weininger assimile, dans son essai, les femmes et les juifs dans leur commune insuffisance, leur commune absence de caractère. S'agissant de la question féminine, Margaret adopte, contre Weininger, une position très claire. Son attitude à l'égard des juifs est plus ambiguë. Bien que d'ascendance juive elle-même par trois de ses grands-parents – ce qu'elle n'ignore nullement –, elle envisage la question comme si elle n'était pas le moins du monde concernée. Dans la mesure où sa famille s'est convertie et assimilée voici deux générations déjà, elle estime pouvoir aborder le pro-

1. M.St., *Journal*, 24.5.1918/P.St.
2. M.St., *Journal*, 1.2.1918/P.St.

blème de l'extérieur. Lorsqu'elle lit avec son fils *Soll und Haben* (Devoir et avoir), le roman de Gustav Freytag, elle prétend n'y voir qu'une défense et illustration de valeurs positives, de la probité et de la droiture d'une certaine bourgeoisie germanique, bien dans la tradition familiale des Wittgenstein. Le livre lui paraît être un excellent instrument pédagogique. Elle fait complètement l'impasse sur les aspects antisémites de ce roman d'apprentissage qui oppose les destins d'un jeune Allemand et d'un jeune juif en recourant aux clichés racistes les plus grossiers. Paradoxalement, elle découvre en même temps, pleine d'étonnement et de curiosité, le monde, pour elle parfaitement étranger, du judaïsme : « Je viens de lire des histoires juives, qui m'ont donné matière à réfléchir. » Puis, quelques jours plus tard : « Ces histoires juives, pourtant pas très bonnes, continuent à m'occuper l'esprit. La pensée, déjà, que je puisse être issue d'un milieu semblable, pour moi si étrange, si bizarre ! Du coup je suis attirée par la théorie. Est-ce en raison de cette étrangeté même ou à cause de mes origines ? Je n'arrive pas à le savoir. Et quelle religion singulière ! Une religion qu'on ne peut pas pratiquer en passant, comme celles que je connais, mais qui intervient réellement dans la plupart des actes de la vie quotidienne et donne à celle-ci sa couleur. Une religion dont il doit être beaucoup plus difficile de se débarrasser[1]. » Cette façon distanciée de s'approcher du judaïsme comme s'il ne les concernait pas vraiment était alors commune à tous les jeunes Wittgenstein. Dans son cahier, Hermine dresse le protocole des opinions formulées par chacun : « Paul affirme avec véhémence que chaque juif est, en son fond, déloyal. Ludwig me fait remarquer qu'à force de vivre dans des pays étrangers, sous des lois, des contraintes et des conditions de vie étrangères, les juifs sont devenus des êtres dénaturés. Les deux choses vont peut-être ensemble. Pour moi, je crois que juifs et aryens, quant à leurs qualités et défauts respectifs, sont, du moins en Europe, diamétralement opposés et qu'il leur faut donc, ouvertement

1. M.St., *Journal*, 29.4.1918 et 3.5.1918/P.St.

ou non, se combattre. Même lorsqu'ils sont aussi lucides et profonds qu'un Engelmann, je crois qu'il est très difficile pour les juifs d'y voir clair. Peut-on être Autrichien et juif ou seulement vraiment l'un des deux ? [...] Paul soutient que ce sont les juifs qui, les premiers, ont instauré la sécurité sociale. Aucun autre peuple avant eux ne s'était soucié des droits de la veuve et de l'orphelin[1]. » Ces notes suffisent à montrer l'intensité du débat que la question juive soulevait chez les Wittgenstein et leurs amis vers la fin de la Première Guerre mondiale. Le refoulement de ses origines juives était par ailleurs un phénomène largement répandu au sein de la grande bourgeoisie viennoise. C'est au reste l'un des thèmes, traité avec beaucoup de finesse, que l'on retrouve dans plusieurs des romans d'Arthur Schnitzler. La menace national-socialiste allait, quelques années plus tard, provoquer un changement d'attitude.

Un autre sujet agite Margaret durant cette période de repli sur soi et de réflexion, c'est le rêve. Freud, par ses écrits, avait renouvelé l'intérêt pour ce thème, mais Margaret considérait avec le plus grand scepticisme les hypothèses freudiennes quant à l'inconscient et à son rôle dans l'élaboration des rêves. À coup sûr son jugement doit ici beaucoup à sa propre attitude, toute de retrait, vis-à-vis de la sexualité : « À propos de rêves : dommage que Freud soit si bête, si à côté de la plaque. Il y aurait pourtant bien d'autres voies à explorer que la sexualité. On peut certes comprendre que quelqu'un qui n'a affaire qu'à des hystériques soit induit en erreur. Et il est remarquable de voir combien il est facile – une pince par-ci, un peu de rembourrage par-là – de forcer la nature dans les corsets les plus divers, taillés cependant de telle façon qu'on ne puisse pas dire d'emblée que ça ne va pas du tout[2]. » Elle préfère faire porter ses observations sur les aspects biologiques des rêves et de l'inconscient, en accord avec nombre de théories scientifiques de l'époque et dans le fil de ses propres intérêts. « Le souvenir des rêves est, au réveil, aussi

1. Cahier d'H.W., 1920/P.St.
2. M.St., *Journal*, 20.9.1918/P.St.

vif que celui d'événements diurnes. Il semble cependant aussitôt effacé sous l'effet des sensations liées à l'éveil. Je dis semble car en réalité ce souvenir est conservé : il y a en effet dans les rêves une mémoire des rêves antérieurs. Il s'ensuit que le souvenir des rêves n'est ni plus faible ni plus fugace que le souvenir des événements diurnes. Il s'agit simplement d'une autre fonction cérébrale. Le fait que le souvenir du premier rêve de la nuit ne soit pas effacé par le rêve suivant est une expérience qui tend à confirmer cette hypothèse. La notion selon laquelle l'excitation qui, dans le cerveau, suscite la production de rêves ne provient pas des sens est extrêmement éclairante. Il y a donc deux possibilités : soit Schopenhauer a raison et ce sont les processus corporels internes, l'activité des organes qui, une fois les sens endormis, excitent le cerveau. Dans ce cas, il devrait être possible d'accroître l'activité onirique par des stimuli. Me frappe par exemple la coïncidence entre le pouls élevé des enfants en bonne santé et des adultes fiévreux et leur commune intense activité onirique. Est-ce un hasard ? Faut-il attribuer cette vivacité des rêves à la rapidité de la circulation sanguine ? On pourrait le vérifier par l'expérience s'il existait un moyen d'accélérer la circulation sanguine sans perturber le sommeil. Mais il est vrai que, dans ce cas, c'est l'organisme tout entier que l'on stimulerait aussi. Soit, et c'est la seconde possibilité, l'excitation qui produit le rêve est due à des ondes énergétiques dont nous ignorons encore par quel organe elles seraient captées et acheminées. Ces ondes dont nous subodorons partout la présence sans avoir jusqu'ici été capables de prouver l'existence. Cette même force – une sorte de télégraphie sans fil – notée par J.-H. Fabre chez l'araignée du chêne, dont le mâle détecte les déplacements de la femelle à une distance de plusieurs centaines de mètres sans que le toucher, l'odorat, l'ouïe ou la vue soient impliqués. Cette même force qui, concentrée, équivaut pour Einstein, à la masse. L'inconscient serait ainsi le capteur de messages sans fil. Que l'on pense à la transe des médiums qui abolit leurs sensations ordinaires pour les rendre d'autant plus sensibles aux messages venus d'ailleurs. Les cinq sens ne sont à coup sûr pas les seuls outils d'acquisition des connaissances. D'une manière ou d'une autre, tout cela a à voir avec ce que l'on appelle l'instinct[1]. »

Alors qu'en cet automne 1917 Margaret se retranche du monde, lit, écrit, entretient une abondante correspondance, la guerre se poursuit, l'empêchant d'entreprendre le voyage viennois tant désiré. Malgré diverses interventions, elle doit en effet, en tant que citoyenne des États-Unis, se plier au refus des autorités américaines. Sa vie conjugale se détériore encore. Jérôme, qui l'accable sans cesse de sa jalousie maladive et refuse de la laisser s'éloigner, fût-ce pour quelques jours, n'en est pas moins un coureur de jupons notoire, qui accumule les liaisons. Un fait que Margaret n'évoque jamais et que, blessée dans sa fierté féminine, elle s'efforce de refouler. À la suite d'une grande explication au cours de laquelle son mari semble avoir fait amende honorable, elle écarte une nouvelle fois l'idée d'un divorce et commente, résignée, à l'adresse de sa sœur : « Au fond, malgré tout, Jérôme est un bon bougre. »

L'ÉMIGRATION AU QUOTIDIEN

Épargnée par la guerre, la Suisse n'en est pas moins confrontée à une certaine pénurie. Elle manque de charbon ; le chauffage est donc très réduit et l'eau chaude disponible une fois par semaine seulement. Les Stonborough décident donc de passer l'hiver sous un ciel un peu plus clément. On choisit Ouchy, le port de Lausanne au bord du Lac Léman. Le déménagement apporte une certaine détente, d'autant que Jérôme, après une longue période d'inactivité, a trouvé une place dans un laboratoire. Margaret sort peu à peu de sa dépression, de sa « misère gris sombre » comme elle dit elle-même, et reprend goût aux choses de la vie. Ses deux fils, tendrement aimés, la tirent de sa léthargie. Elle s'enchante des mots d'enfant du petit John, encore confié aux bons soins d'une

1. M.St., *Journal*, 22.1.1919/P.St.

nurse et qui s'exprime dans un charabia anglo-allemand. Tommy, l'aîné, en phase prépubertaire, lui donne en revanche du souci. Il est malheureux dans son internat de Zuoz, trop éloigné de Lausanne pour pouvoir y rendre visite à sa famille le week-end. Avec toutes les ressources de charme et d'esprit dont elle dispose, Margaret tente, dans ses lettres, de soutenir le courage de son fils : « Si, dimanche prochain, tu as de nouveau le mal du pays, souviens-toi qu'au même moment ici je suis en train de penser à toi, souffrant de "mal de Tommy". Ainsi nos pensées se rencontreront à mi-chemin, à Coire peut-être, elles s'embrasseront tendrement et nous nous sentirons, toi et moi, bientôt mieux[1]. » À ce garçon de onze ans, précoce, elle a déjà inoculé sa passion de collectionneuse, partageant avec lui, notamment, son goût pour l'art japonais, les estampes d'Hiroshige et d'Utamaro en particulier.

Malgré tout, le séjour helvétique ne perd jamais son caractère provisoire, suspendu à l'attente d'une fin de la guerre qui se dérobe chaque fois qu'on la croit proche. Margaret n'oublie jamais sa peur pour ses frères et pour les autres membres de sa famille engagés dans les combats. En octobre 1917, on a décerné à Ludwig la médaille du courage, en argent, ce qui la remplit de fierté, comme l'émeuvent les lettres de Paul, écrites de sa main gauche. En décembre 1917, la Russie, en pleine révolution, se retire du conflit et l'espoir d'une paix prochaine renaît. Un espoir qui dope la santé de Margaret. Du coup, stimulée sans doute par les travaux de rénovation qu'a entrepris Hermine à Neuwaldegg, elle conçoit de nouveaux plans pour sa villa de Gmunden. Avec quelque ironie et une pointe de jalousie, elle écrit à sa sœur : « Je ne suis pas peu envieuse de Neuwaldegg. Mais veille à ne pas laisser carte blanche au jeune Luki car je ne crois pas qu'un goût aussi intransigeant que le sien soit approprié *to make the best of a bad bargain* [tirer le meilleur parti d'une mauvaise affaire]. Mais pââârdon, peut-être que je m'égare complètement, à moins, ce qui est plus vraisemblable, que tu n'y aies

1. M.St. à son fils Thomas, 20.11.1917/P.St.

jamais songé. Au reste, comme tu sais ; mieux vaut encore le Luki que la Greti[1] ! » Pour sa propre maison, elle sait parfaitement ce qu'elle veut et sa vision est aussi arrêtée que précise : « Quand pourras-tu enfin reproduire les intérieurs de Gmunden ? J'ai une telle envie de cette maison. Dans ma tête, l'aspect des façades a déjà subi une foule de transformations. Les chapiteaux des colonnades, d'abord composites, ont été corinthiens avant d'être ioniens. La guerre s'éternisant, Dieu sait s'ils ne finiront pas par être doriques ! Mais je crois que je les veux vraiment ioniens. C'est Perco qui va être surpris d'entendre cela ! Espérons que ses idées ont elles aussi évolué, ce qui lui permettrait de mieux accepter mes propres variations[2]. » En fin de compte, ces projets ne seront pas exécutés et la façade sera à peine modifiée. Autre signe qu'elle va mieux : Margaret reprend ses cours de mathématiques et de physique ; elle retrouve le chemin des antiquaires et des marchands de tableaux. Noël, qu'elle doit passer loin de sa mère et de ses frères et sœurs, provoque un retour de nostalgie : « Comme c'est bien que Luki puisse être à Vienne pour Noël. Par la présente, je fais de lui mon représentant officiel, doté du droit de recevoir et de distribuer des baisers en mon nom, comme de te raconter des blagues de mauvais goût, etc. – Noël, l'an dernier, était si beau qu'il me suffit presque encore[3]. » Échanger des blagues – même malséantes – était un plaisir fort prisé chez les Wittgenstein, et qui avait reçu ses lettres de noblesse depuis la parution, en 1905, de l'essai de Freud *Le Mot d'esprit et ses rapports avec l'inconscient.* Margaret, pour sa part, ne manque jamais de les rapporter, en particulier dans les lettres adressées à ses enfants.

À travers les lettres de ses proches, elle prend peu à peu conscience de la terrible pénurie qui frappe l'Autriche au début de ce qui sera la dernière année de guerre. Pour aider les siens, elle commence par mettre à leur disposition les réserves de charbon dont elle dispose pour son appartement

1. M.St. à H.W., 25.11.1917/P.St.
2. M.St à H.W.,4.12.1917/P.St.
3. M.St. à sa mère 19.12.1917/P.St.

viennois. Mais cela ne lui suffit pas ; elle cherche bientôt le moyen d'aider plus activement ses compatriotes. Le bénévolat et la bienfaisance sont de tradition familiale. En 1879 déjà, les Wittgenstein avaient participé au financement et à la gestion d'une « Association contre la pauvreté et la mendicité ». Fanny Wittgenstein, grand-mère de Margaret, en avait été l'une des instigatrices, et l'un des frères de son père, l'oncle Ludwig, en avait été le directeur jusqu'à sa mort. Plusieurs membres de leur parenté y étaient toujours actifs. L'engagement de Margaret s'inscrit tout naturellement dans cette tradition. Mais, pour l'heure, elle est bloquée : tout envoi vers l'Autriche est en effet interdit.

En ce début de 1918, signe ultime de guérison, elle se rend au concert, ce qu'elle n'avait encore jamais fait depuis son départ de Vienne. Une absence très étonnante quand on sait la place que la musique tient dans la vie des Wittgenstein. En ce moment même, en effet, Paul, amputé du bras droit, ne songe nullement à renoncer à sa carrière de pianiste, mais s'occupe à écrire des arrangements pour la main gauche, qu'il pense publier une fois la paix revenue. Quant à Ludwig, il cherche réconfort, durant ses permissions, auprès de sa mère, à chanter des Lieder de Schubert, qu'elle accompagne au piano.

Pour l'heure, cependant, la paix semble plus éloignée que jamais. L'Autriche-Hongrie lance même en février une nouvelle offensive et bombarde les villes du nord de l'Italie. Et Ludwig, qui suit une formation de pilote – elle lui a été ouverte grâce à ses connaissances techniques, en aérodynamique notamment – se voit, en mars, transféré sur le front italien. Margaret, pendant ce temps, est aux prises avec les difficultés croissantes de son fils Tommy. Pour se rapprocher de lui, les Stonborough finissent donc par quitter Lausanne et reprennent leurs quartiers à Lucerne, à l'Hôtel National. Tommy peut quitter l'internat et fréquenter le lycée de la ville. Pour se changer les idées, on se rend à Zurich, on y visite des expositions, une rétrospective Rodin notamment.

À Vienne, pendant ce temps, Hermine poursuit la rénovation de la villa de Neuwaldegg et en informe Margaret, toujours curieuse et intéressée, mais qui ne sait pas dissimuler l'ironie que lui inspirent parfois les intentions de sa sœur : « Je ne sais pas ce que tu entends par "architecture bourgeoise", de même que j'ignore ce que peut être un "boucher bourgeois". L'est-il lui-même ou est-ce sa clientèle qui est bourgeoise ? Sérieusement : qu'entend-on aujourd'hui par style aristocratique ? Je n'en sais vraiment rien. Cela a eu un sens autrefois, mais aujourd'hui ?! J'aimerais bien savoir si je m'entendrais avec Engelmann. En quoi est-ce qu'il est farfelu[1] ? »

La Suisse, on l'a vu, n'échappe pas complètement aux effets de la guerre. Le séjour estival à Interlaken est écourté car le tourisme est au point mort et la grippe espagnole commence à faire ses ravages. Les Stonborough rentrent à Lucerne où Margaret, désabusée, note : « Partis aujourd'hui à midi pour Lucerne. Suis arrivée fatiguée mais soulagée. Après tout ne suis-je pas ici à moitié chez moi[2] ? » Elle avait en effet passé une bonne partie de l'année à l'Hôtel National, où elle avait aussi noué des contacts avec d'autres émigrés autrichiens, les Khevenhüller. Mais cela ne l'empêche pas d'être à nouveau déprimée, de souffrir de l'isolement que lui vaut sa condition d'émigrée. « Dans la solitude où je vis, je n'ai rien à mettre dans mes lettres, sauf des sentiments, qui ne font pas de bon matériau s'ils ne sont pas lestés de quelque événement. Mais où en trouver[3] ? » Sa dépression tourne à l'hypocondrie, elle a peur de mourir. « Les choses n'iraient pas si mal si je n'avais pas la hantise des horribles crises de l'an dernier et de leurs effets. Je les sens, c'est trop bête, planer comme une épée de Damoclès au-dessus de ma tête. Dès que mon cœur commence à palpiter, je me dis, mon Dieu, ça y est, et je meurs les mille morts inutiles du lâche. » Elle note encore : « Je ne cesse de penser à ma mort, me la représentant continuellement. Je n'ose même plus croire à un retour à la maison, tant il me paraît certain que je mourrai avant[4]. »

1. M.St. à H.W., 9.6.1918/P.St.
2. M.St., *Journal*, 24.7.1918/P.St.
3. M.St. à sa mère, 22.7.1918/P.St.
4. M.St., *Journal*, 22.8.1918/P.St.

On sait que les relations de Margaret avec sa famille n'étaient pas toujours au beau fixe. Quand, cette année-là, et sa mère et sa sœur Hermine oublient son anniversaire, sa réaction, au-delà d'une ironie lourde, est révélatrice de tensions familiales latentes : « Bien sûr, ma très chère vieille, que je t'en veux énormément d'avoir oublié mon anniversaire. Comment faire autrement ? Prépare-toi à en entendre encore souvent parler. Je suis hélas habituée à être pour vous une quantité négligeable, et l'indifférence de ma famille à mon égard n'est pour moi rien de nouveau. Mais, laissons tomber ! », écrit-elle à Hermine, donnant ainsi voix à un ressentiment de longue date. Dans cette même lettre, très longue, de l'automne 1918, et à propos d'une comparaison entre ses frères Ludwig et Paul, Margaret tente une fois de plus de cerner les notions de « conscience », d'« intelligence » et d'« âme », objets de tant de discussions passionnées : « Ce que tu dis des garçons est tout à fait vrai, et je le pense aussi depuis longtemps. Pourtant je suis de l'avis, non, je suis persuadée que Luki aussi, comme nous tous, est d'abord un être de l'entendement, de l'intelligence. S'il est si différent de Paul, ce n'est que pour avoir reconnu (en usant de son intelligence) que l'âme importe davantage. Je ne sais pas si j'ai réussi à formuler clairement ce que je pense. Vois-tu, il y a des gens – au nombre desquels je ne compte même pas maman – qui sont bons, bienveillants, aimants, tolérants, parce qu'ils ne peuvent être autrement, et non par principe ou par sens du devoir. Je pense que, le Christ mis à part, Dostoïevski devait être de ceux-là. Puis il y a ceux qui, grâce à leur raison, reconnaissent le Bien comme le seul but digne d'être poursuivi ; Tolstoï par exemple, ou Saint Paul, ainsi que tous ceux qui se battent pour une bonne cause. Ceux-là sont en général beaucoup moins tolérants. Il est en effet évident que la raison ne peut qu'imparfaitement se substituer à la charité. Reste que c'est malgré tout ce qu'il y a de mieux à faire : si l'on n'est pas soi-même un artiste, au moins aimer l'art, si l'on ne peut être bon, au moins aimer le Bien. C'est en quoi Luki est dans la bonne voie et devance Paul (même si Luki n'est pas d'un poil meilleur que Paul). Quand je dis qu'il n'est pas "meilleur", je veux dire qu'il n'a pas un poil d'âme de plus que Paul. Ce qui manifeste la supériorité de l'âme sur la raison, c'est l'humilité, et d'humilité, nous en manquons tous[1]. » Margaret avait-elle déjà connaissance du *Tractatus logico-philosophicus*, dont Ludwig achevait en ce même automne la rédaction, lorsqu'elle a formulé ces remarques ? Nous n'en savons rien. Durant cette période, ses contacts directs avec Ludwig étaient plutôt rares, alors qu'elle correspondait abondamment avec Paul et Kurt.

LA FIN DE LA MONARCHIE – LA CAPTIVITÉ DE LUDWIG

L'humeur de Margaret est encore assombrie, en cet automne, par la tournure désespérée que prend alors la guerre pour son pays et par la perspective d'une fin imminente de la double monarchie austro-hongroise. Bien davantage que la plupart des femmes de son temps et de son milieu, elle suit les événements avec un intérêt passionné. Contrairement à l'opinion majoritaire dans son milieu, elle ne croit pas à une possible survie de la monarchie mais considère comme inéluctable l'avènement d'une république. Elle note dans son journal, de façon assez critique : « Les Autrichiens sont désespérés. Ils préféraient l'incurie d'antan au désordre actuel. Pourtant, au contraire de la première, celui-ci contient les ferments d'une vie nouvelle. Pour un pays aussi dépolitisé que l'Autriche, un président ne serait peut-être, au début, pas mieux qu'un monarque, mais ce serait un pas dans la bonne direction. Que les Autrichiens, dans le découragement qui est actuellement le leur, ne puissent voir cela, n'est guère étonnant. On ne vit pas impunément quatre ans durant dans un lieu confiné où l'air frais ne parvient qu'à travers le filtre salissant des journaux[2]. » Une ouverture d'esprit qui la conduit même à voir dans la social-démocratie une composante positive d'un nouvel État.

1. M.St. à H.W., 5.10.1918/P.St.
2. M.St., *Journal*, 5.1.1919/P.St.

Ce qui, en revanche, la préoccupe beaucoup, c'est la possibilité d'un rattachement de l'Autriche à l'Allemagne, qu'elle refuse absolument. La perte de la souveraineté autrichienne impliquerait à ses yeux la perte de son identité culturelle et son déclin dans le provincialisme. Dans une lettre un peu contournée – pour déjouer la censure –, elle s'en ouvre à sa sœur, avec le tempérament qu'on lui connaît : « Au vu de la situation actuelle, je n'arrive pas à comprendre la joie de Paul au sujet de son concert. Lui, qui ne cesse de mettre son patriotisme en avant, devrait être complètement paniqué. Je te le dis, à l'idée que nous pourrions être amalgamés à la patrie de Pott [l'oncle Paul Pott était originaire d'Allemagne], je perds le sommeil. Toute possibilité d'un renouveau, sur un sol nettoyé et assaini, toute possibilité d'un développement de notre nation, de son identité singulière, laquelle, même si on n'en parle jamais, existe, et bien plus que vous en avez conscience, vous qui baignez dedans, seraient réduites à néant ! Vienne s'ajouterait à la multitude de ces villes propres et sans caractère. [...] Ah, ma chère vieille, je pourrais verser des larmes amères à l'idée que les gens qui, en temps de paix déjà, ne cessaient de lorgner vers "là-bas", pourraient aujourd'hui l'emporter sur les vrais Autrichiens[1]. » Ce patriotisme, qu'elle ne craint pas d'afficher, est une pomme de discorde de plus avec son mari, qui, américain, penche naturellement du côté des vainqueurs et veut éviter toute difficulté avec les autorités de son pays. Margaret, elle, est outragée de l'ignorance dont font preuve les puissances occidentales à l'égard de son pays. Lorsque l'offre de paix adressée aux États-Unis en octobre 1918 par le gouvernement autrichien dirigé par Heinrich Lammasch se révèle un vain espoir, la catastrophe devient inéluctable.

Les événements se précipitent, entraînant dans ce qui semble être une course à l'abîme le destin de l'Autriche et celui de la famille Wittgenstein, qui s'est toujours identifiée à elle. Bouleversé par l'armistice, signé le 11 novembre, et le chaos qui s'ensuit, Kurt, l'aîné des fils encore vivants, met fin

1. M.St. à H.W., 7.1.1918/P.St.

à ses jours. L'officier qu'il est ne peut supporter la désintégration qui semble tout emporter autour de lui. Ludwig, comme des milliers d'autres soldats autrichiens du front d'Italie, est fait prisonnier près de Trente. Il transite d'abord dans un camp près de Come, puis sa trace se perd et on le croit disparu. Qu'on pense, en plus, à l'invalidité de Paul et à la part non négligeable de leur fortune sacrifiée au titre d'emprunts de guerre, il n'est pas exagéré de dire que les Wittgenstein auront bien mérité de leur patrie, acquittant même un prix particulièrement élevé.

Pour la mère, qui perdait ainsi son troisième fils, et pour ses enfants, le traumatisme est grand. Dans l'angoisse et le désespoir, tout est mis en œuvre pour tenter de retrouver Ludwig, au milieu de rumeurs qui font état de mauvais traitements et des conditions épouvantables qui règnent dans les camps de prisonniers. Margaret, installée en pays neutre, peut jouer un rôle décisif dans la mesure où il lui est plus facile d'entrer en contact avec les autorités étrangères concernées. Dans un premier temps cependant, le chaos généralisé et le flux d'informations contradictoires aggravent encore l'inquiétude. Le 21 novembre, Margaret confie à son journal : « Mauvais moments. Toujours sans nouvelles de Luki. Nuit et jour, le souci ne me quitte pas[1]. » Elle finit par apprendre que, contrairement à une première information, Ludwig ne se trouve pas, blessé, dans un hôpital de Bolzano, mais que l'on ne sait rien de plus. Elle écrit alors à sa mère : « Comme je te l'ai télégraphié, j'avais déjà entrepris les démarches nécessaires en ce qui concerne Luki. Tes indications précises sont d'une grande aide. J'attends maintenant des nouvelles rapides grâce à l'intervention du colonel von Pfyffer, propriétaire de notre hôtel, qui m'a promis de s'adresser directement à l'attaché militaire italien, avec lequel il est lié d'amitié. [...] Il est bien difficile d'avoir la patience nécessaire. Pour toi, ma pauvre mère chérie, c'est un supplice. Je ne sais pas ce que je donnerais pour pouvoir écourter ton

1. M.St., *Journal*, 21.11.1918/P.St.

attente et te faire part de la plus belle des nouvelles. Si cela au moins m'était donné. Tu le sais, n'est-ce pas, je fais tout ce qu'il est possible de faire[1]. » Margaret remue effectivement ciel et terre, fait jouer ses relations pour tenter de retrouver la trace de son frère. Mais, alors qu'on ne cesse de la renvoyer d'un endroit à l'autre, une missive de Ludwig fait surface en décembre. L'endroit où il est tenu captif reste cependant inconnu car les prisonniers ne cessent d'être déplacés.

Fin décembre, en dépit de la mobilisation de toutes ses relations, Margaret n'est pas parvenue à localiser son frère, comme elle l'écrit à sa mère : « Je n'ai rien appris de plus sur notre Luki. Aujourd'hui même, le colonel von Pfyffer m'écrit qu'il explore une autre voie, dans la mesure où, malgré tous les efforts de l'attaché militaire italien, la précédente n'a rien donné. À mon avis, c'est le règne de l'incurie la plus totale. Il y a un mois, j'étais parvenue à convaincre la Croix-Rouge internationale de bouger et d'envoyer à Rome un télégramme urgent – avec port payé pour la réponse. Malgré le don de mille francs destiné à stimuler leur énergie, j'attends encore de leurs nouvelles[2]. » Aux derniers jours de décembre, on apprend enfin que Ludwig se trouve à Bellagio. C'est à Margaret qu'il revient d'établir, grâce à ses relations, le contact et, surtout, de faire parvenir au prisonnier quelque argent, pour améliorer son ordinaire. Pendant plusieurs semaines cependant, l'argent expédié par sa famille ne parvient pas jusqu'à Ludwig. Et Margaret se voit contrainte de répéter à Vienne qu'elle n'a encore reçu aucune nouvelle de son frère. Léopoldine, au désespoir, écrit à son fils : « Si au moins nous avions le moyen de savoir que nos cartes postales, et surtout nos envois d'argent, te sont bien parvenus. Nous sommes très malheureux à l'idée que tu ne reçoives rien et que tu puisses croire que nous ne t'avons rien envoyé. Alors que Gretl t'a expédié de l'argent tous les quinze jours, Otto [Otto Franz, un cousin de Ludwig] et la banque aussi[3]. »

---

1. M.St. à sa mère, 20.12.1918/P.St.
2. M.St à sa mère, 20.12.1918/P.St.
3. Léopoldine W. à Ludwig W., 7.2.1919/BNA 1277/2-4.

De fait, durant les premiers mois de sa captivité, Ludwig en fut réduit à emprunter à ses compagnons d'infortune de quoi compléter les rations alimentaires du camp, très insuffisantes. Ce n'est qu'au début mars 1919, après qu'il a été transféré au mont Cassin, que parviennent à Margaret des nouvelles de Ludwig et la confirmation que l'argent est parvenu à son destinataire : « Mon petit Luki chéri ! Enfin deux cartes de toi ! Quelle joie ! Mille baisers et mille mercis. L'argent t'est enfin parvenu. C'est bien. Je vais en envoyer régulièrement, par l'intermédiaire d'une banque que le gouvernement italien a chargée de ce genre de transactions. [...] Quant à nous, nous allons bien. Sur le plan matériel, trop bien même, mais l'exil est pesant, difficile à supporter[1]. »

L'ACTION HUMANITAIRE ET L'AMITIÉ AVEC LA FAMILLE ROYALE GRECQUE

Comme le laisse deviner la remarque concernant son bien-être matériel, Margaret est bien consciente du désastre humanitaire qu'a engendré la guerre, en Autriche particulièrement, où la famine a fait son apparition depuis plusieurs mois. Tant que durait la guerre, elle ne pouvait, en tant que citoyenne américaine, rien entreprendre. Elle avait même dû promettre, sous la foi d'un serment, de n'envoyer aucun argent en Autriche, puissance hostile. Aussitôt l'armistice signé, en novembre 1918, elle décide de faire parvenir à son pays l'équivalent de 100 000 francs suisses de biens de première nécessité. L'entreprise se révèle aussi hérissée de difficultés que la recherche de Ludwig. Comme elle l'écrit à Hermine : « Je supporte mal de voir que mes démarches pour retrouver Ludwig sont encore sans résultat. Chacun promet le ciel et rien ne se passe. C'est toujours comme cela quand on a affaire aux autorités. Si tu savais à quoi se heurte ma tentative d'envoyer pour une somme importante une aide alimentaire

1. M.St. à Ludwig W., 2.3.1919/BNA 1275/25-4.

en Autriche ! C'est à devenir fou ! À commencer par la difficulté qu'il y a à obtenir des Américains une autorisation pour une telle action. Je compte bien réussir malgré tout, surtout si je parviens à persuader Jérôme de m'accompagner demain à Berne, pour secouer les gens là-bas *personnaly*[1] [sic]. » Pour aplanir les difficultés, Margaret et son mari proposent à l'envoyé américain, le Dr. Taylor, de verser la somme prévue à une organisation humanitaire américaine, qui se chargera elle-même de l'action, ainsi que de faire bénéficier un pays allié, en l'occurrence la Pologne, d'une aide similaire. Finalement, les Américains donnent leur accord à un convoi par train de lait condensé, pour une valeur de 100 000 francs, à destination de Vienne. Une quantité apte à couvrir les besoins journaliers de 4 000 petits Viennois durant un mois. Pour organiser la logistique, on fait appel à un membre de la mission autrichienne à Berne qui, au même moment, négocie avec la Suisse l'acheminement d'autres convois humanitaires, le conseiller Schwarz-Hiller. Celui-ci, au demeurant, fait sur Margaret la pire des impressions. De fait, le lait condensé parvient à Vienne au mois de février 1919. Alors que les autorités américaines ne manquent pas de remercier Margaret pour son engagement, la ville de Vienne, quant à elle, ne prend pas la peine de confirmer l'arrivée du lait et encore moins celle de remercier la donatrice, qui en est fort blessée. Il est vrai que l'opération ayant été exécutée par une organisation américaine, son rôle de donatrice avait, en quelque sorte, été éclipsé.

Comme si ces soucis, familiaux et patriotiques, ne leur suffisaient pas, Margaret et Jérôme se retrouvent un beau jour impliqués, malgré eux, dans un autre conflit politique. La famille royale de Grèce, elle aussi en exil, séjourne depuis juin 1918 à l'Hôtel National, à Lucerne, où demeurent également les Stonborough. Ce voisinage entraîne des contacts, activement recherchés par la famille royale, dont trois générations sont présentes à Lucerne : la vieille reine mère, ses fils et belles-filles ainsi qu'une ribambelle d'enfants dont plusieurs

1. M.St. à H.W., 25.12.1918/P.St.

sont du même âge que les fils Stonborough. Il s'ensuit des invitations, diverses fêtes enfantines et des liens d'amitié entre les enfants. Tommy semble même montrer les premiers signes d'un penchant amoureux pour une des petites princesses grecques. Même si les Stonborough sont flattés des avances que leur adresse la famille royale grecque, Margaret perçoit très vite que ces approches ne sont pas désintéressées : « La reine Sophie s'est annoncée et elle est restée deux heures. J'avais l'impression qu'elle voulait me demander quelque chose. Sinon pourquoi ces manifestations d'amitié ? Certainement pas *pour mes beaux yeux* [en français dans le texte]. On ne fit pourtant aucune demande. Ce qui ne m'empêche pas de penser qu'elle nous croit en contact avec quelque personnage influent de l'entourage du président Wilson et, grâce à cela, en mesure de lui rendre service. » Alors qu'elle s'entend plutôt bien avec la plupart des membres de la famille royale, elle ne peut pas souffrir la reine Sophie, femme de l'ex-roi Constantin Ier et sœur de l'empereur Guillaume II d'Allemagne. « Elle est si typiquement allemande, c'est-à-dire, prussienne ! Elle a cru devoir se défendre du reproche qui lui a été fait en Grèce, à savoir qu'elle était toujours restée l'"Allemande". Elle a étalé toute son amertume. J'ai clairement vu toute l'affaire : comment une personne issue d'un milieu convenable et voué à un ordre exemplaire avait atterri dans cet État balkanique, où elle n'avait jamais cessé de se sentir supérieure à tous et de le leur faire sentir. Comment elle avait fait venir des Allemands et tenté d'imposer la manière allemande de faire les choses. [...] Comment elle avait dû agiter son Guillaume de frère sous le nez des Grecs jusqu'à leur donner envie de vomir. Comment Athènes n'a jamais été pour elle autre chose qu'un trou poussiéreux[1]. »

Le soupçon de Margaret était fondé. Il fut bientôt clair que la famille royale grecque attendait des Stonborough qu'ils la mettent en contact avec le président Wilson. Une telle attente n'était pas réaliste : d'une part – et même s'ils l'avaient voulu –

1. M.St., *Journal*, 1.1.1919/P.St.

Jérôme et Margaret, en dépit de leurs nombreuses relations, étaient dans ce cas impuissants. D'autre part, c'est à eux au contraire que la fréquentation de la famille royale grecque finit par causer des problèmes. Début mars, Jérôme fut ainsi convoqué à l'ambassade des États-Unis où on lui signifia qu'en raison de leurs accointances avec ladite famille royale, l'attaché militaire américain soupçonnait les Stonborough de déloyauté et de manœuvres en faveur de la restauration de la maison impériale allemande. Au comble de l'indignation, dans un mélange linguistique qui dit assez son trouble, Margaret, à l'issue de l'entretien, énumère les reproches dans son journal : « Nous aurions d'étroites relations avec la famille royale, nous lui aurions fait des cadeaux, nous aurions l'intention de nous rendre en Amérique pour faire de la propagande en faveur du rétablissement de l'empereur Guillaume. [...] Jérôme n'a eu aucun mal à convaincre l'attaché de notre innocence. J'en ai rajouté en disant que nous devrions même exiger des excuses. Quand ce type nous conseilla de laisser tomber tous ces Grecs, je lui dis que mes principes me l'interdisaient, mais Jérôme céda tout de suite et il ne me resta plus qu'à déclarer *most emphatically* ma protestation. J'étais furieuse, *humiliated* et déprimée. J'avais envie de hurler[1]. » Par la même occasion, on lui fait savoir que l'autorisation de se rendre à Vienne, demandée aussitôt l'armistice signé, lui est à nouveau refusée. Pour apaiser les autorités américaines, les Stonborough décident de quitter l'Hôtel National. D'autant plus rapidement qu'il apparaît bientôt que c'est le directeur de l'hôtel lui-même, avec lequel ils avaient eu récemment un conflit, qui les avait dénoncés aux Américains. Si désagréable qu'ait pu être, sur le moment, un tel épisode, les contacts fréquents, et relativement intimes, avec la famille royale de Grèce donnèrent cependant lieu, plus tard, à des relations amicales durables avec certains de ses membres. Liens de nature purement privée, cela va de soi. Ainsi Margaret conserva-t-elle sa vie durant une relation d'amitié avec la princesse

1. M.St., *Journal*, 1.3.1919/P.St.

Marie Bonaparte, belle-sœur du roi de Grèce, qui se fit connaître plus tard comme élève de Freud et psychanalyste. Toutes deux agiront d'ailleurs de concert quand il s'agira de tirer Freud des griffes des nazis en le faisant sortir d'Autriche. De manière générale, les Stonborough, les fils de Margaret surtout, resteront toujours en contact avec « les Grecs » et leur parenté ; avec les Battenberg en particulier et leur branche anglaise, les Mountbatten.

Dans la hâte, trois jours à peine après l'odieuse entrevue avec l'attaché militaire américain, Margaret et Jérôme louent la Villa Schuhmacher à Tribschen, près de Lucerne. Selon toute vraisemblance, le séjour y sera bref mais Margaret se voit tout de même obligée d'aménager les lieux. Elle se met à la tâche avec l'énergie que lui insuffle toujours ce genre d'occupation et en oublie malaises et dépression. L'état lamentable de ce qu'elle décrit à sa mère comme « notre nouvelle station de transit », l'impossibilité, dans une Suisse elle aussi confrontée à des problèmes d'approvisionnement, d'obtenir les ressources indispensables, mettent au défi ses talents d'organisatrice. Au départ, rien ne fonctionne, ni le chauffage, ni la plomberie, ni la cuisinière. Très vite cependant, elle parvient à rendre la maison habitable. On engage un domestique, on arrange au mieux les meubles disponibles et l'on ne tarde pas à mener le genre de vie auquel on est habitué. Bientôt la musique fait sa réapparition et les premiers hôtes de ce nouveau foyer sont le violoniste Adolf Busch et son quatuor, comme Margaret l'écrit à Ludwig, encore en captivité : « Luki chéri ! Maman a reçu de toi de bonnes nouvelles, ce dont toutes les créatures se réjouissent. À Vienne comme ici, tout le monde se porte bien. Il y a peu, Busch a joué chez nous. La première bonne musique depuis un an. Un régal. Après la *Sonate à Kreutzer* et un Mozart, il a encore joué une sonate de Reger – dans le style ancien – qui m'est allée droit au cœur[1]. »

Les Stonborough, durant cette période, s'efforcent de soigner leurs relations avec les diplomates américains. Avec un

1. M.St. à Ludwig W., 24.3.1919, BNA 1275/25-6.

certain M. Grey, en particulier, consul à Berne, que Margaret a rencontré à l'occasion de l'envoi de lait condensé en Autriche. Elle se plaît à parler politique avec lui – la question d'un éventuel rattachement de l'Autriche à l'Allemagne est un des thèmes qui la préoccupent. On fait la connaissance d'un autre Américain, Julian White, qui, grâce à ses liens familiaux, va se révéler très utile. Son frère Henry, en effet, ancien ambassadeur des États-Unis en France, accompagne le président Wilson à la Conférence de la paix à Paris. Des contacts qui, bientôt, s'avéreront cruciaux. La vie en Suisse reprend peu à peu son cours normal, mais Margaret s'obstine à tenter d'obtenir le droit de se rendre en Autriche. Droit qui, à son grand désespoir, lui est refusé aussi longtemps qu'une paix séparée avec ce pays n'a pas été conclue. À quoi s'ajoute le souci pour l'avenir politique de l'Autriche : « La peur que Wilson cède le Tyrol du Sud aux Italiens me gâche la vie depuis quelques jours et me désespère[1]. » Margaret voudrait également poursuivre les envois de produits alimentaires vers l'Autriche mais ce sont les Suisses qui, cette fois, font des difficultés, arguant de la pénurie qui règne aussi dans leur pays. Le printemps 1919 est donc pour elle une nouvelle saison d'attente et de frustration.

Entre Margaret et sa famille, qu'elle n'a pas vue depuis deux ans, deux ans riches d'événements tragiques, le climat est loin d'être au beau fixe. Le fait qu'elle soit l'épouse d'un ressortissant d'une « puissance ennemie » alors que ses frères se battent au front n'arrange rien. Pour un peu, elle serait presque, aux yeux de sa famille, « de l'autre côté ». Cette manière de la traiter en étrangère, qui la blesse énormément, devient manifeste lors d'un incident avec Paul. Après la mort de Kurt et la captivité de Ludwig, Paul a endossé le rôle de chef de famille. Il a commencé par irriter sa sœur par ses indiscrétions à l'occasion de l'envoi de lait condensé à Vienne, en répandant ses critiques à l'égard des autorités américaines auprès de certains cercles viennois. Mais, surtout,

1. M.St., *Journal*, 5.5.1919/P.St.

disposant d'une procuration lui donnant la haute main sur les biens de Margaret restés en Autriche, il s'est permis, à son insu, de souscrire pour elle des emprunts de guerre autrichiens. Dans une lettre à ses frères et sœurs, elle leur exprime sa colère et sa déception, se montrant aussi, quelles que soient ses difficultés conjugales, d'une solidarité sans faille à l'égard de son mari. C'est moins la perte financière que l'éventuel danger que les actes de Paul pourraient faire courir à Jérôme qui la mettent hors d'elle : « Le bon Paul commet une action débile après l'autre. Il se donne des airs, se croit capable d'imiter papa, mais sans la moindre cervelle et en me mettant dans la pire des situations. [...] Que fait-il ? Il achète, sans me consulter ni consulter Jérôme, sans nous informer de rien, des emprunts de guerre en mon nom !! [...] Mais ce n'est pas tout, il en informe aussi les journaux, sans se demander une minute si – les autorités américaines l'apprenant – cela pourrait avoir pour nous des conséquences fâcheuses. Il n'a vraiment rien dans la tête. [...] Pour moi cela pourrait se borner à n'être que des vétilles ridicules mais pour Jérôme, ce sont autant de *casus belli*, et je le comprends, *because that's no way of doing business.* [...] Au reste, il me paraît naturel de prendre le parti de J[erôme[1]]. » Ces conflits familiaux se doublent d'un conflit politique : la famille viennoise est plutôt conservatrice et en faveur de la monarchie tandis que Margaret, plus ouverte au monde et à la modernité, ne cache pas une certaine sympathie pour la social-démocratie, comme elle le confie à sa sœur : « Je ne partage pas, mais alors pas du tout, – à toi je peux le dire – les positions politiques de Paul. J'ai vu, entendu, appris, lu et vécu tant de choses au cours de ces deux dernières années, que moi qui ai toujours eu un penchant pour le rouge suis devenue bien plus rouge encore. Je pense tout à fait autrement que vous tous, je le crains. Et je ne sais pas si je serai assez futée pour fermer ma gueule[2]. »

1. M.St. à H.W., 25.3.1919/P.St.
2. M.St. à H.W., 24.4.1919/P.St.

Margaret est d'une nature impulsive. Bientôt elle ne supporte plus l'attente, toujours déçue, de pouvoir se rendre à Vienne et les conflits avec sa famille qui, faute d'un contact direct, s'éternisent et s'enveniment. Elle fait une sorte de crise hystérique, qui a au moins le mérite de la contraindre à l'action. Se découvrant un nodule au cou, elle est certaine d'avoir un cancer mortel (à remarquer qu'il n'en sera plus jamais fait mention par la suite). Elle presse donc son mari de la laisser partir pour Vienne et de l'aider à obtenir enfin l'assentiment des autorités américaines. Grâce à sa « maladie », elle parvient en quelques jours à ses fins. Elle joue aussi habilement de la confusion qui règne dans l'administration autrichienne pour se faire délivrer un visa – pas tout à fait conforme semble-t-il. Les hostilités viennent en effet de cesser et les fonctionnaires de la monarchie abolie sont encore en place au moment où commencent à entrer en fonction ceux de la jeune république. Une situation que, pour l'heure, personne ne contrôle vraiment. Mi-juin 1919, Margaret prend enfin le train pour Vienne, accompagnée d'une domestique et chargée de produits alimentaires qu'elle veut passer en contrebande. Les contrôles et les fouilles interminables aux frontières, tant helvétique qu'autrichienne, l'attente des rares trains (il y a pénurie de charbon), font du voyage une aventure de plusieurs jours. À Vienne enfin, elle peut tomber dans les bras de sa mère et pleurer du bonheur des retrouvailles. Les jours qui suivent se passent à faire le tour de la parenté. Margaret retrouve la maison familiale de l'Alleegasse et découvre Neuwaldegg, dont elle peut admirer la rénovation signée Engelmann. Le ciel familial n'est cependant pas dénué de nuages et la relation avec Paul reste tendue comme elle le consigne dans son journal : « À l'Alleegasse, rien n'a changé : Paul, Mademoiselle Julie, plus tard Lenka, Maxl, Mariechen [sa sœur Hélène, le mari de celle-ci, Max Salzer, et leur fille Marie]. Maman et Minka [Hermine] m'ont paru vieillies. J'avais un sentiment d'irréalité totale, d'irréalité et de bonheur. Nous avons passé des journées entières à parler.

Et, le soir, grosses bagarres politiques avec Paul. Il ne jure que par l'armée et la monarchie. Quant à moi, je veux le moins possible de la première, je suis pour la république et pour l'éducation politique. À la fin, ce qui nous unit : le commun amour de la patrie[1]. »

La Vienne que Margaret retrouve après deux ans d'absence a beaucoup changé : pauvreté, tristesse et incertitude politique y règnent. L'agitation communiste et l'inflation galopante inquiètent une population déjà déstabilisée par quatre ans de guerre et l'effondrement de la monarchie austro-hongroise : « Lorsque je suis arrivée, Vienne ne m'a pas paru très différente, peut-être parce que je m'attendais à des changements considérables. Bien sûr, j'ai été tout de suite frappée par les prix monstrueux : par exemple, 1 200 couronnes pour un jambon, 300 pour un fiacre vers Neuwaldegg, 50 pour un trajet entre le Graben et l'Alleegasse, 70 pour une paire de bas ! J'ai aussi fini par remarquer dans la rue des types inquiétants, aux allures de criminels, comme je n'en avais jamais vu avant. Et aussi, l'absence totale d'optimisme, en fait le manque du plus petit espoir en l'avenir. Les gens vivent comme durant un tremblement de terre. Plus rien ne tient. Même ce qui paraît le plus solide peut soudain se mettre à vaciller. Qui est propriétaire d'immeubles ou de terrains peut se voir exproprié du jour au lendemain, qui possède des papiers-valeurs peut se les voir confisquer du jour au lendemain par l'État en échange de couronnes dévaluées. Ce que l'on a en liquide, la banqueroute de l'État menace de le réduire à rien. Pas étonnant que personne ne soit prêt à travailler sérieusement. Je ne crois pas à l'installation d'un conseil des soviets communiste à Vienne. La grande majorité des gens est trop opposée à la terreur. Pourtant, quand on apprend comment, à Budapest, il a suffi d'une poignée de personnes pour s'emparer du pouvoir et pour, jusqu'à ce jour, le conserver, cela donne à penser[2]. » Le bonheur des retrouvailles tempère heureusement la tristesse ambiante. Elle

1. M.St., *Journal*, 29.6.1919/P.St.

2. M.St., *Journal*, 29.6.1919/P.St. Allusion à la République des soviets installée à Budapest par Bela Kun.

rend visite à son oncle Albert Figdor, qui a toujours soutenu ses activités de collectionneuse par des conseils affectueux et compétents. Elle retrouve la famille Theiner, en charge de son domicile de la Krugerstrasse, et dont les enfants jouaient autrefois avec les siens. Elle va trouver son beau-frère, Max Salzer, au ministère des Finances et y fait la connaissance d'un de ses collègues, qui sera aussi son successeur au poste de chef de cabinet, le Dr. Oscar Wollheim, avec lequel elle sera liée sa vie durant. Elle travaillera notamment avec lui quand il présidera le Comité contre la pauvreté. Il devient aussitôt – et restera toujours – l'un de ses plus fervents admirateurs. Sans espoir d'être payé de retour, cela va sans dire.

Deux semaines plus tard, il lui faut repartir. Le chemin du retour n'est pas moins semé d'obstacles bureaucratiques que celui de l'aller. Margaret les déjoue cependant avec l'aisance souveraine qui est la sienne. Les difficultés soulevées par le passeport de sa bonne, Milada, devenue entre-temps citoyenne tchécoslovaque, montrent combien le démantèlement de l'empire a bouleversé d'un coup, jusque dans son quotidien, la vie de ses anciens sujets. Contourner, s'il le faut, les règlements est pour Margaret une manière de sport auquel elle s'adonnera toujours avec un certain plaisir. Un sport qui, plus tard, lui vaudra de connaître des situations très délicates. Pour cette fois, elle se contente d'exporter en fraude, cachés entre ses jambes, une partie des bijoux de famille.

Dans le cadre de la visite de Margaret à Vienne, une lettre d'Hermine à Ludwig a été conservée témoignant de la mésentente qui régnait alors entre Margaret et ce dernier. Hermine, la moins difficile peut-être des enfants Wittgenstein, celle qui sans cesse tente d'aplanir en eux les différends, s'y fait l'avocate de leur sœur : « Mais Greti est aussi la meilleure et la plus tendre des mères, pleine de chaleur et d'amour. Si seulement tu pouvais la voir. Malheureusement, il n'y a entre vous que des malentendus et cela, hélas, ne changera jamais parce que cela vient du plus profond[1]. » On

1. Hermine W. à Ludwig W., 12.6.1919, BNA 1276/2-8.

peut interpréter l'accent mis par Hermine sur les qualités maternelles de Margaret comme un indice de la nature du conflit. Il n'est pas impossible en effet qu'il ait porté sur leurs conceptions différentes de l'éthique et de la religion, rendues plus divergentes encore par l'expérience de la guerre vécue par Ludwig Wittgenstein. On imagine assez que celui-ci, au seuil de la vie ascétique qu'il s'apprêtait à embrasser, n'ait guère eu de sympathie pour le scepticisme, l'irréligiosité et le style de vie luxueux de sa sœur. Entre deux êtres à la personnalité aussi intransigeante et dominatrice, les heurts étaient inévitables. D'autant que Margaret n'était pas encore parvenue à se défaire de son agaçante condescendance de grande sœur.

Si bref qu'il ait été, ce séjour viennois marque un tournant. L'exil forcé pour cause de guerre est terminé. Dès son retour en Suisse, Margaret va jeter ses forces dans une nouvelle entreprise et sa vie va prendre une nouvelle direction.

IV
UN NOUVEAU COMMENCEMENT

MARGARET TRAVAILLE AVEC LES AMÉRICAINS

À son retour en Suisse, Margaret retombe, douloureusement, dans les mêmes problèmes domestiques : son mari ne tient pas en place, son aîné, Tommy, en pleine puberté, est très difficile, et l'avenir est des plus incertains. La perspective d'un retour définitif aux États-Unis, que paraît souhaiter Jérôme, l'inquiète plus que tout : « L'incertitude quand à nos projets d'avenir, à quoi s'ajoute l'inquiétude quand à l'avenir de l'Autriche me pèsent beaucoup[1] », note-t-elle en juillet. Impressionnée par la misère rencontrée à Vienne, elle voudrait absolument apporter son aide. Elle souhaite s'associer à une action helvétique pour la prise en charge d'enfants viennois, mais doit bientôt y renoncer en raison de l'instabilité de sa propre vie familiale.

Dans sa frustration, Margaret incite son mari à prendre contact avec l'une de ses connaissances américaines, Julian White, bien introduit auprès du gouvernement américain. Par son entremise, elle désire obtenir une entrevue avec

1. M.St., *Journal*, 24.7.1919/P.St.

Herbert Hoover, futur président, alors chargé du programme américain d'aide en faveur de l'Europe. Après beaucoup de tergiversations, la démarche de White finit par aboutir et la rencontre souhaitée a lieu mi-août à Zurich, où Hoover est de passage, dans le compartiment d'un train spécial qui avait appartenu à l'archiduc François-Ferdinand d'Autriche. Margaret en rend compte avec la spontanéité qui la caractérise : « Après de nombreux coups de fil, nous avons appris que Hoover arriverait à Zurich vers 18 heures. Il faisait affreusement chaud. Un jeune M. Taft – fils de l'ancien président – nous accueillit à la porte du wagon et nous conduisit au salon auprès de Hoover. J'étais terriblement *awed* et *excited* mais n'en laissai rien paraître. Hoover est *square, just a little fat.* Absolument calme, réservé et plutôt constipé. Il ne réagit pas à mon genre d'humour, ce qui me met dans l'embarras. Nous prenons place et il se met à discourir sur la misère, sur l'extrême complication de la situation politique et économique régnant en Autriche. [...] Je n'en pouvais plus : une heure ou plus s'était écoulée sans qu'on en arrive au sujet. Je me tenais là, découragée et étouffant de chaleur. [...] Hoover finit enfin par accoucher et nous proposa de nous rendre aux États-Unis pour inciter les immigrés d'origine autrichienne et allemande, qui, d'après lui, gagnaient bien leur vie, à envoyer leur obole au secours de leur mère patrie. » Les Stonborough firent remarquer qu'ils préféreraient agir en Autriche, Margaret affirmant : « [...] je suis et reste autrichienne, plus que jamais puisque tout va mal[1]. » Hoover, finalement, leur promet une fonction à Vienne.

Effectivement, l'*American Food Relief Commission* leur proposa un engagement aux termes duquel, après s'être rendus à Vienne, ils seraient chargés d'entreprendre une grande tournée de récolte de fonds aux États-Unis. Pleine d'enthousiasme, Margaret rapporte à sa sœur : « Oui, c'est vrai, il y a longtemps que je ne t'ai plus écrit, mais tu vas comprendre

1. M.St., *Journal*, 20.8.1919/P.St.

pourquoi quand tu apprendras la tortueuse histoire de ma vie. Voilà, je commence par la fin, par le coup de théâtre : nous venons à Vienne en tant que membres de l'*American Food Commission.* Comment je suis parvenue à ce résultat, assommant du même et unique coup une foule d'importantes mouches, fera pour toujours ma fierté. Mais reprenons au commencement : tu sais comme la situation en Autriche me touche, combien je suis à la torture de devoir rester ici sans pouvoir rien faire. Je n'ai cessé d'essayer d'obtenir de Jérôme qu'il m'accompagne à Vienne pour entreprendre quelque chose de sérieux. En vain. Il était fermement décidé à partir pour les États-Unis sans faire le détour par l'Autriche. » Après le récit de la rencontre avec Hoover, elle enchaîne : « Nous devrons d'abord œuvrer à Vienne, ensuite j'ai – oui, moi ! moi ! moi ! – une mission pour l'Autriche en Amérique ! Qu'en dis-tu ? Je suis aux anges et je me demande ce que tu vas comprendre à cette lettre écrite dans la hâte. Pour Jérôme, la pensée de travailler au service de son gouvernement est une bénédiction ; il nage dans la félicité. Nous serons à Vienne dans dix jours environ[1]. »

Dès la fin août, les Stonborough reçoivent leurs papiers et Margaret sa nomination en tant que Représentante spéciale de l'*American Food Commission.* Au même moment, Ludwig est libéré de sa captivité italienne et le nuage plombé qui, avec la guerre, avait paru recouvrir toute chose semble sur le point de se dissiper définitivement. Les Stonborough plient une nouvelle fois bagage, prenant congé de Lucerne, où ils avaient fini par se sentir chez eux. Aventureux, le voyage en train jusqu'à Vienne dure trois jours. Les étapes forcées, à Innsbruck et à Salzbourg, leur permettent de constater de leurs propres yeux le dénuement qui règne dans le pays. À Vienne, ils intègrent une équipe austro-américaine conduite par le lieutenant Stockton, dont la mission est d'organiser des campagnes de récolte de fonds tant en Autriche qu'aux États-Unis.

1. M.St. à H.W., 20.8.1919/P.St.

Dans le cadre de ce travail Margaret, en cet automne de 1919, rencontre de nombreuses personnalités du monde artistique et intellectuel autrichien, qui, comme elle, participent à cette œuvre d'entraide ou y sont de quelque façon associées. Le professeur Pirquet par exemple, pédiatre, auteur d'un système de mesure de l'alimentation infantile. Elle le trouve sympathique, de belle apparence mais, étonnamment, « *not very intelligent* ». En revanche, le rédacteur de la *Neue freie Presse* d'alors, Moritz Benedict, lui paraît « très intelligent, encore qu'affreux à voir[1]. » Son goût pour les beaux-arts et l'idée de les mobiliser pour une bonne action la guident vers Alfred Roller, décorateur de théâtre et graphiste, à qui elle propose plusieurs thèmes d'affiche. Elle parvient à obtenir de l'Opéra l'organisation d'une soirée de bienfaisance dont elle espère beaucoup. Elle est dans son élément et bouillonne d'idées. La dure réalité ne tardera cependant pas à la rattraper : beaucoup de ses plans s'avéreront irréalisables, en raison de la pauvreté elle-même ou de la complète désorganisation des pouvoirs publics.

C'est aussi le moment où Ludwig Wittgenstein, retour de captivité, décide de renoncer à sa part de l'héritage paternel, au bénéfice de son frère Paul et de deux de ses sœurs, Hermine et Hélène, pour devenir maître d'école à la campagne. On sait que les relations entre Ludwig et Margaret étaient alors tendues. Le fait est qu'il l'a omise dans la distribution de son héritage, ce qu'Hermine, qui à son habitude tente d'arranger les choses, voit comme une offense : « En vérité, je ne comprends pas pourquoi tu exclus Greti. Ce faisant tu la blesses gravement, non pas à cause de l'argent, mais parce qu'il est blessant d'être déshérité. S'il y a là-dessous quelque intention, c'est autre chose. Chacun en effet fait ce qu'il estime être juste, mais peut-être n'as-tu pas encore vu les choses sous cet angle. Si tu ne veux pas l'inclure, il te suffirait amplement de lui envoyer un mot, lui expliquant que tu ne veux pas la blesser, mais que tu le fais parce que nous, nous

1. M.St., *Journal*, 5.9.1919/P.St.

courons le risque de perdre nos biens, elle pas[1]. » Qu'il ait été dans les intentions de Wittgenstein de « punir » sa sœur ou qu'il ait seulement tenu compte du fait que la fortune de celle-ci, investie à l'étranger, était à l'abri, Margaret en tout cas ne semble pas lui en avoir voulu une seconde. Et rien ne laisse penser qu'elle se soit sentie blessée par sa décision. Elle se borne en effet à noter dans son journal : « Luki a distribué tous ses sous à Mining, Lenka et Paul. Il est devenu maître d'école. Quand il en a besoin, il leur demande de l'argent et vit dans une chambre minuscule à la Viaduktstrasse[2]. »

Margaret n'ignorait pas que son mariage avec un Américain – citoyen d'une puissance hostile –, de même que son long séjour à l'étranger l'avaient d'une certaine façon installée, aux yeux de ses frères et sœurs, dans le rôle de l'étrangère. Au demeurant, s'agissant des affaires d'argent, elle fera toujours preuve d'une générosité, d'une équanimité révélatrices d'une forme de détachement à l'égard des biens matériels. On se souvient qu'elle était loin d'avoir encouragé son mari à accepter l'emploi lucratif offert par les Guggenheim. Et l'avenir lui donnera l'occasion de mettre ce détachement à l'épreuve. Fondamentalement, elle admire la décision de Ludwig de renoncer à ses biens. À ses yeux, il devient par ce geste une autorité morale. Leurs conflits à répétition sont à mettre au compte du caractère impulsif de Margaret, comme elle l'admet elle-même : « Cher Luckerl ! Deux remarques que j'ai faites lors de notre dernière conversation me pèsent car elles ne correspondent pas à la vérité ; elles ne me paraissaient vraies que sous l'empire de la colère : 1) Il n'est pas vrai que tu n'es pas meilleur que moi, tu l'es ; 2) Il n'est pas vrai que je ne voudrais pas être à ta place, je préférerais être toi que moi[3]. »

On peut par ailleurs ajouter que le renoncement de Ludwig n'a peut-être pas été pour ses frères et sœurs aussi inattendu qu'il pourrait sembler. Quelques notes, retrouvées

1. Hermine W. à Ludwig W., sans date, automne 1919 BNA/1276/2-16.
2. M.St., *Journal*, 5.9.1919/P.St.
3. Cité par Brian McGuiness, *Wittgenstein, Familienbriefe*, Vienne, 1996, p.73.

dans les papiers d'Hermine, montrent que l'on discutait beaucoup, en famille, de la place à donner aux biens matériels. Hermine, pour sa part, juge positif un certain bien-être bourgeois, ne serait-ce que parce qu'il permet un mode de vie bien ordonné. Un avis que semble partager Margaret : « Margaret aussi, quand bien même elle est tentée par d'autres directions, a une conception bourgeoise de l'argent. Ce qu'elle montre par les dons qu'elle fait à l'Association [la Fondation des Wittgenstein contre la pauvreté], qui l'emploie de façon raisonnable. » Dans cette discussion, Paul Engelmann, leur ami, adopte, lui, une position résolument anti-bourgeoise et ne veut examiner l'argent que sous l'angle éthique, tandis que Paul défend l'idée que « l'être le plus noble est celui qui ne possède ni biens ni argent ». En conclusion, Hermine note que l'on peut concevoir trois types de rapport à l'argent : « l'argent bourgeois, l'argent moral et pas d'argent du tout[1]. » Le renoncement de Ludwig à l'argent de son père s'inspire à coup sûr de Tolstoï et de la tradition franciscaine, mais rien n'interdit de le voir aussi comme l'acte d'émancipation définitif à l'égard de la trop puissante figure paternelle. Et c'est bien ainsi qu'Hermine comprend ce geste lorsqu'elle évoque Grillparzer et sa pièce *Libussa* : « K.W. [Karl Wittgenstein, leur père] était tout Premysl, Ludwig presque tout Libussa[2]. » Premysl incarne dans cette pièce, selon Hermine, possessions, pouvoir et raison, tandis que Libussa représente le lien à la nature, la pauvreté volontaire et le refus du pouvoir.

MARGARET PART POUR L'AMÉRIQUE

Margaret poursuit son travail à Vienne jusqu'au mois de novembre. Au commencement de cet hiver 1919, les réserves de charbon font complètement défaut, au point que les cen-

1. Cahier d'H.W., [1919 ?]/P.St.
2. *Ibid.*

trales électriques ne tournent plus et que le service des tramways viennois doit être interrompu. Margaret se rend alors en Bohême pour tirer parti des contacts établis en son temps par son père avec l'industrie charbonnière. Grâce à elle, les livraisons de charbon de la nouvelle Tchécoslovaquie en direction de l'Autriche reprennent. Avant de quitter l'Autriche, elle réussit un dernier « coup », dont les circonstances ne nous sont malheureusement pas connues : il s'agit du sauvetage de précieux Gobelins ayant appartenu à la famille impériale, que la jeune république, dans son dénuement, cherchait à vendre à l'étranger. Grâce à leurs relations internationales, Margaret et Jérôme parviennent à réunir un crédit suffisant pour éviter la vente des tapisseries et permettre qu'elles restent en Autriche. Cette action n'est mentionnée qu'en passant dans les *Souvenirs* d'Hermine et Margaret, dans son *Journal*, n'en dit guère plus : « Le gouvernement autrichien veut brader tous les biens de la couronne. En particulier les magnifiques Gobelins. Von Enders [un haut fonctionnaire] a reçu pour mission de trouver 5 millions de dollars en deux semaines, faute de quoi les trésors seront offerts aux antiquaires de Paris et de New York, qui sont accourus pour cela à Vienne. Enders est désespéré, il ne sait pas quoi faire. Je l'ai tout de suite conduit auprès du colonel Camsey, que j'ai prié de rédiger pour moi un télégramme à l'adresse de Logan à Paris et de me soutenir[1]. » Son Journal s'arrête là : Margaret s'apprête en effet à partir pour les États-Unis, elle n'a plus le temps d'écrire.

Mi-novembre, les Stonborough, accompagnés de leurs deux fils, avaient en effet à nouveau quitté Vienne. La situation politique peu claire, l'extrême désordre des compétences dans un pays vaincu, dépouillé de son empire et qui venait de changer de régime, avait rendu leur entreprise très difficile. Le prolongement de cette activité en Amérique avait, au reste, été prévu d'emblée. Il est possible aussi que l'instabilité éternelle de Jérôme ait pesé dans la décision d'interrompre si

1. M.St., *Journal*, 17.12.1919/P.St.

vite le séjour viennois. On fait étape à Paris. Faute de la ratification par les États-Unis du traité de Saint-Germain, l'avenir de l'Autriche n'est pas encore scellé, ce qui contrarie Margaret, comme elle l'écrit à sa sœur : « Je suis à Paris, très mécontente. D'une part l'éternel report du départ en raison des grèves, d'autre part la situation horriblement incertaine de la Commission de la paix (à cause de la non-ratification américaine) qui rend impossible quelque décision que ce soit, ça va sur les nerfs. [...] Personne ne sait si c'est déjà la paix ou si c'est encore la guerre. Lorsque d'aventure quelqu'un s'avise enfin de donner un ordre, personne ne le suit. On m'a fait de grandes promesses en faveur de l'Autriche mais je crois qu'il faut travailler en Amérique même et je suis impatiente d'y aller. [...] Dans les cercles politiques, on a encore peur d'un rattachement à l'Allemagne[1]. » Julian White, grâce à ses contacts, se révélera à nouveau d'un grand secours et, début décembre enfin, les Stonborough s'embarquent à Boulogne en direction du Nouveau Monde.

Le voyage, dès le départ, s'avère placé sous une mauvaise étoile et il faudra toute l'énergie, toute la force de persuasion de Margaret pour sauver une entreprise qui paraît vouée à l'échec. La traversée elle-même est si tempétueuse que la plupart des passagers sont malades et que le *Rotterdam* accoste à New York avec quatre jours de retard. À peine débarqués, les Stonborough s'adressent à la presse. Ils transmettent aux journalistes le pressant appel à l'aide lancé par le chancelier de la jeune république autrichienne à l'Amérique et leur décrivent les conditions épouvantables qui règnent alors dans le pays. Fin décembre, leurs interviews paraissent dans plusieurs journaux. À l'exemple de celui-ci, publié sous le titre « L'Amérique, ultime espoir de l'Autriche affamée » : « Arrivés voici quelques jours à la demande d'Herbert Hoover pour prendre part à l'action d'entraide en faveur de l'Autriche, M. et Mme Stonborough ont déclaré hier qu'une grande partie de la population de Vienne ainsi que d'autres régions du

1. M.St. à H.W., 30.11.1919/P.St.

pays était menacée de mourir de faim d'ici quelques semaines si rien n'était entrepris. [...] Ils ont loué le travail du Fonds pour les enfants d'Europe (*European Children's Fund*) et demandé l'envoi immédiat de cargos de vivres. "La situation qu'a décrite le chancelier Renner à Paris devant les Alliés n'était en rien exagérée, a souligné Mme Stonborough, le peuple meurt lentement de faim. Comme tous ses voisins d'Europe centrale, l'Autriche se tourne vers l'Amérique comme vers son seul espoir de salut"[1]. » L'article décrit ensuite comment l'aide doit être organisée. Dans la mesure où une grande partie de l'infrastructure du pays est paralysée et qu'il n'est pas possible de faire des envois privés, on proposera aux Américains d'acheter, pour dix dollars la pièce, des sortes de « bons de ravitaillement ». L'argent ainsi récolté sera employé à l'achat de vivres qui seront acheminés en Autriche et distribués à la population à partir de dépôts gérés de façon centralisée.

Mais, quelques jours plus tard, Jérôme sombre dans la plus grave de ses dépressions à ce jour. Poursuivi par des idées noires et par une sorte de manie de la persécution, il est au bord du suicide et ne se remettra qu'au terme d'un long traitement. Comme toujours, Margaret, toutes affaires cessantes, se tient aux côtés de son mari, organise les soins. Ses projets, si urgents, passent au second plan et sont remis à plus tard. Qui peut dire d'ailleurs si ce n'est pas cela que visait la crise de Jérôme, fût-ce inconsciemment. Mesurés à sa propre faiblesse, à son incapacité à se décider, l'engagement et l'énergie de sa femme lui étaient peut-être insupportables. On peut presque le lire entre les lignes du compte rendu de Margaret à sa sœur Hermine : « L'état de Jérôme s'est beaucoup amélioré. Le jour, il se sent presque tout à fait bien, mais les nuits sont encore mauvaises. J'avais espéré que le succès de mon travail le pousserait lui-même à l'action. [...] Il y a quelques jours, par exemple, j'ai parlé de l'Autriche devant un très grand nombre de personnes. Tout s'est bien passé et c'était même un grand succès. Jérôme avait l'air de s'en réjouir aussi, mais

1. Coupure d'un journal américain non identifié, 22.12.1919/P.St.

il a eu ensuite une réaction violente et une mauvaise nuit. De moi, ce que je peux dire c'est que physiquement tout va bien. Quant à l'âme, je suis heureuse par moments, quand je crois être en mesure de faire quelque chose pour l'Autriche, mais malheureuse à cause de l'état de Jérôme[1]. » En plus des conférences qu'elle donne, Margaret fait publier dans les journaux des encarts publicitaires en faveur des enfants d'Autriche, qui évoquent singulièrement à nos yeux d'aujourd'hui les appels à l'aide en faveur des enfants du tiers-monde.

Mais tout cela fait que le « *Goodwill Tour* » prévu ne cesse d'être reporté. À quoi s'ajoute qu'Herbert Hoover, qui vient d'annoncer sa candidature à la présidence des États-Unis, n'est plus disposé à promouvoir une action d'entraide, pas vraiment populaire, en faveur d'un pays encore récemment ennemi. Les missives de Margaret à Vienne reflètent ces contretemps : « Mon travail allait plutôt mal. Je ne pouvais pas abandonner, ce qui aurait conforté Jérôme dans sa folle idée que plus personne ne veut avoir à faire avec lui, mais je n'avais ni le temps ni la paix nécessaires pour faire vraiment quelque chose. Avec les gens du bureau de Hoover, c'était particulièrement dur. [...] Je ne sais pas ce qu'ils ont pensé de nous, mais c'est un miracle qu'ils ne m'aient pas jetée dehors. Je te raconterai un jour de vive voix comment je me suis débrouillée pour garder la tête hors de l'eau. J'ai maintenant obtenu une certaine position et Miss Jane Addams, qui dirige toute l'assistance sociale aux États-Unis, m'a priée d'aller parler à Chicago[2]. » Ce nouveau contact semble le bon et peu après, Margaret, toute fière, peut écrire à sa mère : « Je pars lundi avec Jérôme, Tommy et son précepteur pour Chicago. Je dois y parler, ainsi qu'à Pittsburg, au retour. Dimanche, je vais même m'exprimer en chaire. Pour te donner une idée de la variété de mes contacts ici, sache que, hier matin, j'ai tenu conférence avec les quakers, qu'à midi j'ai déjeuné avec le chef des pompiers de New York et que l'après-midi j'ai eu une audience auprès du général des jésuites. Les premiers

1. M.St. à H.W., 12.2.1920/P.St.
2. M.St. à H.W., 9.3.1920/P.St.

sont très coopératifs mais peu puissants, le deuxième a lancé un appel aux corps de pompiers de toute l'Amérique en leur demandant d'envoyer une aide alimentaire aux pompiers viennois (il a déjà récolté une somme énorme) ; quant au troisième, il détient un pouvoir considérable que je suis très heureuse d'avoir pu gagner à notre cause. Il m'a donné une lettre de recommandation pour l'archevêque de Chicago, devant lequel je dois me présenter, selon les dernières instructions papales [sic], vêtue de noir de la tête aux pieds. Quel charivari ça va être[1] ! » De tels commentaires sont typiques : Margaret est certes catholique et, comme telle, soumise aux prescriptions vestimentaires de son église, mais elle ne se sent pas moins extérieure à l'institution, prête même à s'en moquer un peu. Son engagement lui est dicté par des considérations morales et par un vif sentiment patriotique, comme le montre son récit ému d'une de ses interventions lors d'un service religieux à New York : « Dimanche dernier, j'ai parlé dans une église pendant le service religieux. Le pasteur m'avait laissé la moitié de son temps de parole. Le moment où je me suis tenue devant l'autel, où je me suis mise à haranguer l'église pleine, me chauffant au son de ma propre voix et sentant le public se réchauffer lui aussi, était comme un rêve. Puis, lorsque je me suis assise à nouveau, le chœur a entonné notre hymne national qui, de fait, est un psaume anglais, et je me suis retrouvée en larmes, chantant à pleine voix le texte en allemand. Ayant dû partir immédiatement après pour Chicago, je ne sais pas si le choix de notre hymne national était un hasard ou une attention de ce très chaleureux pasteur. À la sortie de l'église, des centaines de personnes se sont précipitées vers moi pour me serrer la main, me donner de l'argent. Dehors, c'était une magnifique journée de printemps et Jérôme, les enfants et moi sommes rentrés à la maison dans la meilleure des humeurs[2]. »

Fin mars, les Stonborough entament enfin leur « *Goodwill Tour* ». Premier arrêt Chicago, où Margaret obtient un vif

1. M.St. à sa mère, 19.3.1920/P.St.
2. M.St. à H.W., 25.3.1920/P.St.

succès. Parce qu'elle vient d'une famille autrichienne connue, les journalistes n'hésitent pas à faire d'elle une « comtesse » qui, « aussi convaincante que belle », tire tous les cœurs après elle. De fait, les sommes qu'elle récolte sont importantes. Sans exclusive, sans se sentir liée à une religion donnée, elle tient ses conférences – qu'elle rédige elle-même – dans les lieux de culte les plus divers, dans les clubs, le Rotary par exemple, et les locaux des associations féminines. Elle parle lors de galas de bienfaisance, de concerts symphoniques, ambassadrice enflammée d'une Autriche dont elle s'entend à décrire de la façon la plus évocatrice l'état misérable. « La comtesse demande de l'aide pour les bébés affamés d'Autriche », titre le *Chicago Tribune*, poursuivant : « Mme Stonborough, une comtesse autrichienne qui a participé aux secours organisés par Herbert Hoover, est ici avec son mari américain pour nous décrire la capitale autrichienne affamée où, pour prendre un exemple, le 8 février dernier, le nombre de décès s'est élevé à 1 026, le nombre des naissances à 8 seulement. "Ce qui dit tout", selon Mme Stonborough qui, sympathique et dotée d'une grande force de conviction, a déjà récolté des milliers de dollars pour les gens de son pays[1]. »

Et Margaret peut écrire à sa mère : « Je suis très contente des résultats de notre voyage. Il a fait beaucoup de bien à Jérôme ; quant à moi, j'ai parlé sept fois en public durant les dix derniers jours. J'ai ainsi ouvert les yeux à quelques milliers de personnes sur les conditions de la paix en Autriche, ouvert leurs cœurs, leur porte-monnaie aussi. L'argent est arrivé en quantité. À la seule grande synagogue, où j'ai parlé pendant le service religieux du dimanche de Pâques, j'ai reçu 1 200 dollars. Grâce à toi j'ai rencontré Casals [le violoncelliste Pablo Casals], qui m'a très chaleureusement demandé de tes nouvelles, ce qui m'a fait du bien. Je crois que je vais parvenir à lui faire donner un concert au bénéfice des enfants de Vienne[2]. » Margaret et sa famille restent à New York jusqu'en juin 1920. Les contacts avec la famille de Jérôme, les Guggen-

1. Coupure du *Chicago Tribune*, s.d./P.St.
2. M.St. à sa mère, 8.4.1920/P.St.

heim en particulier, restent cependant distants, malgré un séjour de près de six mois. Margaret ne cesse de se déplacer pour visiter les villes de la côte Est, Boston, Detroit, Philadelphie. Elle s'adresse à des quantités de gens, « captive son audience » avec ses récits dramatiques de la famine autrichienne. Il lui plaît de tenir les foules en haleine par la force de sa parole et un charisme dont elle sait jouer.

Sa campagne bénéficie aussi des relations nouées de longue date par les Wittgenstein avec d'autres familles de grands industriels, en Autriche même. Ainsi les Wittgenstein étaient-ils liés avec les Rosthorn, une dynastie d'industriels plus ancienne que la leur. Et Margaret, lors de son séjour aux États-Unis, était en contact étroit avec l'une des filles Rosthorn, qui avait épousé un Américain du nom de Bacon. Parallèlement, à Vienne, l'une des meilleures amies d'Hermine était Hélène Lecher, une autre fille Rosthorn. C'est avec elle qu'Hermine avait, durant la guerre, mis sur pied un hôpital pour soldats à Grinzing, dans les faubourgs de Vienne, qu'elles transformeront ensuite en un centre de jour pour enfants de santé fragile. C'est par l'intermédiaire de ce centre que sera distribuée une grande partie de l'aide en provenance d'Amérique. L'« Association contre la pauvreté », fondation de la famille Wittgenstein, en recevra aussi une part. Membre de la direction de cette association, où elle travaillait là encore en étroite collaboration avec Hélène Lecher, Hermine pouvait donc informer très précisément Margaret sur le déroulement des opérations de distribution comme sur les besoins spécifiques de certaines parties de la population viennoise. Le courrier échangé par les deux sœurs durant cette période prend dès lors un tour quasiment professionnel.

Une fois leur travail accompli, les Stonborough avaient souhaité entreprendre un voyage d'agrément dans le Wyoming, en compagnie du couple Bacon dont les deux garçons s'entendaient bien avec les leurs. De fait, ils partiront seuls, séjournant quelques semaines dans un ranch. L'aventure plaît beaucoup à Margaret, qui en fait des récits enthousiastes à sa sœur : « La région ressemble beaucoup à la Hochreit : la même complète solitude, la même nature sauvage, mais aussi le même type de paysage. Il y a tant de vallons, de crêtes, de ravins, de fossés que le regard découvre toujours de nouvelles perspectives. Ma chérie, c'est magnifique ! Et il n'y a pas de pente si escarpée, de rivière si profonde qu'un cheval ne puisse les franchir. Hier, j'ai aperçu un coyote, aujourd'hui un serpent à sonnette. J'étais à cheval et je ne l'ai remarqué qu'au moment où le cheval s'est cabré devant le crotale dressé et crépitant. J'étais fascinée. On voit aussi des quantités de chiens de prairie, d'oiseaux étranges. La flore est magnifique et inconnue. Les pentes sont couvertes de bosquets de tournesols sauvages, de pieds d'alouette, de lupins. Les fleurs ne poussent pas mélangées, comme chez nous, mais en massifs. La roche est rouge et les arbres – plutôt rares – sont des pins autrichiens [sic]. Demain nous partons camper pour une dizaine de jours avec chevaux, tentes et tout le barda. Trois hommes du ranch nous accompagnent, ainsi qu'un guide réputé. Nous nous réjouissons beaucoup. Nous sommes sous le charme des étendues sauvages[1]. »

RETOUR À VIENNE – UNE NOUVELLE ADRESSE

Fin juillet, les Stonborough réembarquent pour l'Europe. Ils sont de retour à Vienne au début du mois d'août. C'est, pour Margaret, la fin d'une errance de près de quinze ans. Dorénavant, même si elle ne renonce pas à voyager, son domicile restera Vienne, avec, naturellement, des séjours réguliers dans sa demeure de Gmunden en Haute-Autriche. En 1939, il est vrai, les événements lui imposeront un nouvel exil.

En raison de la vente de la maison de la Krugergasse, où Margaret avait installé leur dernier appartement viennois, les Stonborough doivent à nouveau déménager. De 1921 à 1929, la famille occupera un étage du Palais Schönborn-Batthyány, Renngasse 4, au cœur de la vieille ville de Vienne. Une demeure presque « familiale » dans la mesure où l'on y

1. M.St. à H.W., 18.6.1920/P.St.

cultivait un style de vie aristocratique, mais surtout parce qu'on y était lié d'étroite amitié avec la famille Schönborn. Jérôme aurait même, selon la rumeur, entretenu une liaison avec une dame de l'entourage du maître de maison, le comte Franz von Schönborn-Buchheim. Au cours des ans, le fils de celui-ci, Georg von Schönborn, sera inclus dans le cercle des « protégés » de Margaret et ce lien durera jusqu'à la mort de celle-ci.

Durant ces années relativement paisibles, Margaret va s'efforcer de renouer avec sa vie d'antan, tenter d'oublier l'exil, la guerre et le bouleversement du monde qui a suivi. Son salon va devenir un des hauts lieux de la société viennoise. Un salon ouvert, où l'on reçoit les politiciens socialistes aussi bien que la haute noblesse. Où se retrouvent également artistes et intellectuels. L'Autriche d'après-guerre est certes réduite à l'insignifiance d'un État-croupion, mais la vie intellectuelle y bouillonne encore, grâce à la présence de Freud, de Karl Kraus, des musiciens de la deuxième École viennoise autour d'Arnold Schönberg, des philosophes du Cercle de Vienne autour de Moritz Schlick – pour n'en nommer que quelques-uns. Selon la tradition familiale, on y donne de la musique de chambre, on y fait du théâtre. Margaret en est la figure centrale, grâce à son rayonnement et à une élégance qui dicte jusqu'au choix de ses luxueuses automobiles. Le contraste ne saurait alors être plus extrême entre son mode de vie et celui que vient d'adopter son frère Ludwig qui, retour de guerre et s'étant défait de sa fortune, s'est retiré en province pour devenir instituteur de village. Leur relation, faut-il s'en étonner, reste des plus tendues. Le succès de ses entreprises américaines a conforté l'ego d'une Margaret qui n'a jamais manqué d'assurance, tandis que son frère doit, au même moment, porter l'échec de ses efforts pour faire publier son *Tractatus*. Hermine, qui voue à tous deux une admiration infinie, tente sans cesse de se faire passerelle entre eux, comme en témoigne cette lettre adressée à Ludwig qui enseigne alors à Trattenbach : « J'étais hier avec Greti et j'étais absolument sous le charme. Je sais, hélas, que vous ne parviendrez jamais à vous entendre, mais, quant à moi, j'étais heureuse de trouver tant de choses en Greti. Il n'y a qu'une façon de faire, la prendre comme elle est. Et, en dépit de tout, il y a en elle des trésors que moi aussi je finis par oublier quand je ne la vois pas pendant un certain temps[1]. »

Nonobstant ses conflits avec Ludwig, Margaret goûte infiniment les retrouvailles avec sa famille, sa mère et ses frères et sœurs. Comme autrefois, on se retrouve pour faire de la musique ; Paul se produit avec Elsa Stradal, une amie de la famille. On monte en famille des représentations théâtrales sans regarder à la dépense quand il s'agit de faire tailler des costumes ou imprimer des programmes. Au printemps 1921, on met en scène un *Prince de Hombourg* dans lequel Margaret et ses deux fils se produisent. Nouvelle occasion pour Hermine de plaider auprès de Ludwig la cause de leur sœur : « La représentation de *Hombourg* semble à mon grand plaisir avoir été très réussie. Le spectacle a plu à tous et je m'en réjouis vraiment. Selon Lenka, qui en est encore tout émue, son costume était très beau et tout a été très admiré. Il paraît que Lenka et Gretl ont en effet très bien joué. Paul, dont tu sais qu'il est plutôt prévenu contre elle, a été particulièrement impressionné par le jeu de Gretl. Je me demande ce que tu en aurais pensé[2]. »

La jeune génération prend une part croissante aux activités sociales de la famille. Margaret organise toutes sortes de fêtes et de manifestations pour ses deux fils, Tommy et John, et leurs innombrables cousins et cousines. Les deux frères Sjögren, Talla et Arvid, font bientôt partie de leur cercle. L'amitié entre les Sjögren et les Wittgenstein remonte à Karl qui, en son temps, avait financé le voyage d'études de Carl Sjögren, le père de Talla et d'Arvid, aux États-Unis. Le jeune ingénieur suédois avait ensuite été engagé par Karl pour diriger l'une de ses entreprises. À la suite de son décès prématuré, sa veuve, Mima – qui semble avoir été une jeune femme charmante, intelligente et sympathique – et leurs deux fils avaient été quasiment adoptés par la famille Wittgenstein.

1. H.W. à Ludwig W., s.d., automne 1920, BNA/1276/3-1.
2. H.W. à Ludwig W., 6.4.1921/ BNA/1276/3-6.

Léopoldine aimait beaucoup la jeune femme qui devint l'une des meilleures amies d'Hermine. Margaret elle-même, pourtant prompte à la critique, l'appréciait et n'en disait que du bien. Ses deux fils, un peu plus âgés que ceux de Margaret, seront toujours bienvenus chez elle.

Ludwig avait lui aussi de l'affection pour Mima Sjögren. Il avait même brièvement habité chez elle durant sa formation d'instituteur. Une cohabitation à laquelle il avait brusquement mis fin, dans des circonstances qui sont restées obscures. Mima était-elle tombée amoureuse de Ludwig, comme le laisse entendre une lettre de ce dernier à Engelmann ? Le fait est que Ludwig était conscient, et malheureux, d'avoir blessé Mima. L'affaire était délicate et Margaret, comme souvent, s'employa à réparer les pots cassés en organisant une fête pour apaiser Mima. Plein de remords, Ludwig demanda à Hermine d'acheter en son nom un bouquet de fleurs et d'y suspendre [sic] une batterie de cuisine en aluminium, lui indiquant même l'adresse de la boutique où elle devait se procurer les ustensiles. Mima, au demeurant, faisait partie du très petit nombre d'élus autorisés à lui rendre visite dans les villages retirés des Préalpes de Basse-Autriche où il était maître d'école. Un privilège qu'il dénia longtemps à sa propre famille. Entre Ludwig et Arvid, l'un des fils de Mima, très tôt orphelin de père, un lien très fort s'était noué, oscillant entre la camaraderie et une relation de père à fils. Le charisme de Ludwig, le sens pédagogique acquis dans l'exercice de son métier, faisait de lui, quand il séjournait à Vienne, une figure paternelle appréciée par tous les membres de la jeune génération du clan Stonborough-Wittgenstein. À peine entré dans la trentaine, il était plus jeune que leurs parents et de ce fait plus proche et plus accessible.

Les Sjögren vivaient modestement et il n'est pas surprenant qu'Arvid, alors âgé de dix-huit ans, ait été fasciné par l'ambiance quasi féodale de la maison Stonborough. Il acceptait volontiers les invitations à l'Opéra de Tommy et se rendait avec non moins de plaisir aux fêtes d'anniversaire du petit John, comme il l'écrit à Ludwig : « J'étais hier chez les Stonborough pour un bal d'enfants. Je n'ai pas dansé, je n'ai fait que manger ; ce qui a beaucoup irrité Paul, qui était aussi présent. Il y avait aussi un magicien et un ventriloque, excellents tous les deux. » Dans la même lettre, il apparaît que les réunions familiales dominicales, objets de la nostalgie de Margaret dans son exil, n'étaient pas toujours des plus paisibles : « Récemment, j'ai assisté à la bataille du déjeuner à l'Alleegasse. Dans la mêlée, Mademoiselle Baumeier [une pianiste, amie de la famille] qui, Dieu sait pourquoi, a bondi sur ses pieds, s'est retrouvée par terre. Jérôme a dû la tirer de là. Par quoi tu vois que les disputes prennent parfois de belles dimensions[1]. » Cette lettre, comme d'autres sources, montre que Jérôme était alors pleinement intégré dans la vie de la famille, en dépit des conflits et malgré les préjugés de sa belle-mère Léopoldine et de sa belle-sœur Hermine. Pourtant, c'est durant cette période qu'un changement survient dans la vie conjugale, depuis longtemps perturbée, de Margaret et Jérôme. Celui-ci, toujours instable, s'ennuie autant à Vienne – qu'il trouve provinciale – qu'à Gmunden. Il regrette l'atmosphère de la bonne société parisienne. Margaret, quant à elle, ne veut plus d'une vie de nomade. On en vint donc à la solution de domiciles séparés, d'étroits contacts étant cependant maintenus : Jérôme viendrait plusieurs fois par an en Autriche, Margaret irait de même le trouver à Paris ; et l'on entreprendrait encore des voyages ensemble. On ne sait pas avec certitude si cet arrangement s'est imposé peu à peu ou s'il a résulté du scandale causé par la révélation d'une liaison de Jérôme avec une dame de la société viennoise, comme l'affirmait encore peu avant sa mort le major John Stonborough, leur fils cadet. Si cela avait été le cas, il est certain que Margaret aurait voulu préserver les apparences. De plus, quelles qu'aient été leurs incompatibilités, elle n'en était pas moins profondément attachée à Jérôme. À ses yeux, il était plus faible qu'elle. Jamais elle ne l'abandonnera, se montrant toujours attentive et prête à venir le conforter.

1. Arvid Sjögren à Ludwig W., s.d., début des années vingt/BNA/1275/17-11.

1
Karl Wittgenstein / Photo Schmutzer.

2
Léopoldine Wittgenstein.

3
Margaret, âgée de quatre ans (en haut), avec sa sœur Hélène (à droite) et son frère Rudi (à gauche).

4
Fête costumée à Neuwaldegg (Margaret est la deuxième en partant de la droite) / Photo Schmutzer.

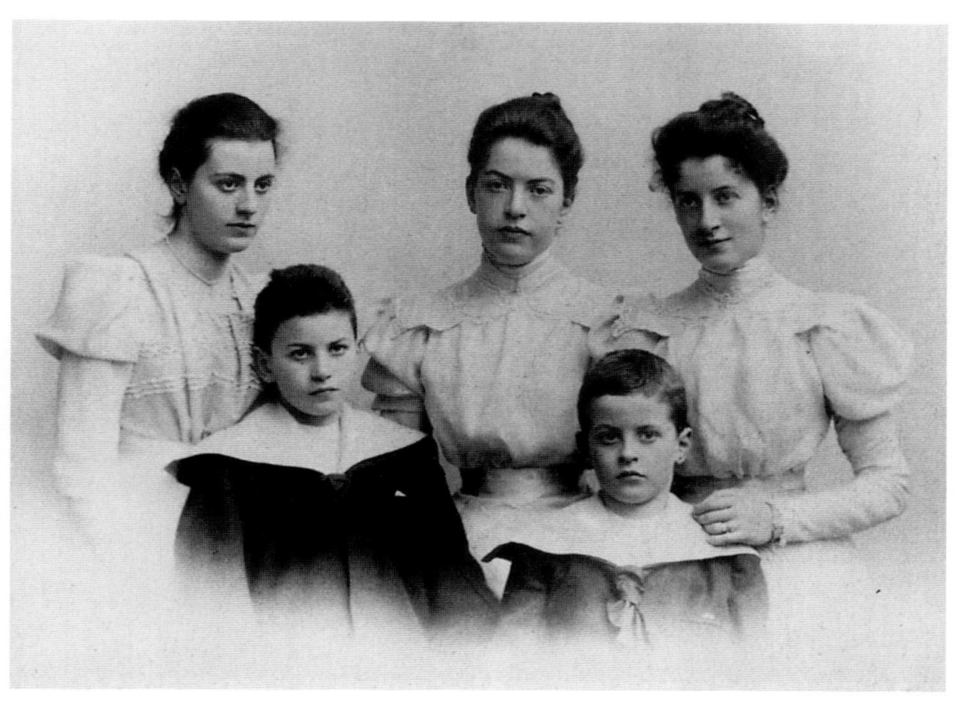

5
Margaret, Hélène et Hermine, avec leurs frères Paul et Ludwig (de gauche à droite), en 1896.

6
Discussion avec les frères Zitkosky, de gauche à droite :
Harry (?) Zitkovsky, Rudi Wittgenstein, Willi (?) Zitkovsky et Margaret, en 1900.

7
Margaret, jeune femme (sans date).

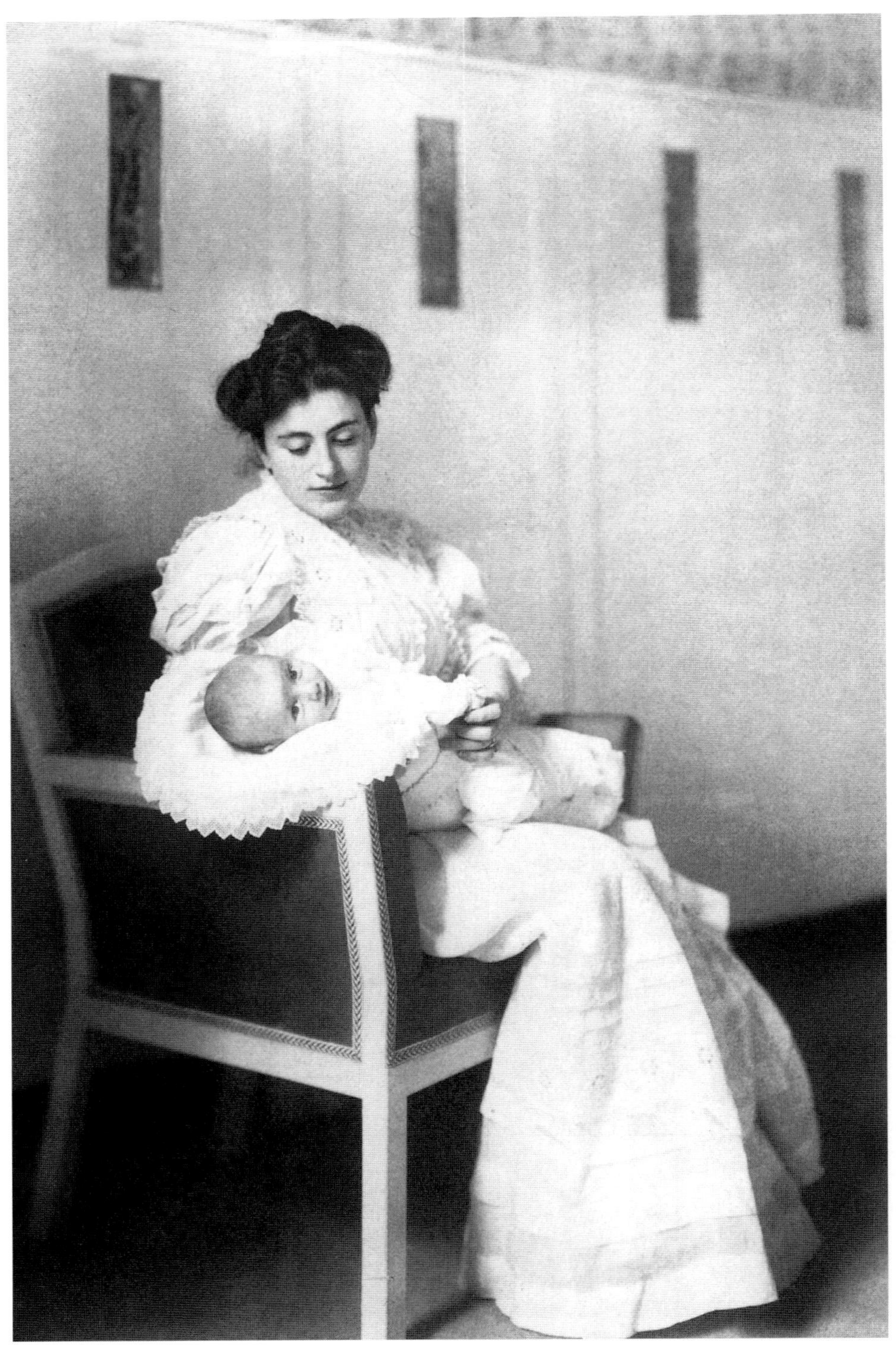

8
Margaret et son fils Tommy dans l'appartement berlinois, 1906.

9
Margaret à l'époque de son premier exil, avec ses fils John et Tommy. Lausanne, 1917-1918.

10
Intérieur de la Villa Toscana à Gmunden.

11
Coupure de presse évoquant l'action caritative
de Margaret aux USA, Chicago printemps 1920

12
Anton Hanak, ébauche d'une statue
de Margaret Stonborough, 1925

Here to Plead Cause of Austria's Starving Children

Mrs. Jerome Stoneborough. Photo by Internatioanl Film Service.

COUNTESS ASKS AID FOR HUNGRY AUSTRIAN BABES

Tale of Actual Starvation in Vienna to Be Put Before Chicago Audiences.

A iVennese mother standing in line for a can of milk for her baby—the meager dole in the starving Austrian city—stole another can. They arrested her.

"I'm not a thief," she sobbed. "I knew it was wrong—there are so many other babies, but I can't bear to see my baby dying before my eyes—I can't bear it——"

"Of course she was released," says Mrs. Jerome Stoneborough, Austrian messenger of pleading, "but her plight is that of thousands and her story as heartbreaking as thousands told every day."

Mrs. Stoneborough, an Austrian countess, is here with her American husband and son, fresh from relief work with Hoover, and she has a tale to tell to Chicago o fthe starving capital where thee deaths Feb. 8, for instance, were 1,036, and the births, eight.

"That tells the story," she says in her eager, sympathetic way that already has won thousands for her people.

On Friday, after the regular symphony concert, she will make a brief plea to the audience in Orchestra Hall. Her big massmeeting is yet to be announced.

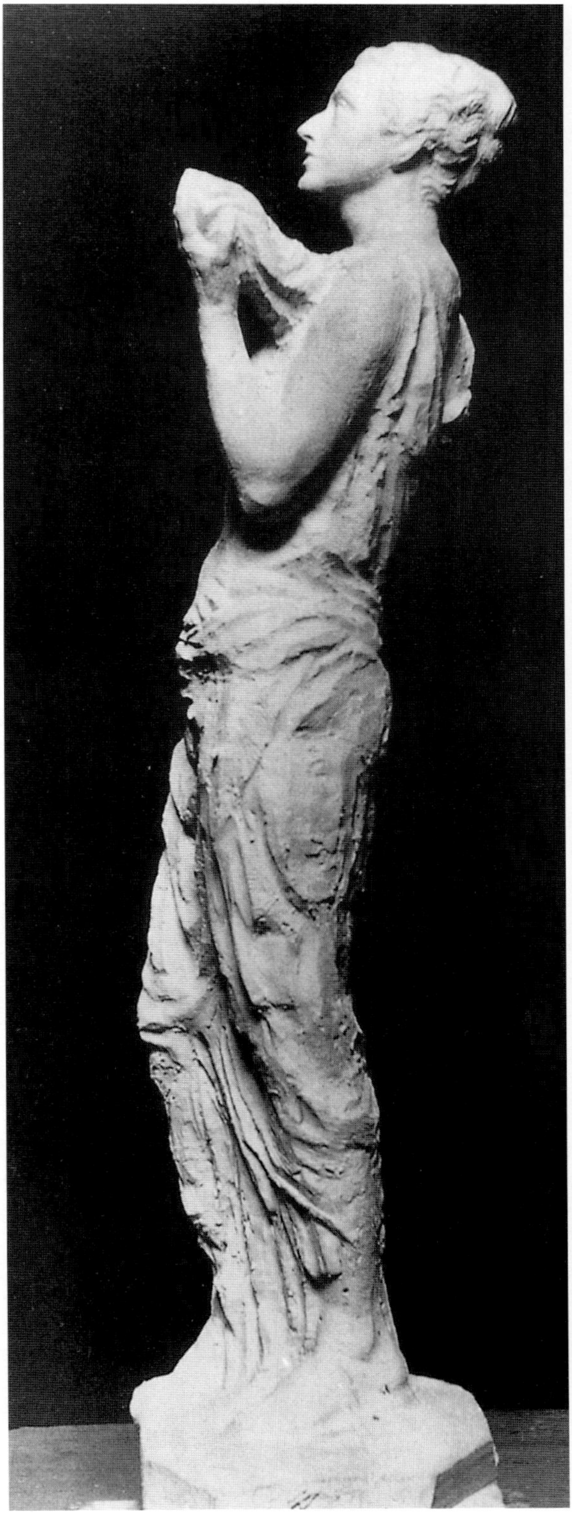

13
Le Palais Stonborough, dit aussi « Maison Wittgenstein », à Vienne.

14
Salle à manger dans la Maison Wittgenstein.

15
Hermine Wittgenstein, croquis du cabinet de travail de Thomas Stonborough dans la Maison Wittgenstein.

16
Dans le salon de la « Kundmanngasse », en 1931, de gauche à droite : Marguerite Respinger, Margaret, le professeur Foltnaek, Talla Sjögren (debout), Ludwig Wittgenstein, Georg Schönborn-Buchheim et Arvid Sjögren.

17
Pierre Stonborough à l'Académie militaire en 1949.

18
Margaret, installée à New York depuis quatre ans/
Photo Bradford Bachrach.

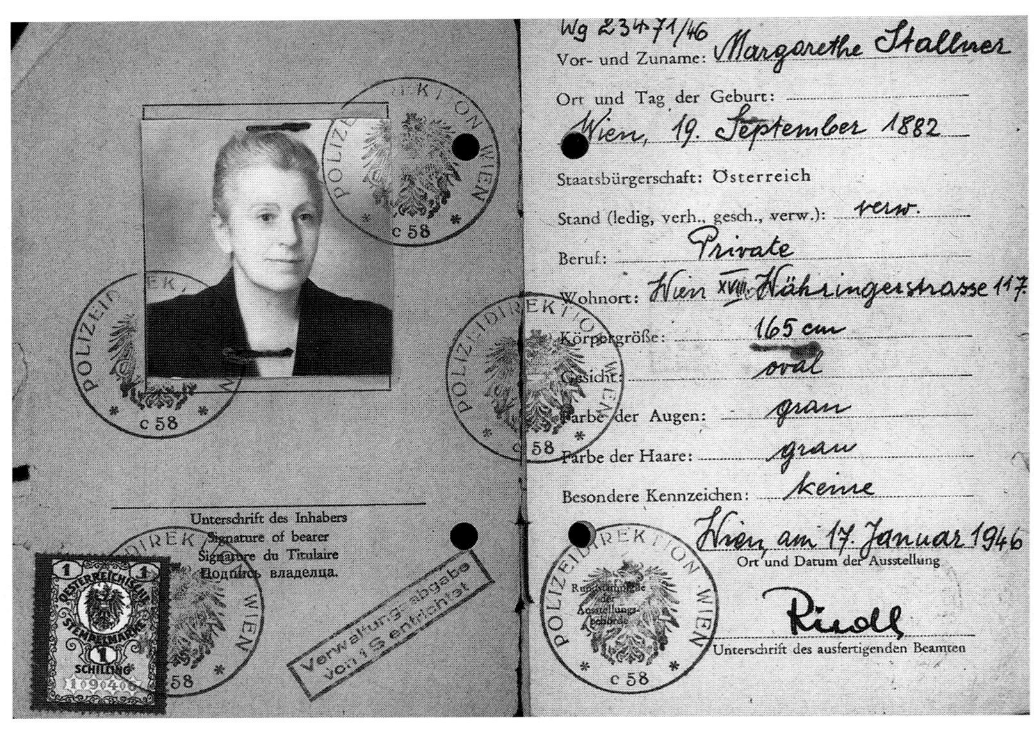
Unterschrift des Inhabers
Signature of bearer
Signature du Titulaire
Подпись владельца.

POLIZEIDIREKTION WIEN
c 58

ÖSTERREICHISCHE STEMPELMARKE
1 SCHILLING

Verwaltungsabgabe von 1 S entrichtet

Wg 23471/46

Vor- und Zuname: Margarethe Stallner

Ort und Tag der Geburt: Wien, 19. September 1882

Staatsbürgerschaft: Österreich

Stand (ledig, verh., gesch., verw.): verw.

Beruf: Private

Wohnort: Wien XVIII Währingerstrasse 117

Körpergröße: 165 cm

Gesicht: oval

Farbe der Augen: grau

Farbe der Haare: grau

Besondere Kennzeichen: keine

Wien, am 17. Januar 1946
Ort und Datum der Ausstellung

Rundstampiglie der Ausstellungsbehörde

Unterschrift des ausfertigenden Beamten

19
Fausse carte d'identité autrichienne de Margaret en 1946.

20
Repas de noce à la « Kundmanngasse », pour le mariage de Jochen von Zastrow, 1951, de gauche à droite : Georg Schönborn-Buchheim, Marianne von Zedwitz, Jochen von Zastrow, Madame von Zedwitz, Marielies Ludwig, le curé Aigner, Margaret, Monsieur von Zedwitz et Elisabeth Schöborn-Buchheim.

21
Margaret devant la cheminée de la « Kundmanngasse »,
milieu des années cinquante.

L'ENGAGEMENT DE MARGARET EN FAVEUR DE L'ART ET DE LA CONNAISSANCE

Ce maintien d'une solidarité entre les époux est visible dans le fait que les nombreuses donations et fondations entreprises par la famille dans les années qui ont précédé le krach boursier de 1929 l'ont toujours été en leurs deux noms. Appauvrie par l'inflation d'après-guerre au point de ne plus pouvoir financer ses publications, l'Académie des sciences autrichienne bénéficia largement de leur générosité. Soutenir l'Académie des sciences, voire participer à ses travaux, était de tradition dans la famille : un des oncles de Margaret, Karl Kupelwieser, avait financé la création d'un institut de biologie à Lunz, où l'on travaillait en étroite collaboration avec l'institut de recherche sur le radium de l'Académie, lequel était financé par la Fondation Kupelwieser, lancée en 1908. Kupelwieser avait été fait membre d'honneur de l'Académie en 1923. Un autre de ses oncles, le chevalier Ernst von Brücke, professeur de physiologie, en avait été le vice-président entre 1881 et 1885. Sur ce point au moins, l'intérêt de Jérôme pour les sciences concordait avec la tradition familiale. Son goût le portait spécialement vers la chimie et l'égyptologie. En plus de généreuses dotations annuelles, les deux époux financeront en 1921 la création d'un Fonds Stonborough-Wittgenstein pour la publication des travaux de recherche de l'Académie. S'ensuivront de nombreux contacts avec les membres de cette institution, et en particulier le philologue Radermacher. Mais là encore c'est Margaret qui donne le ton et qui, consciemment, se place dans la tradition familiale. Sur les documents relatifs à ces dons, sa signature, accompagnée de la mention « née Wittgenstein », précède toujours celle de Jérôme.

« L'Association contre la pauvreté et la mendicité » était une autre des institutions soutenues par les Stonborough. La grand-mère de Margaret, Fanny Wittgenstein, en avait été l'une des fondatrices, en 1879 ; un de ses oncles, Ludwig senior, l'avait longtemps dirigée. Enfin, sa sœur Hermine en était l'un des piliers actuels. L'éthique protestante la plus rigoureuse inspirait les activités de cette institution charitable. Une éthique dont l'influence sur la famille Wittgenstein a toujours été considérable. Il s'agissait certes d'offrir un secours matériel aux démunis, mais aussi de les guider sur le chemin d'un progrès moral. Pour ce faire, on ne leur prodiguait ni aumône ni dons, mais on leur accordait des prêts sans intérêt. Dans le même esprit, les statuts de l'Association lui interdisaient de récolter des fonds par le biais de loteries ou en organisant des bals de charité. Le financement devait en être exclusivement assuré par les dons et les contributions annuelles des membres. Au contraire de sa sœur et malgré ses largesses, Margaret ne semble pas y avoir occupé de fonction officielle, se contentant, comme sa correspondance en témoigne, d'y jouer le rôle d'éminence grise. Pourtant, être une femme du monde lui suffisait de moins en moins ; elle éprouvait le besoin d'aider autrui, matériellement mais aussi sur le plan moral ou spirituel. À Vienne, elle eut bientôt autour d'elle un cercle de « protégés » auxquels elle apportait son aide, en collaboration avec l'Association. Il ne s'agissait pas toujours de personnes appartenant aux couches défavorisées de la société, mais aussi d'artistes et d'intellectuels frappés par le chômage et les conditions précaires d'après-guerre. Ainsi avait-elle pris sous son aile le professeur Rothe, qui avait été le précepteur de son fils Tommy, et l'architecte Rudolf Perco qui, au début des années vingt, se trouvait sans commandes. Pour l'occuper et arguant de son talent de dessinateur, elle l'avait envoyé dessiner les paysages de la Wachau. L'architecte Paul Engelmann était un autre de ses protégés alors nécessiteux. Il était invité à tour de rôle par les deux sœurs, qui avaient ainsi entrepris de le nourrir. Comme le laissent penser de nombreuses remarques de Margaret, Engelmann coopérait aussi avec l'Association, présentant notamment à Margaret des personnes dignes de sa protection. À côté de Ludwig, il était devenu pour les deux sœurs l'instance de référence en matière d'éthique comme d'esthétique. Oscar Wollheim, le président d'honneur de l'Association, était un des piliers de ce cercle. Ami de Max Salzer, le mari de Lenka, qu'il avait remplacé au poste de chef de cabinet au ministère des Finances, il sera toujours un fervent admirateur de Margaret. L'Association travaillait naturellement de concert avec les institutions d'assistance sociale de la ville de Vienne, alors dirigée par les socialistes. Il s'ensuivit de nombreux contacts avec des personnalités politiques de la « Vienne rouge » comme Otto Glöckel ou Hugo Breitner. L'Association, dont les membres et les soutiens se recrutaient tant au sein de l'aristocratie, de la grande bourgeoisie que du monde politique, sera dissoute par les nazis en 1938, après l'Anschluss.

Cette fibre humaniste et altruiste de Margaret sera finalement ce qui la rapprochera de Ludwig. Dans le livre de souvenirs qu'il a consacré à son ami Ludwig Wittgenstein, Paul Engelmann raconte les nombreuses visites de Wittgenstein chez les Stonborough, dans leur appartement du Palais Schönborn, témoignant du même coup de la place singulière que le jeune philosophe occupait dans la société qui s'y réunissait. Il fait ainsi le récit d'une soirée où l'on avait donné une satire de Tolstoï, dans laquelle ce dernier figurait sous le nom de Lev Fux Nicolaïevitch Tollhaus (littéralement « asile d'aliéné ») et sous les dehors d'un ours conduit en laisse. L'assemblée guettait anxieusement les réactions de Wittgenstein. Tolstoï était en effet l'un de ses auteurs favoris, un homme dont il avait fait sienne la vision du monde. Au soulagement général, il avait été pris d'un fou rire presque incoercible... Voici comment Engelmann raconte par ailleurs une répétition précédant une soirée de musique de chambre et à laquelle assistait Ludwig : « Au commencement, comme toujours plutôt réservé, il avait fait quelques modestes remarques. Puis il avait soudain pris feu et flamme, s'oubliant complètement et intervenant dans la répétition. Les musiciens avaient d'abord réagi avec une légère ironie aux commentaires de ce blanc-bec en uniforme usé – il continua à porter sa veste militaire longtemps après la fin de la guerre – qu'ils tenaient pour un dilettante infatué et qu'ils auraient rudement rabroué s'il n'avait pas été le frère de leur distinguée hôtesse. J'ai été ensuite témoin d'une répétition ultérieure au cours de laquelle, complètement accepté par les membres du quatuor, il avait la parole, formulant objections et conseils que les musiciens s'efforçaient d'appliquer comme s'ils leur avaient été adressés par Gustav Mahler soi-même[1]. »

À côté de ses activités sociales et mondaines, Margaret, marchant sur les brisées de son père, ne négligeait pas son rôle de mécène et de soutien des arts. Elle suivait de près, et de façon critique, l'évolution de l'art de son temps. Pour elle qui, entre-temps, avait voyagé et vu beaucoup de choses, les retrouvailles avec certains des artistes de la Sécession viennoise se révélèrent plutôt décevantes. Voici comment, à sa manière assez brutale, elle caractérise une exposition des œuvres de Viktor Krämer, un peintre autrefois très apprécié par Karl Wittgenstein : « Je te le dis, Minka, de toute ma vie, je n'ai rien vu d'aussi affreux que les dernières toiles de Krämer. C'est à ne pas y croire[2]. »

UNE COMMANDE À ANTON HANAK

C'est cependant surtout vers la sculpture que se porte alors l'intérêt de Margaret. Tandis que Ludwig et Hermine soutiennent, et peut-être surestiment, le sculpteur Michael Drobil, dont Ludwig avait fait la connaissance en captivité, Margaret défend, elle, Anton Hanak qui, avant-guerre déjà, était un des artistes majeurs de la Sécession. Dès 1919 – comme en témoignent les premières esquisses de l'artiste – elle lui avait passé commande d'une statue en pied d'elle-même, vêtue naturellement. Typique de son indépendance d'esprit, oscillant souvent entre tradition et avant-garde, son choix s'était porté sur une statue grandeur nature, un genre déjà démodé à l'époque. Comme en témoignent les innombrables esquisses et modèles en plâtre, Hanak s'était longuement et vainement colleté avec cette idée, qui finit par être abandonnée. On pensa ensuite à une figure assise, elle aussi bientôt abandon-

1. Paul Engelmann, *Ludwig Wittgenstein, Briefe und Begegnungen*, Vienne/Munich, 1970, pp.47, 69 et s.

2. M.St. à H.W., 19.10.1920/P.St.

née. Cinq directions furent explorées, du presque baroque, avec une profusion de plissé, au très épuré, en passant par l'expérimentation cubiste. Hanak travaillait à partir d'une poupée dont il pouvait modifier la posture, la position des membres et de la tête. Les nombreuses absences de Margaret, son état de santé, qui lui interdisait les poses prolongées, retardèrent l'achèvement du projet. D'autant que ni Margaret ni Hermine, qui surveillait l'avancement du travail en l'absence de sa sœur, n'étaient totalement enchantées. Durant un bref séjour de Margaret à New York en été 1921, Hermine envoie au sculpteur, récalcitrant, une lettre comminatoire : « En tous les cas, tremblez. Je vais m'efforcer de représenter ma sœur autant que faire se peut et ne vous laisserai pas en paix, car nous tenons beaucoup à cette image, qu'en ce moment même je me représente si clairement. » Les années passent, l'œuvre ne progresse guère car la commanditaire n'est jamais satisfaite et le sculpteur, pour qui elle était devenue « la dame sévère », mentionne dans sa correspondance les perpétuelles critiques de sa cliente. Ainsi, dans une lettre de 1923 à son banquier : « Aujourd'hui, la dame sévère est venue à nouveau poser, critiquant tout, et avec raison, sur un plan purement artistique. Elle revient samedi, puis mercredi prochain avant de s'absenter pour trois semaines. D'ici à son retour, il faut que se dégage à nouveau de la statue une impression d'unité. » Deux ans plus tard, il répète ses plaintes, pratiquement dans les mêmes termes à son amie Lilly Koenig. En huit ans, Hanak produit plus de deux cents études et, loin d'avancer, le projet se heurte à l'insatisfaction croissante de toutes les parties. En juillet 1927, Margaret annonce à son fils Thomas : « Le buste d'Hanak est raté sans remède. »

De cet échec subsistera néanmoins, de la main de l'artiste, un buste en marbre réalisé dans les années 1924-1925, de style classique, idéalisant, et dont se dégage pourtant, selon un témoin de l'époque, « l'orgueil inabordable, presque blessant » du modèle. Ledit modèle semble cependant avoir approuvé et accepté ce portrait. Durant les années où il peinait à reproduire Margaret Stonborough dans la pierre, Hanak travaillait également à la réalisation de commandes destinées à divers édifices de la commune de Vienne : des « porteuses de fruits » pour la Klose-Hof (1925), une *Magna Mater* (1925-1927), allégorie de la sollicitude prévue pour la cour intérieure de l'orphelinat de la Lustkandlgasse. Ces figures féminines ressemblent comme des sœurs au buste de Margaret. L'artiste l'a-t-il fait exprès, était-ce sa façon, stéréotypée, de représenter la femme ? Plus rien aujourd'hui ne permet de le dire. Hanak connaissait Margaret depuis longtemps et ne pouvait ignorer ce qu'elle avait accompli dans le cadre du programme américain de secours aux enfants démunis d'Autriche. Qu'il ait donné à sa *Magna Mater* une certaine ressemblance avec Margaret pourrait ainsi ne pas être purement fortuit. La chose serait assez piquante quand on sait que cette *Magna Mater* allait devenir un emblème de la « Vienne rouge » et de ses préoccupations sociales. On la trouvera reproduite, comme *Caritas* ou *Mutter Wien*, dans les ouvrages consacrés à ce thème, ainsi que sur des emballages de layette. L'autre contact de Margaret parmi les artistes de la « Vienne rouge » de l'entre-deux-guerres est, comme on l'a déjà vu, l'architecte Rudolf Perco. Dès 1920, ce dernier avait repris pour elle les travaux de rénovation de la Villa Toscana à Gmunden. À partir de 1925, il réalisera quelques-uns des plus remarquables ensembles architecturaux construits par la ville pour y loger ses habitants.

L'ACHÈVEMENT DE LA VILLA TOSCANA

Le départ forcé d'Autriche de Margaret en 1917 avait interrompu la rénovation de sa villa. Dès son retour, elle s'y attelle à nouveau avec enthousiasme. Les esquisses qui datent de cette nouvelle période montrent qu'elle a pris ses distances avec le goût baroquisant qui avait sa faveur avant-guerre au profit d'un classicisme plus retenu. Ses critères esthétiques évoluent, peut-être sous l'influence des idées développées par Engelmann et sa sœur Hermine pour les travaux de rénovation de la maison familiale de Neuwaldegg. Elle a depuis longtemps renoncé au concept d'« œuvre d'art totale ». Elle bouillonne d'idées, d'inspirations, élabore sans arrêt de nouvelles solutions qu'elle jette sur le papier en esquisses grossières ou décrit à sa sœur : « L'autre nuit j'ai imaginé quelque chose de beau pour ma chambre de Gmunden. Tu sais que je méprise les meubles à vitrine ; j'ai donc trouvé la solution suivante pour ma chambre : je dresse deux colonnes, du plancher au plafond (voilà le plan de la chambre avec les deux colonnes). Leur socle est bas et leur chapiteau réduit. Elles sont d'un bois tendre, cannelées et peintes en gris clair. Elles se fondent donc dans l'architecture. Elles sont à douze côtés. Les six côtés étroits sont cannelés dans la longueur et peints en gris, les six côtés larges forment des compartiments à rayonnage où ranger des livres, des objets d'art, de la porcelaine en particulier[1]. » Comme le montrent les esquisses qui ont été conservées, la plupart de ses idées seront effectivement appliquées par l'architecte.

Très ouverte aux nouvelles tendances, elle dessine des meubles – qu'elle fait ensuite réaliser par les ébénistes locaux – dont certains sont d'inspiration nettement cubiste, alors que le cubisme était alors pratiquement ignoré en Autriche. Il se peut qu'elle ait pris exemple sur les meubles conçus par Anton Hanak en 1912-1913 pour la Villa Primavesi à Olmutz en Moravie. Ses nombreuses séances de pose chez lui leur avaient en effet donné le temps d'échanger idées et conseils. À quoi il faut ajouter que Margaret connaissait naturellement la Villa Primavesi, à laquelle de nombreux artistes viennois avaient collaboré et qui passait alors pour le paradigme même de la modernité. Les familles Primavesi et Wittgenstein entretenaient des relations d'affaires. Entre Margaret et Eugenia Primavesi, maîtresse d'œuvre de la villa du même nom, semble au surplus avoir régné une certaine rivalité ; elles étaient toutes deux femmes du monde, mécènes et avaient toutes deux été peintes par Gustav Klimt.

Portée à combiner les styles et les époques, Margaret n'hésita pas à compléter ce nouveau décor en y ajoutant des

1. M.St. à H.W., s.d., vers octobre 1920/P.St.

meubles venus de son ancien appartement berlinois, en particulier la salle à manger dessinée par Josef Hoffmann. S'y ajoutèrent les objets collectionnés par elle au fil des années : meubles baroques, art japonais, céramiques et objets d'art des modernes viennois – dont son portrait par Klimt – ainsi que de nombreuses pièces signées Dagobert Peche, un décorateur qu'elle appréciait particulièrement. À cette somptueuse demeure s'ajoute un vaste parc, qui descend jusqu'au lac, ainsi qu'un jardin soigneusement dessiné. Pour l'essentiel, les travaux sont achevés en été 1923 et Margaret, en prévision d'une visite de son mari, veille à peaufiner tous les détails, dans la maison comme au jardin, sans toutefois, comme elle l'explique à sa sœur, nourrir d'illusions sur ce qui l'attend : « Quant à moi, je répète toujours les mêmes bêtises, dans le sens où je fais de grands préparatifs, j'embellis la maison, j'encourage les garçons à se réjouir, et par là même, accentue exagérément la déception que cause le manque d'enthousiasme qui accompagne toujours sa mauvaise humeur des premiers jours. [...] Une chose est certaine, la vie que l'on mène ici n'est pas ce qui convient à Jérôme. Ce n'est pas une vie qui éveille en lui le meilleur. Mais la vie qui a sa préférence ne le fait pas davantage. Et moi je ne le peux pas non plus. Du jardin et de la maison, je suis contente. Dans la dernière en particulier, j'ai mis beaucoup de travail et d'amour. Ne pourrais-tu pas faire un saut jusqu'ici pour en juger[1] ? »

Elle considérait cette villa comme son œuvre et, sauf lors de son deuxième exil, elle y passera chaque année, jusqu'à sa mort, plusieurs semaines au printemps et en été, voire parfois même en hiver. Une fois ses relations avec sa sœur apaisées, Ludwig y séjournera aussi volontiers, prenant ses quartiers d'été alternativement chez Hermine sur la Hochreit et chez Margaret à Gmunden. Au reste, la Villa Toscana était très accueillante et Margaret entretenait des relations avec les nombreuses familles de la noblesse qui, comme elle, possédaient des résidences d'été dans la région. Elle aimait le

1. M.St. à H.W., 20.7.1923/P.St.

contact de la jeunesse qui entourait ses deux fils : ses nombreux neveux et nièces, les deux fils Sjögren, quelques années plus tard, ses deux fils adoptifs Jochen et Wedigo von Zastrow ; une élégante jeunesse dorée qui donnait le ton dans la région. Dans son recueil de souvenirs – *Granny et son temps* – Marguerite Respinger donne à voir le genre de vie qu'on menait alors à la Villa Toscana. Fille d'une bonne famille bâloise, Marguerite Respinger avait rencontré Tommy en 1924, à Cambridge, où tous deux étudiaient. S'ensuivit, de la part de Tommy, qui s'était semble-t-il épris de la jeune femme, une invitation à séjourner à Gmunden l'été suivant. Cette visite inaugure une période de quelque dix ans au cours de laquelle Marguerite Respinger va se trouver comme adoptée par le clan Wittgenstein. Une étrange et complexe relation va en particulier se nouer entre elle et Margaret, mais surtout entre elle et Ludwig : elle sera l'une des rares femmes à éveiller en lui un attachement sentimental.

Non sans parfois une pointe d'emphase, Marguerite Respinger raconte son arrivée à Gmunden par un bel après-midi d'été, en compagnie de son père, au terme d'un long trajet en automobile, le long d'une route de montagne sinueuse, enveloppés, selon la mode du temps, dans de larges cache-poussière. Au portail de la villa de style néoclassique, ils sont accueillis par les Stonborough, entourés de leurs amis et de leurs domestiques. Après les courbettes et les baisemains d'usage, les hôtes sont conduits à leurs chambres « habillées de marbre et de riches draperies ». Le dîner, ensuite, fait l'objet d'un véritable rituel, obéissant aux manières de table les plus cérémonieuses. La jeune invitée se sent un peu dépassée par la conversation : « On mangeait et on parlait en même temps à toute vitesse et la conversation me paraissait – et était effectivement – pleine de sous-entendus[1]. » Le lendemain, Margaret, qu'elle appellera bientôt « tante Gretl », l'emmène visiter la région, douillettement installée dans les sièges profonds de son immense automobile. Le bel été de

1. Marguerite Sjögren, *Granny et son temps*, Neuchâtel 1982, pp. 94 et s.

cette jeunesse insouciante s'écoule entre tennis, équitation, voile et diverses compétitions sportives. Et la famille du duc de Hanovre, dont la propriété est toute proche, ne dédaigne pas de rejoindre cette joyeuse compagnie.

MARGARET SE CHARGE DES FRÈRES VON ZASTROW

Ces années d'après-guerre seront pour Margaret fertiles en changements : d'abord la séparation – même si elle n'est qu'intermittente – d'avec Jérôme, puis, en automne 1923, le départ de son aîné Tommy pour Cambridge. Il y sera accueilli par les mêmes personnes qui avaient reçu son oncle Ludwig lorsqu'il était venu lui aussi étudier à Cambridge avant la guerre. En particulier M. Harrisson, tuteur, et surtout Frank Ramsey, qui avait traduit le *Tractatus* en anglais et qui avait rendu plusieurs visites à Ludwig dans les villages de Basse-Autriche où il enseignait. Ce fut l'occasion d'une reprise de contact entre Wittgenstein et ses amis de Cambridge. On peut d'ailleurs se demander si Margaret, naturellement soucieuse de garantir à son fils les meilleures conditions d'étude possibles, n'a pas cherché, en même temps, à rapprocher son frère de la communauté universitaire. Seule avec son deuxième fils, John – qu'elle appelait « Ji-Ji » – alors âgé de onze ans, elle s'attache à réaliser un projet de longue date, celui de prendre en charge des enfants nécessiteux. Son ambition caritative se double du souhait que son fils cadet puisse grandir entouré d'enfants de son âge. Il y a pourtant un obstacle : l'idée déplaît à son mari. Comme toujours, Margaret prend garde d'agir contre la volonté de celui-ci. À l'automne, lors d'un séjour prolongé à Paris, elle s'efforce patiemment de vaincre les résistances de Jérôme. Durant ce séjour, elle renoue avec la famille royale de Grèce, avec le prince André et sa femme notamment (les parents de Philippe, futur duc d'Edinburgh et mari de la reine d'Angleterre), qui se trouvent eux aussi à Paris.

Le fait est qu'en janvier 1924, elle se rend à Berlin. Les retrouvailles avec cette ville où elle avait vécu vingt ans auparavant ne vont pas sans quelque retour nostalgique sur la jeune femme fraîchement épousée qu'elle était alors. Par l'intermédiaire du philologue Radermacher, qui enseigne à Vienne, elle prend contact avec le ministre prussien des Cultes dont les services lui recommandent deux jeunes garçons issus de la noblesse poméranienne : leur père est mort à la guerre, laissant leur mère complètement dépourvue de ressources. Wedigo et Jochen von Zastrow ont alors douze et treize ans, et Margaret décide de les accueillir chez elle, tout au moins pour une période d'essai. Avec pour tout bagage ce qu'ils ont sur le dos, les deux garçons, qui ont voyagé avec la secrétaire de Margaret, arrivent à Vienne où on commence par leur acheter une nouvelle garde-robe avant de les inscrire, comme John, au Theresianum, le lycée privé le plus réputé de la ville. En raison des différences entre les systèmes scolaires prussien et autrichien, les deux garçons rencontrent des difficultés dans certaines matières. Margaret se charge elle-même du travail d'appui nécessaire, toute heureuse de partager son vaste savoir, en sciences naturelles surtout, avec les trois garçons – car les performances de son fils John laissent parfois elles aussi à désirer. Le soir, comme le veut la tradition familiale, on s'installe devant la cheminée pour des lectures instructives : du *Comte de Monte-Cristo* de Dumas aux *Souvenirs d'un vieil homme* (*Erinnerungen eines alten Mannes*) de Wilhelm Kügelgen, un livre que Margaret, comme Ludwig, chérissait. Le choix des œuvres qu'elle propose aux enfants est ouvert. S'y ajoutent de fréquentes visites au théâtre ou à l'opéra, des soirées musicales également, que Margaret organise chez elle, Renngasse, à moins qu'elles n'aient lieu dans le palais familial de l'Alleegasse, où se produit son frère Paul, le pianiste, qui à cette époque travaille avec le compositeur Franz Schmidt, dont l'Opéra de Vienne vient de monter *Fredegundis*.

Margaret goûte beaucoup cette nouvelle idylle familiale, mais ses rapports difficiles avec son mari lui en gâchent régulièrement le plaisir. Jérôme, en effet, ne se contente plus de séjours à l'hôtel, il souhaite s'installer à Paris, preuve s'il en était encore besoin de l'échec de leur mariage. Margaret n'en prend pas moins sur elle de se rendre à Paris pour l'installer dans un appartement dont elle n'est plus la maîtresse de maison. Déçue mais résignée, voici ce qu'elle en écrit de Paris à Hermine au printemps 1924 : « Il y a beaucoup à faire, avec cet appartement où Jérôme veut s'installer dans quelques jours. C'est un gros travail dont je ne tire aucune joie. Toute l'aventure me paraît dépourvue de sens. Pourquoi ? Dans quel but ? Va-t-il vraiment s'établir ici[1] ? » Malgré les réserves de sa femme, Jérôme s'installe donc à Paris avec ses collections – il a notamment acquis une vaste collection d'art extrême-oriental – menant grand train, recevant beaucoup, y compris sa femme lorsqu'elle lui rend visite.

Après s'être plié de mauvais gré au vœu de Margaret de prendre des enfants à charge, Jérôme semble bientôt revenir sur son accord et la première rencontre avec les frères von Zastrow, lors d'une visite estivale qu'il fait à Gmunden, tourne à l'éclat. En proie à l'un de ses accès de mauvaise humeur, il salue avec effusion tous les habitants de la maison, domestiques compris, mais ignore délibérément les deux garçons. Puis il boycotte de la même façon leur mère, arrivée sur ces entrefaites à Gmunden, qu'il refuse obstinément de rencontrer. La situation prend un tour tragique quand on apprend que Madame von Zastrow souffre d'une tuberculose incurable et qu'elle n'a plus que quelques mois à vivre. Margaret, même si elle craint de fâcher Jérôme, ne peut que promettre à la mourante de prendre soin de ses fils quoi qu'il arrive. Alors qu'elle aurait voulu faire les choses progressivement, les circonstances l'obligent à une décision immédiate : elle traitera désormais les deux enfants von Zastrow comme les siens, sans qu'intervienne formellement un acte d'adoption. Cet été-là, en revanche, son fils Tommy manque à l'appel. Au terme de sa première année d'études à Cambridge, durant laquelle il s'est montré plus sportif que studieux, il a arraché à ses parents la permission de participer à une expédition arctique de trois mois organisée par Oxford. À l'automne cependant, il devient clair que les jours de

1. M.St. à H.W., 30.4.1924/P.St.

Tommy à Cambridge sont comptés : ses résultats, insuffisants, ne lui permettent pas de se présenter aux examens décisifs. Cet échec est une nouvelle pomme de discorde entre ses parents.

Entre Ludwig et sa sœur, en revanche, un apaisement semble se dessiner. Il passe volontiers vacances scolaires et fins de semaines chez sa sœur à Vienne. Celle-ci de son côté, qui se plonge à nouveau dans Dostoïevski et Schopenhauer, cesse peu à peu de traiter Ludwig en petit frère et reconnaît son autorité intellectuelle. Le goût qu'elle a toujours des mathématiques et de l'architecture contribue à les rapprocher. Sur le plan technique et bien avant qu'il ne soit question de la maison de la Kundmanngasse, c'est aux conseils de Ludwig qu'elle fait appel, discutant avec lui de certains détails d'aménagement, comme par exemple le dessin des éclairages. L'année 1925 marque un tournant dans leur relation. Une confiance mutuelle plus profonde s'établit entre le frère et la sœur, comme en témoigne cette lettre de Margaret à son fils Thomas à Cambridge : « Dimanche dernier j'ai été déjeuner à l'Alleegasse – la première fois depuis quatre semaines. Ludwig était là aussi. À table, nous avons eu une longue et bonne conversation qui m'a fait du bien. Cela a commencé par un échange sur les principes de mécanique de Hertz, qu'il aime et qu'il m'a lus. Ensuite, je lui ai montré ta lettre avec la solution du problème de Brücke, ce qui l'a beaucoup intéressé. Nous en sommes ensuite arrivés à Kierkegaard et donc à l'éthique. Un sujet autour duquel nous tournions depuis des années comme autour d'une soupe trop chaude, car nous aurions été incapables de nous entendre. Il était tellement plus avancé que moi. Il l'est toujours mais au moins aujourd'hui à une distance d'où je peux le voir. Enfin, il m'a lu le *Rêve d'Édouard* de Wilhelm Busch, si bien que je ne suis arrivée Brahmsplatz [le domicile de sa sœur Hélène] qu'à six heures et demie[1]. » Ces retrouvailles allaient bientôt conduire à l'un des projets les plus étonnants de l'architecture du XXe siècle.

1. M.St. à Thomas. St. 5.2.1925/P.St.

V

LE PROJET DU PALAIS STONBOROUGH (LA MAISON WITTGENSTEIN)

POURQUOI CONSTRUIRE UN PALAIS ? MARGUERITE RESPINGER VIENT À VIENNE

Pour Margaret et les siens, l'année suivante débute comme à l'ordinaire. Elle alterne les séjours à Vienne et à Gmunden, se rend plusieurs fois à Paris, où elle achève d'installer son mari. Elle en profite pour fréquenter théâtres et galeries d'art, dans ce Paris des années vingt en proie à l'explosion de l'art moderne. Margaret et Jérôme complètent leurs collections. Grâce au cours favorable du dollar, Jérôme peut jouer sur un grand pied l'« Américain à Paris ». Pourtant, les troubles cardiaques de Margaret, qui ont fait leur réapparition et la contraignent au repos, ainsi que l'échec définitif de Tommy à Cambridge, assombrissent le printemps 1925. Cet échec fait naître chez le jeune homme des sentiments de culpabilité qui tournent à la dépression et entraîne une nouvelle crise avec Jérôme. Non contente d'avoir à surmonter sa propre déception, Margaret se voit reprocher – à tort – par Jérôme de ne pas s'être assez souciée de leur fils. Et c'est à elle que revient la tâche de sortir père et fils de leur crise respective.

Au contraire de ce que prétend son mari, les lettres que Margaret adresse à son fils durant ces années témoignent de leur proximité. Sa correspondance, en effet, ne se borne pas à l'échange usuel de nouvelles concernant la vie de la famille ou la société viennoise, mais donne une place importante à l'échange d'idées, à partir de lectures que Margaret utilise dans un but pédagogique, se référant d'ailleurs souvent à Ludwig comme instance morale. Elle tente par ce biais de guider son fils de façon indirecte, se prenant elle-même pour exemple, comme dans cette lettre où, par ailleurs, elle lui reproche de n'écrire pas assez : « Étonnant comment, depuis quelque temps, je me donne du mal pour éviter toute forme d'exagération et de fausseté lorsque je raconte quelque chose. Et cela m'est venu d'un passage des *Frères Karamazov*, qui m'a mise sur la voie, alors même que je pensais qu'il n'y avait pas moyen de s'en sortir. Je dois cela indirectement à Luki, qui m'avait dit à quel point ce livre avait eu sur lui une influence décisive. Je pensais à l'époque : mais lui et moi sommes différents. Pourtant, à Gmunden, l'envie m'est soudain venue de le lire. J'ai le premier volume avec moi et je ne peux m'empêcher de te l'envoyer. De ton côté, toutes affaires cessantes et comme punition pour ta paresse à écrire, tu dois t'asseoir et lire le passage en question[1]. »

Quant aux deux frères von Zastrow, ils se sont vite acclimatés chez elle et, avec John, emplissent la maisonnée de leur tumulte juvénile. Lorsque Irmgard von Zastrow, leur mère, meurt en février 1925, le séjour de ses deux fils chez les Stonborough devient définitif. Il se peut que Margaret ait alors estimé que le logement qu'elle louait au bel étage du Palais Schönborn, dans sa sombre splendeur baroque, ne convenait pas à cette nouvelle donne familiale, et qu'ait alors germé en elle l'idée de se faire construire une maison moderne. Les travaux de sa résidence de Gmunden étaient alors pratiquement achevés, laissant, après avoir duré tant d'années, comme un vide d'où avait peu à peu pris forme l'envie de

1. M.St. à Thomas. St. 19.2.1925/P.St.

recommencer à construire. Comme tous les êtres créatifs, Margaret s'intéresse davantage au processus de création, avec tous ses imprévus et ses risques, qu'à l'objet fini. Ce dont témoignent aussi les interminables expérimentations auxquelles la sculpture commandée à Hanak avait donné lieu. Une remarque, dans une lettre à Hermine de juillet 1925, pour annoncer sa venue sur la Hochreit, porte à croire qu'elle avait arrêté sa décision dès le printemps de cette année-là : « Tu ne sais pas à quel point je me réjouis. Il me tarde en effet de t'exposer mes plans en détail[1]. » Margaret aimait à passer, chaque fin d'été, quelques jours chez sa sœur à la Hochreit. Elle y goûtait beaucoup ces moments de paix et le bonheur de longues conversations avec sa sœur.

Dès la fin de l'été entre en scène un personnage qui, durant les années qui viennent, va jouer dans sa vie un rôle important, de même que dans celle de Ludwig. Marguerite Respinger, la jeune Suissesse rencontrée par Tommy à Cambridge, n'y avait pas mieux réussi que lui. Margaret propose donc à la jeune femme, qui ne sait pas trop quoi faire de sa vie, de venir à Vienne y étudier les arts graphiques. Cette fois, ce qui motive Margaret n'est pas seulement son impulsion habituelle à prendre en main le destin d'autrui. Elle éprouve bientôt pour la jeune femme – qu'elle appelle souvent avec tendresse la petite Marguerite – une inclination profonde, voyant peut-être en elle un substitut de la fille qu'elle aurait voulu avoir. La similitude de leurs prénoms semble aussi avoir fait vibrer en elle une corde sentimentale. La jeune femme, dont la personnalité n'était ni très forte ni très formée, a peut-être été pour Margaret, habitée qu'elle était du goût de modeler les êtres, une « pâte » idéale. Cette malléabilité un peu naïve de Marguerite Respinger, qui plaisait tant à Margaret, fut sans doute aussi ce qui attira Ludwig, lorsque par la suite il se prit d'affection pour elle.

Lorsque la jeune femme arrive à Vienne à l'automne, Margaret la loge d'abord chez elle au Palais Schönborn, avant de

1. M.St. à H.W., 17.7.1925/P.St.

lui trouver un logis. Grâce au récit que Marguerite en fera plus tard dans un livre de souvenirs, on peut se faire une idée de l'atmosphère des lieux. La splendeur du palais baroque dessiné par Fischer von Erlach, avec son escalier monumental et ses enfilades de salons sombres, paraît étouffante à la jeune femme, en contraste radical avec la Villa Toscana et sa luminosité estivale. Ses habitants eux-mêmes, si corrects dans leurs vêtements foncés, ne lui rappellent guère la joyeuse bande en tenue sportive à laquelle elle s'était trouvée mêlée à Gmunden. Quant à la société qui s'y réunit, elle se livre à des conversations de haut vol, sur la politique, la psychanalyse, le théâtre ou la musique, que la jeune femme a bien de la peine à suivre. Quelques jours après son arrivée, elle fait la connaissance de Ludwig Wittgenstein, qui soigne un pied foulé chez sa sœur. Et Marguerite de raconter comment, après le déjeuner du samedi, les jeunes gens de la maison s'étaient retrouvés autour de Ludwig alité, celui-ci leur lisant à haute voix des histoires de Peter Hebel dont la poésie les tenait sous le charme.

PAUL ENGELMANN REÇOIT MISSION D'ÉLABORER LES PLANS D'UN PALAIS STONBOROUGH

La vie sociale intense de Margaret, qui répond à son besoin de s'entourer et de s'occuper de ses semblables, ne l'empêche pas de poursuivre son projet de bâtir une maison de ville. Elle charge Paul Engelmann d'en dessiner les premières esquisses. C'est dans une lettre de ce dernier à Ludwig, en novembre, qu'apparaît la première mention concrète du projet. Le jeune homme y exprime des doutes quant à sa capacité de le mener à bien. Wittgenstein lui répond en décembre et lui fait part de son intérêt[1]. La décision de Margaret de confier le projet à Engelmann n'est pas surprenante. Engelmann est un ami de la famille, de Ludwig surtout. Sa modestie, sa réserve, en font à ses yeux un partenaire idéal. Elle

1. Voir à ce sujet Bernhard Leitner, *Das Wittgenstein Haus,* Ostfilden-Ruit 2000, p. 23.

avait fait un choix semblable pour la Villa Toscana, donnant la préférence à Rudolf Perco, un jeune architecte à la personnalité et au style encore peu affirmés. Perco était, depuis, devenu un original assez obstiné, plus du tout disposé à se plier sans conditions à d'autres idées que les siennes. Il faisait encore partie du cercle de ses protégés, mais Margaret n'avait plus en lui la confiance nécessaire. À plusieurs reprises, écrivant à son fils, elle exprime le peu de considération où elle tient alors Perco, le traitant même, avec la rudesse dont elle est parfois capable, de « dingue[1] ». Au reste, Perco était à l'époque occupé à la réalisation de l'un des plus vastes ensembles de logements érigés par la mairie socialiste de Vienne – le « Prof.-Jodl-Hof » – et il n'aurait à coup sûr pas eu le temps de se consacrer au projet de Margaret avec la disponibilité qu'elle exigeait.

Ces circonstances extérieures ne suffisent cependant pas à justifier le choix d'Engelmann. Il y va aussi, de la part de Margaret, d'une évolution de ses positions en matière d'esthétique et d'architecture. Engelmann est un élève d'Adolf Loos, et il est fidèle aux théories de celui-ci. Or Margaret a longtemps rejeté Loos et ses conceptions. Au contraire de Ludwig qui, à sa manière très personnelle, les a faites siennes comme l'avait montré sa participation au dessin du caveau de famille des Wittgenstein. Ainsi, après s'être rapprochée de son frère sur le plan de l'éthique, il semble que Margaret ait fini aussi par adopter ses positions esthétiques. Si, comme le rapporte Marguerite Respinger, Ludwig souffrant séjournait chez sa sœur à l'automne 1925, il est fort possible qu'il ait dès ce moment-là participé à l'élaboration du projet. À l'époque, cependant, rien ne laissait prévoir que Ludwig quitterait bientôt l'enseignement et il n'était donc pas question de l'engager formellement. Quoi qu'il en soit, connaissant la forte personnalité de Margaret, il est évident que le projet porte sa marque de façon essentielle. Car ce plan d'une villa urbaine, conçue dans le langage formel des modernes, échappe par

1. M.St. à Thomas St., 16.1.24/P.St.

ailleurs à tous les critères alors en vigueur, traduisant bien la typique ambivalence de Margaret entre expérimentation et tradition. Sa vision d'une demeure suburbaine entourée d'un parc obéit encore, tant par ses dimensions que par sa conception, à l'esprit du XIXe siècle et ne doit rien aux conceptions d'une architecture contemporaine toute tournée vers un confort moderne et bourgeois.

LA QUESTION DE L'EMPLACEMENT. WITTGENSTEIN SE JOINT À L'ENTREPRISE

Même si l'on avait, dès l'automne 1925, des plans concrets, la question de l'emplacement restait, elle, complètement ouverte. En février de l'année suivante, un terrain situé derrière le palais familial de l'Alleegasse (rebaptisée Argentinierstrasse en 1920) fut envisagé[1]. Après des mois de vaines négociations avec sa propriétaire, l'archiduchesse Marie-Thérèse, veuve de l'archiduc Karl Ludwig, on avait fini par renoncer. Les raisons de l'échec restent inconnues. Le cahier d'esquisses dont Paul Engelmann fit cadeau à Margaret pour Noël 1926 et qui donne à voir en de très nombreuses études un développement du projet en dix étapes, date, s'il faut en croire la dédicace, d'avril-mai de la même année, soit à une époque où l'option de l'Argentinierstrasse était encore actuelle. Si l'on acquiert finalement un autre terrain, à la Kundmangasse, ce sont bien ces études qui ont servi de point de départ aux plans qui seront soumis lors de la demande officielle d'un permis de construire, début novembre. La famille désignera toujours la maison de Margaret par son adresse : la Kundmanngasse. Elle entrera pour finir, de façon inexacte, dans l'histoire de l'architecture sous le nom de « Maison Wittgenstein ». On devrait en effet parler de « Palais Stonborough », selon l'usage qui veut que l'on désigne un bâtiment d'après le nom du maître d'œuvre. Un usage que

1. Voir à ce sujet Leitner, *op. cit.*, p. 24.

Wittgenstein lui-même respectait, le désignant toujours ainsi dans la correspondance officielle.

Le débat fait rage parmi les spécialistes quand il s'agit de préciser à partir de quel moment Wittgenstein, qui allait jouer par la suite un rôle déterminant, est intervenu dans l'élaboration des plans. Était-il déjà engagé dans la conception des études préliminaires évoquées plus haut et datant du printemps 1926 et dans quelle mesure les importantes modifications apportées aux plans définitifs de novembre sont-elles à mettre à son compte ? Selon Paul Wijdeveld, c'est à partir de l'automne 1926 seulement que Wittgenstein participe concrètement à l'élaboration des plans. Bernhard Leitner estime, pour sa part, qu'il a collaboré au projet dès le début de l'été. Il est probable que la question ne sera jamais complètement élucidée. La correspondance de Margaret prouve cependant qu'il a été inclus très tôt dans le processus. Les autorités scolaires licencient Ludwig Wittgenstein fin avril 1926 et ses contacts avec Margaret se font alors plus fréquents et plus intenses, confirmant le rapprochement signalé déjà par les divers séjours qu'il avait faits chez elle, souvent pour cause de maladie. Ainsi écrit-elle début mai à son fils : « Je vois beaucoup Luki, ce qui me fait du bien, comme à lui aussi je crois. Un éloignement aussi long que fut le nôtre a ses bons côtés : de part et d'autre, beaucoup de choses ont été accumulées qui n'ont pas pu être échangées et sont donc la promesse de grandes et nouvelles stimulations[1]. » Peu de temps après, mi-mai, elle peut lui rapporter : « Le dessin du bâtiment me donne un grand plaisir et je vais d'ici peu t'envoyer quelques esquisses pour avoir ton opinion[2]. » Sans aucun doute fait-elle ici allusion au livre d'esquisses de Paul Engelmann et il n'est pas exclu qu'elle ait elle-même exécuté quelques dessins préparatoires, parachevés ensuite par Engelmann. C'est de cette façon qu'elle avait travaillé avec Perco pour les plans de la Villa Toscana.

1. M.St. à Thomas St., mai 1926/P.St.
2. M.St. à Thomas St., 18.5.1926/P.St.

Début juin elle fait part à son fils de l'engagement définitif de Wittgenstein dans le projet : « Voici maintenant une très bonne nouvelle. Engelmann a eu l'idée géniale de proposer à Luki un *partnership.* Tu peux t'imaginer les innombrables avantages qui vont en découler pour toutes les parties. Le grand talent de Luki à être une instance morale, à établir des principes logiques, sera enfin mis à profit. Ses compétences techniques vont épargner à Engelmann la nécessité de consulter un ingénieur. Engelmann va pouvoir à nouveau construire sans pour autant devoir se priver d'une activité philosophique, etc., etc. » Il est donc manifeste que l'engagement de Wittgenstein date du printemps déjà, et non de l'automne, et qu'il ne s'y est pas lancé « après avoir beaucoup hésité[1] ». On trouve dans la même lettre une remarque de Margaret – « j'ai trouvé excellent le passage sur le développement de l'homme, du sauvage au civilisé » – qui se réfère à coup sûr à l'essai *Ornement et Crime* (*Ornament und Verbrechen*) d'Adolf Loos. Preuve qu'elle était alors plongée dans les théories de celui-ci[2]. Preuve aussi que la célèbre polémique lancée par Loos contre l'ornement est bien, sur le plan des idées, une des sources directes de la maison.

Les raisons qu'a eues Ludwig Wittgenstein de s'engager dans le projet paraissent avoir été de plusieurs ordres. Grâce à leur intimité retrouvée, il avait été mis d'emblée dans la confidence des plans de sa sœur. La question se pose de savoir jusqu'à quel point Engelmann, dans ce contexte, n'a pas simplement joué le rôle d'une sorte d'alter ego. Jusque-là Engelmann ne pouvait justifier d'aucune expérience pratique de la construction. Il n'avait, à son actif, que des travaux d'aménagement intérieur et il se sentait visiblement dépassé par ce projet. Wittgenstein, qui avait renoncé à sa fortune et avait perdu son emploi d'instituteur, se retrouvait par ailleurs sans moyens d'existence. Il était hors de question pour lui d'accepter d'être entretenu par ses sœurs. Être payé pour un travail d'architecte ne pouvait en revanche pas froisser son

1. Wijdeveld, *op. cit.*, p. 38.
2. M.St. à Thomas St., 8.6.1926/P.St.

honneur et l'on sait par de nombreuses lettres que Margaret lui a versé des honoraires[1].

Un autre événement, durant ce même printemps 1926, pourrait aussi avoir son importance, même si les spécialistes de Wittgenstein l'évoquent à peine, c'est la mort de Léopoldine, la mère, depuis longtemps souffrante. Survenu au début juin, ce décès allait rapprocher encore le frère et la sœur.

Complètement écrasée par la personnalité de son mari, Léopoldine Wittgenstein avait toujours eu les nerfs fragiles. Durant ses dernières années, son état psychique s'était détérioré et sa santé était défaillante. En dépit des critiques – le plus souvent indirectes – qu'ils pouvaient lui adresser, les enfants Wittgenstein étaient profondément attachés à leur mère, et Margaret fait à son fils un récit touchant des derniers jours de celle-ci, non sans quelques réflexions au sujet de la mort : « Dans les dernières semaines, la santé de grand-maman s'était rapidement détériorée et, huit jours avant sa mort, elle était toute la journée dans un état d'extrême agitation. Elle geignait, se plaignait, priait, demandait pitié et criait qu'on voulait la tuer. C'est à peine si on pouvait pour quelques minutes la tirer de cet état. Je suis persuadée qu'elle était triste et effrayée, mais pas autant que ses paroles pouvaient le donner à penser. [...] Inconsciemment, elle doit bien avoir su qu'elle était en train de mourir, car elle parlait de mort et de mourir pour tout ce qui lui faisait mal ou lui était désagréable. Six jours avant sa mort, elle s'est endormie un après-midi pour se réveiller le lendemain matin avec de la fièvre. Luki et moi avons alors décidé de rester à Neuwaldegg car la fin semblait proche. [...] Les jours suivants m'ont fait un bien infini. C'était étrange. Maman dormait presque tout le temps d'un sommeil profond, presque semblable à la mort, avec une respiration sifflante. Son âme paraissait partie très loin. Habituellement, nous restions assis tous les deux près de

1. Parmi d'autres, une lettre non datée de Margaret à Ludwig Wittgenstein dans laquelle elle lui dit : « Si tu cherches à gagner de l'argent, eh bien, tu peux dessiner des meubles pour toute la maison. Elle a un besoin criant de bons meubles. »/P.St.

son lit et la mort proche ne me semblait que belle, magnifique, car son contact faisait naître en moi de belles et bonnes pensées. Mercredi après-midi, le pouls se fit irrégulier et très rapide. Nous sommes alors tous restés autour du lit de maman pour la nuit. À 7 heures elle a simplement cessé de respirer ; ça avait été une très belle nuit. Quand ce fut terminé, nous nous sentîmes tous complètement épuisés[1]. » Ces lignes suffisent à montrer l'intimité qui s'était alors établie entre Margaret et Ludwig. Le décès de leur mère n'avait fait qu'aggraver la crise intérieure que ce dernier traversait après la fin de son activité d'instituteur. Concevoir les plans de la maison de Margaret ne pouvait que l'aider à se distraire de ses idées noires, d'autant que l'architecture l'avait toujours intéressé.

La planification allait de l'avant. Ludwig avait été engagé dans la « firme » en juin 1926, mais la question du terrain n'était toujours pas résolue. En juillet, Margaret écrit à son fils : « De belles chambres ont été réservées pour toi dans la nouvelle maison dont les plans sont presque entièrement achevés. Mais comme nous n'avons, pour l'heure, aucun endroit où la construire, la question est loin d'être actuelle. Depuis que Luki est entré dans la firme toute l'histoire a d'ailleurs pris une nouvelle tournure. Il a aussitôt pris les commandes. Sa force spirituelle et sa supériorité créatrice aidant, Engelmann et moi sommes devenus "tout petits[2]". » Ces remarques soulignent deux points importants : d'une part, les plans de la maison sont déjà très avancés en dépit de l'absence de terrain, ce qui est peu orthodoxe ; d'autre part, Wittgenstein ne s'est visiblement pas privé de modifier profondément les esquisses qu'Engelmann avait conçues à la demande de Margaret.

Sans terrain, il était simplement impossible d'aller plus loin. La mort de la mère, la conscience que sa disparition marquait la fin d'une étape de leur vie, avaient assombri l'humeur des membres de la famille et, pour Margaret, cet été sera une saison de tristesse. Les difficultés incessantes avec Jérôme, qui refuse toujours d'accepter les enfants adoptifs,

1. M.St. à Thomas St., 8.6.1926/P.St.
2. M.St. à Thomas St., 13.7.1926/P.St.

n'arrangent rien. De plus, pour la première fois, ses fils sont absents tous les deux : Tommy est en Norvège et John, le petit dernier, a été emmené pour l'été par son père, aussitôt après les obsèques de Léopoldine Wittgenstein, pour lesquelles il avait fait une brève apparition à Vienne. Quoi qu'elle en ait pensé, Margaret s'était pliée, comme toujours, à la demande de son mari. Ses protégés, les deux frères von Zastrow, aux prises avec les inévitables problèmes scolaires et éducatifs, lui donnaient du fil à retordre. Enfin, malgré leurs retrouvailles, toute tension n'avait pas disparu de sa relation avec Ludwig : « Drôle d'été à tous points de vue que celui-ci. Et je ne sais même pas si la tristesse et l'insatisfaction que je sens en moi ont à faire avec le changement de mon environnement et de mon mode de vie, ou si elles tiennent à mon évolution intérieure. Environnement et mode de vie sont déterminés par Luki dont les désirs et les humeurs, où qu'il soit, donnent le ton. Dans l'état où je me trouve, je suis incapable de m'y soustraire et je ressens cela, selon son humeur et selon ma disposition, comme un fardeau ou comme une joie. Il me semble parfois que je ne l'aime pas assez pour supporter toutes les difficultés que sa présence implique. Et j'ai honte de ne pas être capable de les assumer plus facilement. Je ne vois pas encore très bien comment notre relation va se stabiliser et je n'ai qu'un souhait : être *gentle and generous* pour n'avoir à me faire aucun reproche[1]. »

L'ACHAT D'UN TERRAIN À LA KUNDMANNGASSE

Fin juillet les négociations avec la très coriace archiduchesse pour l'achat de son terrain sont relancées. Margaret est fermement décidée à entreprendre les travaux dès l'automne, et elle mentionne à son fils une autre possibilité « un très bel endroit sur le square Modena[2] ». S'agit-il réellement des terrains Modena que l'on était justement en train

1. M.St. à Thomas St., s.d., été 1926/P.St.
2. M.St. à Thomas St., 26.7.1926/P.St.

de vendre par parcelles mais qui sont distants de 2 km de la Kundmanngasse, ou évoque-t-elle, de manière inexacte, l'emplacement de la Kundmanngasse ? Cette dernière hypothèse semble la bonne, car le 26 octobre déjà décision est prise en faveur de la Kundmanngasse. La ville de Vienne en est propriétaire, Margaret est donc assurée que la transaction se déroulera sans heurts, d'autant que plusieurs politiciens de la mairie socialiste fréquentent son salon. Hugo Breitner, en particulier, qui était chez elle un hôte bienvenu. C'est à la très habile politique fiscale de ce responsable des finances que la ville devait d'avoir pu mener à bien un ambitieux programme de construction de logements, malgré la crise économique. Les plans sont soumis aux services de l'urbanisme début novembre, avant même qu'ait été enregistré le transfert de propriété[1].

La parcelle, décrite dans les *Souvenirs* d'Hermine comme « un morceau de terrain inégal planté de vieux châtaigniers à proximité du canal du Danube » faisait partie des anciens jardins Rasumofsky – mais l'endroit avait depuis longtemps perdu tout caractère aristocratique pour devenir un quartier petit-bourgeois. Un quartier que Wittgenstein connaissait bien car le centre de formation des instituteurs, qu'il avait fréquenté en 1920, se trouvait lui aussi à la Kundmanngasse. Peut-être ne fut-il pas étranger au choix de ce lieu. Le fait est qu'il ne tarde pas à s'installer dans une petite maison qui se trouvait sur le terrain et qui allait servir de bureau d'architecte. Dès lors, toute la correspondance relative à la maison, ainsi que les plans, allaient porter l'en-tête : « Paul Engelmann & Ludwig Wittgenstein, Architectes ».

Les travaux préparatoires, on l'a vu, avaient été menés très loin. Dès le terrain acquis, les plans définitifs purent être complétés très vite, en partie grâce au fait que la topographie en était favorable et se prêtait sans grands changements aux plans préétablis. Cependant, ni Engelmann ni Wittgenstein – qui avait une formation d'ingénieur-mécanicien – n'avaient la

1. Voir à ce sujet Wijdeveld, *op. cit.*, p. 101.

moindre expérience du bâtiment. Il leur fallait donc un professionnel. On le trouva en la personne du jeune ingénieur en bâtiment Jacques Groag à qui, sur la recommandation d'Engelmann, furent confiés calculs et aspects techniques de la construction. Comme Engelmann, dont il était un parent éloigné et un ami de jeunesse, Groag appartenait à ce cercle d'intellectuels juifs de Moravie d'expression allemande, avec lequel Wittgenstein était entré en contact pendant sa formation d'officier, durant la Première Guerre mondiale. Parallèlement à ses études d'ingénieur en bâtiment à l'université technique de Vienne, Groag avait aussi été l'élève et le collaborateur d'Adolf Loos. Il n'est pas impossible que Wittgenstein et lui se soient rencontrés à Olmütz en 1917, date à laquelle tous deux y suivirent une formation d'officier d'artillerie. Groag travaillait alors encore pour Loos, notamment sur le chantier de la Villa Moller. Il était à l'orée d'une carrière qui allait faire de lui l'un des élèves de Loos les plus en vue et l'un des architectes autrichiens les plus intéressants de l'entre-deux-guerres[1]. L'homme était compétent et doué de personnalité ; entre Wittgenstein et lui – il fallait s'y attendre – la controverse fera parfois rage. C'est vraisemblablement dès septembre-octobre 1926 que Groag entre en scène, au moment où les plans doivent être finalisés et déposés. Il est fort possible que le dessin en couleurs du bâtiment soumis aux services de l'urbanisme soit de sa main. Dans la phase avancée du chantier, selon toute vraisemblance, Groag ne s'est pas borné à exécuter les plans, il leur a aussi apporté sa contribution. Ce qui complique encore la tâche d'évaluer avec précision la part de chacun – Engelmann, Wittgenstein et probablement Groag –, dans l'édifice final.

L'idée première de Margaret, telle que la traduisent les esquisses d'Engelmann, partait d'une conception assez conventionnelle, encore fortement marquée par le néoclassicisme typique des villas de la fin du XIXe siècle : un bâtiment de grandes dimensions, ordonné par une stricte soumission à la

1. Voir à ce sujet Ursula Prokop, *Das Architekten- und Designerehepaar Jacques und Jacqueline Groag*, Böhlau Verlag, Vienne, 2005.

symétrie[1]. Les caractéristiques d'une habitation moderne, telles que les avait définies Loos n'y étaient pas prises en compte. Dans de nombreux écrits datant des dernières années du XIXe, Loos, l'un des pères de l'architecture moderne, s'en était pris violemment à l'historicisme alors dominant. Il s'était battu contre l'ornementation – on se souvient de son pamphlet célèbre – *Ornement et crime* – au bénéfice de nouvelles catégories esthétiques, fondées sur le fonctionnalisme et la vérité des matériaux. Il avait plaidé pour une révolution dans la conception de l'espace en architecture : il s'agissait pour lui de planifier les volumes de l'intérieur vers l'extérieur (et non plus le contraire). D'habiles différences de niveaux devaient permettre la plus grande économie d'espace possible, tout en donnant à l'intérieur une intimité selon lui essentielle. Vus de l'extérieur, ses bâtiments se caractérisent en revanche par une sorte de fermeture défensive.

VERS LA DIFFICILE SYNTHÈSE D'IDÉES DIFFÉRENTES

Grâce aux esquisses d'Engelmann et aux dix variantes, très différentes, qu'elles comportent, on peut suivre le laborieux processus dialectique par lequel il a fallu passer pour essayer de concilier la vision classique de Margaret avec les principes définis par Loos. Engelmann, d'emblée très sceptique sur la possibilité d'une telle entreprise, se sentit vite dépassé, puis soulagé lorsque Wittgenstein prit les choses en main. Si, au début du processus, la participation de Wittgenstein s'était limitée à offrir des conseils de manière informelle, son engagement officiel, dès le mois de juin, avait conduit à une participation intensive. Il n'est cependant guère possible d'en retrouver avec précision la trace. Margaret, qui avait en mémoire la maison paternelle, tenait absolument à un escalier monumental, en contradiction absolue avec le principe loosien d'un hall central (imité des maisons de campagne anglaises).

1. Voir Wijdeveld, *op. cit.*, pp. 80 et s.

Les esquisses de la septième phase montrent cependant que l'on était parvenu à une synthèse de ces deux éléments en principe irréconciliables – qui sera maintenue dans le plan définitif. Cette « quadrature du cercle » architectonique est bien, semble-t-il, à mettre au compte de Wittgenstein. La distribution de plus en plus rigoureuse des pièces finit par se projeter sur l'apparence extérieure du bâtiment, qui se dépouille de toute ornementation et prend peu à peu des allures cubiques. La symétrie caractéristique des premières phases finit elle aussi par être abandonnée.

Les plans finalement soumis aux autorités présentent encore d'autres modifications importantes, nées des contraintes inhérentes au terrain choisi. Ces changements sont très vraisemblablement de la main de Wittgenstein. En plus d'un remaniement des proportions, conforme à la recherche wittgensteinienne d'une harmonie idéale, furent ajoutés, au nord-ouest, une annexe destinée à recevoir les appartements privés de Margaret, un ascenseur ainsi qu'un escalier de conception révolutionnaire, érigé autour d'un puits de lumière. L'emploi du béton armé et des techniques de construction les plus récentes laissent deviner l'intervention de Jacques Groag. Travailler avec Wittgenstein ne s'avère cependant pas de tout repos, comme en témoigne une lettre de Groag à son frère, datant d'une phase de la construction pendant laquelle le philosophe ne cessait de proposer des changements : « Cher Emo ! Je rentre à la maison après une journée de vilaines disputes, discussions, tracasseries, complètement déprimé et avec une migraine. Et cela se passe souvent comme ça ; entre Wittgenstein et moi, la plupart du temps. Il y a de telles divergences dans notre façon de concevoir les choses sur le plan technique et financier qu'il y a continuellement des frictions. J'en suis horriblement contrarié car ce sont des malentendus ; je voudrais les éviter, voyant fort bien où cela peut mener : soit il y aura un jour un éclat tel que je vais tout laisser tomber, soit je vais devenir encore plus nerveux que je ne le suis déjà, soit enfin je prends les choses à la légère, sans me préoccuper du tout des dépassements de budget qui vont à coup sûr se produire[1]. » Les conflits perdurèrent jusqu'à l'achèvement des travaux. Après le retour de Wittgenstein à Cambridge en 1928, et jusqu'en 1929, la construction subira encore de nombreux ajustements, sous la conduite du seul Groag.

Wittgenstein tenait à la concrétisation de sa vision d'une architecture toute de clarté et d'harmonie, réalisée avec la plus grande précision possible. Il ne se mit pas moins pour autant, et avec beaucoup de finesse, à l'écoute des idées très arrêtées de sa sœur. Grâce à l'adjonction de l'annexe nord-ouest, il lui offrit, au rez-de-chaussée, à côté de l'appartement « officiel », de représentation – hall d'entrée, salle à manger, bibliothèque, ainsi que les deux terrasses – un appartement privé, « non officiel ». Cette distribution de l'espace était inhabituelle, comme l'était aussi l'agencement de l'appartement lui-même : le salon privé et le *dressing-room* étaient reliés par une sorte de boudoir où était installé le lit de Margaret – qui, recouvert d'une soierie, faisait office de sofa pendant la journée. Une bonne partie du premier étage était réservée à Jérôme et à son valet. Les époux, certes, vivaient séparés la plupart du temps, mais il n'était pas question que Jérôme, durant ses visites, soit relégué dans l'une des nombreuses chambres d'hôte. Cet étage comprenait encore le logement des employés. Les enfants étaient au deuxième étage. L'apport de Wittgenstein ne s'est pas limité aux plans de la maison, il y a apporté nombre d'innovations d'ordre technique. Il s'est chargé notamment de dessiner les portes et fenêtres – dont la hauteur donne au bâtiment une verticalité qui la distingue de l'architecture de Loos –, qu'il a choisi de faire réaliser en métal. Une idée dont l'exécution s'avérera extrêmement complexe et coûteuse, dans la mesure où leurs dimensions devaient être respectées au millimètre près. La mise en œuvre d'un ingénieux système de volets métalliques s'élevant du sol sera elle aussi émaillée de difficultés. Ascenseur, luminaires, radiateurs feront également l'objet des soins de Wittgenstein qui en dessinera jusqu'au moindre détail, ayant souvent à inventer des solutions inédites. Tant d'innovations

1. Lettre non datée de Jacques Groag à son frère Emo, que divers indices situent à la fin de l'automne 1926 ou 1927.

plaisaient à Margaret qui, elle-même, s'était plu à en concevoir lors de la transformation de la Villa Toscana. Ainsi avait-elle fait installer un système d'aspirateur central, totalement inusité à l'époque, et avait-elle conçu, avec Perco, des radiateurs d'une forme polygonale absolument non orthodoxe[1]. Une idée que l'on retrouve dans la forme des radiateurs de coin retenue pour le Palais Stonborough.

Proportions idéales, harmonie des espaces intérieurs, l'esthétique épurée voulue par Wittgenstein était pour lui l'expression d'une exigence éthique. L'extrême simplicité qu'il postulait impliquait aussi le rejet de toute moulure, seuil, ou bordure. Elle réclamait en même temps une absolue exactitude qui mettait à rude épreuve les corps de métiers engagés dans les travaux. Le perfectionnisme de Wittgenstein était sans compromis : fin 1927, alors que la structure du bâtiment est presque achevée, il n'hésite pas à faire surélever tous les plafonds afin que soient respectées les proportions idéales. C'est sans doute à cette correction, contraire à toute rationalité économique, que fait allusion Hermine Wittgenstein dans ses *Souvenirs*, lorsqu'elle rapporte qu'un ingénieur s'était un jour effondré en larmes. Il y a fort à parier que l'ingénieur en question n'était autre que le très sensible Jacques Groag, responsable de la planification financière des travaux.

L'AMÉNAGEMENT DE LA MAISON

L'équipe d'architectes n'avait pas manqué de prévoir, au dernier étage, un certain nombre d'armoires encastrées. Une idée de Jacques Groag probablement. Dans son purisme radical, Wittgenstein récusait à la fois rideaux, tapis et lustres à suspension. Lorsqu'on en vint au stade de l'aménagement intérieur, il entreprit de dessiner des meubles. On sait que, fin 1928, il avait déjà réalisé un prototype de siège[2]. Toutefois, il

1. Voir à ce sujet Ursula Prokop, *Rudolf Perco*, Vienne, 2001, p. 99.

2. M.St. à Thomas St., 2.12.1928/P.St. « L'aménagement de la maison avance lentement mais sûrement. Luki est en train de dessiner et de construire un fauteuil. »

fit montre de telles exigences que les choses ne semblent pas avoir été plus loin que le stade expérimental. Pour Wittgenstein, le facteur temps ne comptait pour rien quand il s'agissait de parvenir à une solution parfaite, comme le donne à comprendre une lettre que lui adresse sa sœur alors qu'il est déjà reparti pour Cambridge : « Si tu cherches une occupation lucrative, tu peux toujours dessiner des meubles pour la maison entière. Elle a un besoin criant de bons meubles. Mais on peut bien la laisser crier un peu. Quelques années si c'est nécessaire[1]. » Ce projet, bien que non urgent, ne se concrétisera jamais, victime d'une succession d'événements imprévus. Margaret allait en effet perdre la plus grande partie de sa fortune dans le krach boursier de 1929, se trouvant dès lors forcée de réduire drastiquement son train de vie, comme elle l'expliquera à son frère : « Louer un tout petit appartement me paraît le seul moyen de procéder à un radical *cutting down of expenses.* C'est drôle : on se casse la tête pour trouver une solution à la question des fauteuils puis le nœud gordien est tranché d'une manière inattendue. Voici deux semaines, j'avais demandé à l'ébéniste Wenzel d'exécuter tes deux modèles de sièges en noyer, pensant que l'on verrait alors beaucoup mieux à quel point ils sont éloignés du bon modèle[2]. » Pour finir, Margaret aménagera la maison à son goût, qui était de mélanger en toute liberté les époques et les styles. À côté des meubles anciens et des objets des *Wiener Werkstätte,* le caractère de l'ensemble était donné par les œuvres d'art qu'elle avait rassemblées. L'« architecture silencieuse » de Wittgenstein, avec ses parois nues, leur offrait un écrin idéal, souvent rehaussé de somptueux arrangements floraux. Étonnamment, Wittgenstein ne fit aucune objection, admirant au contraire le goût de sa sœur. De nombreuses années plus tard, alors que l'arrivée au pouvoir des nazis aura une nouvelle fois bouleversé la vie de la famille, Ludwig, en Angleterre, s'en souviendra avec nostalgie. « Hier, je ne sais

1. M.St. à Ludwig W., s.d., été 1929/P.St.

2. M.St. à Ludwig W., s.d., vraisemblablement début 1930, citée par Brian McGuiness, *op. cit.* p. 113.

pas pourquoi, j'ai pensé à la Kundmanngasse, à la manière délicieuse et combien bienfaisante dont tu l'as aménagée. C'est une chose où nous nous comprenons[1]. » En revanche, le regard rétrospectif que Wittgenstein jetait sur la maison elle-même était loin d'être sans réserve. Distinguant en effet le « grand art », lequel se doit pour lui d'être original et instinctif, de « l'art reproductif », plus raffiné, il note : « Dans le même sens, ma maison pour Gretl est le produit d'une délicatesse résolue, de bonnes manières, l'expression d'une grande compréhension (pour une culture, etc.). Mais la force vitale, qui veut jaillir et se donner libre cours, fait défaut. On pourrait dire aussi qu'il lui manque de la santé[2]. » Cette autocritique est cependant typique d'un Wittgenstein toujours doutant de lui-même, d'un Wittgenstein au trois quarts juif par son ascendance et qui avait fait sien le cliché antisémite – répandu notamment par Richard Wagner – selon lequel les juifs possédaient certes des qualités « reproductives » mais étaient dépourvus de « forces originales »[3].

Le même scepticisme l'habite lorsque, sous l'influence de son ami le sculpteur Michael Drobil – dont il avait fait la connaissance en captivité et dont il appréciait beaucoup le travail – il se lance lui aussi dans la sculpture. Au cours de l'été 1926, il réalise une tête de jeune femme. Le point de départ de l'entreprise semble avoir été une critique que Wittgenstein avait formulée à l'égard d'une sculpture de Drobil (probablement *Die Kauernde* – l'accroupie). Il s'y était lancé à un moment où l'on travaillait certes aux plans du Palais Stonborough mais où, faute d'avoir résolu la question du terrain, l'on était en quelque sorte forcé d'attendre. Margaret dépeint l'atmosphère d'alors à sa sœur : « Luki, Engelmann et Drobil sont assis à leur table de travail, pendant que Koder [Rudolf

1. Ludwig W. à M.St. fragment non daté d'une lettre, vraisemblablement 1939/BNA/1190/1-23.

2. Cité par Nedo/Ranchetti, *op. cit.*, p. 216.

3. Voir Richard Wagner, *Das Judentum in der Musik* (1850), en particulier la polémique contre Mendelssohn, que Wittgenstein fait sienne quand il affirme que la musique de ce dernier n'est pas du « grand art ».

Koder, ami et collègue enseignant de Wittgenstein] joue la sonate pour orgue de Labor[1]. » La tête de jeune femme, qu'il faut peut-être voir aussi comme une tentative de s'approprier l'espace dans ses trois dimensions, sera pour finir exposée dans le Palais Stonborough.

LUDWIG WITTGENSTEIN ET MARGUERITE RESPINGER

Même si la tête façonnée par Wittgenstein n'est pas censée figurer le portrait d'une personne réelle mais bien plutôt donner forme à un classicisme intemporel, il est généralement admis qu'il a pris pour modèle la tête de Marguerite Respinger, ses mesures tout au moins. Au départ, la jeune Suissesse était venue à Vienne pour suivre un cours de dessin dans une école d'art. Elle avait très vite été intégrée dans le « clan Wittgenstein », par les soins de Margaret qui avait fait de la jeune femme sa protégée. Ludwig, dont l'attitude à l'égard des femmes était d'ordinaire des plus distantes, s'était bientôt découvert pour la « petite Marguerite » un penchant marqué. Elle n'était pas compliquée et sa simplicité – d'aucuns disaient superficialité – était pour lui reposante, lui donnait l'occasion de se détendre après la tension du travail sur les plans de la maison de sa sœur. Il l'avait expressément priée de s'abstenir avec lui de toute discussion de nature intellectuelle. Marguerite Respinger raconte, dans son livre de souvenirs, que Ludwig, lorsqu'il y avait du monde chez les Stonborough, l'entraînait souvent à l'écart, se plongeait des heures durant dans son monde intérieur, échangeant rarement une parole avec elle mais la regardant de temps en temps avec un sourire tendre. Fait remarquable si l'on songe que Wittgenstein avait coutume, face à tout interlocuteur dont il jugeait le niveau intellectuel suffisant, de se lancer dans d'interminables monologues. Avec le « petit animal »,

1. M.St. à H.W., 27.7.1926/P.St. Au même moment, Wittgenstein s'essayait aussi à la photographie. La sonate pour orgue était due au compositeur aveugle Josef Labor, que la famille a soutenu.

comme il lui arrivait aussi de désigner Marguerite, il aimait, après le travail, se changer les idées en fréquentant les cinémas de banlieue où l'on donnait des westerns, ou encore en se mêlant à quelque fête populaire. On terminait la soirée en croquant une bricole dans un café.

La jeune femme, qui avait alors une vingtaine d'années, était flattée de l'attention de cet homme – son aîné de quatorze ans – à la personnalité hors du commun et qui semblait échapper à toutes les normes. Quand bien même il était membre du clan Wittgenstein, dont la richesse était légendaire, Ludwig vivait lui-même au bord de la pauvreté, ne se souciant aucunement de son apparence, se mouvant avec aisance dans la société la plus élégante. Ce contraste singulier de deux mondes opposés dans lesquels Wittgenstein semblait vivre troublait Marguerite mais l'attirait aussi. Son inclination pour lui n'était cependant pas sans limites. La manière tout à fait inhabituelle dont Wittgenstein paraît lui faire la cour, ses tentatives de l'entraîner sur les hauteurs d'une morale raréfiée, finissent par épuiser et tout bonnement ennuyer cette jeune femme pleine de vie. Margaret ne manque pas de prendre part au processus « éducatif » auquel est soumise Marguerite : sa façon de s'habiller lui vaut des critiques, on la persuade d'interrompre ses études de dessin pour lesquelles elle n'a, lui dit-on, pas le moindre talent. Faut-il s'étonner si la jeune femme préfère bientôt se réfugier dans la compagnie de la jeune génération ? Ses visites répétées sur le chantier de la maison de « tante Gretl » éveillent bientôt les soupçons. « Marguerite [...] passe beaucoup de temps dans le bureau du chantier. J'aimerais bien savoir pourquoi. Ai-je tort de ne pas croire à la réalité du plaisir qu'elle prétend trouver au travail qui s'y fait[1] ? »

De fait, celui qui attire Marguerite sur le chantier, c'est moins Ludwig que Talla Sjögren, dont les compétences techniques se révèlent très utiles. Wittgenstein avait tendance à se dérober face à qui cherchait à l'approcher de trop près. Il

1. M.St. à Thomas St., 7.10.1928/P.St.

devait donc trouver plutôt confortable la sérénité émotionnelle manifestée par Marguerite à son endroit. Il est difficile de savoir s'il s'est, à l'époque, rendu compte de l'attirance de Marguerite pour Talla. Le fait est qu'à cette même époque son amitié pour le même Talla semble s'être faite plus étroite tandis que se dénouaient ses liens avec Arvid, le frère de celui-ci, lequel, de son côté, par jalousie peut-être, professait la plus grande réserve à l'égard de Marguerite. Ainsi Margaret rapporte-t-elle à son fils, lorsqu'elle s'installe dans sa nouvelle demeure : « Dalli [Talla] m'aide à tout installer, suspendre, transporter. Il est tout à fait dans les bonnes grâces de Luki. Arvid au contraire beaucoup moins[1]. »

Lorsque Marguerite choisit de confier à « tante Gretl » qu'elle est follement éprise de Talla – ou du moins qu'elle croit être amoureuse de lui –, elle ne s'attend certainement pas à la réaction que sa confidence provoque. Margaret prend aussitôt les choses en main, d'une manière qui montre combien elle pouvait être autoritaire dans sa façon de traiter les gens pour faire ce qu'elle pensait être leur bien. Elle convoque les deux jeunes gens pour un entretien d'où elle tire la conviction que leurs sentiments l'un pour l'autre n'ont pas la maturité requise en vue d'un lien définitif. Elle suggère à Talla de se rendre quelque temps aux États-Unis afin d'y acquérir un gagne-pain. Elle juge en effet qu'il n'y a aucun avenir dans un pays aussi misérable que l'est alors l'Autriche. À cette fin, elle mobilise son fils Tommy, lequel, après avoir achevé ses études à Vienne, séjourne depuis quelques mois déjà en Amérique. Il est chargé d'aider Talla, tant pour les formalités administratives que pour la recherche d'un emploi.

Il n'est pas exclu que Margaret ait cherché à contrarier cet amour naissant parce qu'elle croyait encore à la nécessité de défendre la relation entre Marguerite Respinger et son frère. Peut-être espérait-elle pouvoir lier Ludwig, d'une manière ou d'une autre, à cette jeune femme dont la présence semblait lui procurer le repos et la détente dont il avait tant besoin.

---

1. M.St. à Thomas St, 2.12.1928/P.St.

Un épisode, survenu fin 1928, en même temps que l'affaire Talla-Marguerite, révèle d'ailleurs combien Wittgenstein tenait alors à son « petit animal ». Il avait dû se soumettre à une intervention chirurgicale bénigne mais très désagréable. Les douleurs importantes qui étaient à l'époque encore associées à ce type d'intervention étaient chez lui aggravées par le mauvais état de son système digestif, conséquence d'un empoisonnement dont il avait été victime à l'armée. Ses douleurs provoquent une véritable crise traumatique. Complètement épuisée, Margaret écrit à son fils : « Tu ne peux imaginer un tel état de nervosité et d'hypersensibilité, confinant presque à la folie. Une semaine de gémissements ininterrompus, de crises de larmes, d'états de panique. *A week of nightmares.* Le pauvre est maintenant presque tiré d'affaire, mais j'ai vu avec effroi ce qui se cache derrière une façade de presque normalité. À part moi et plus tard Marguerite, personne n'avait, naturellement, permission de l'approcher[1]. »

MARGARET S'ENGAGE DANS LA RÉINSERTION DES JEUNES CRIMINELS – L'INCENDIE DU PALAIS DE JUSTICE

L'« affaire Marguerite Respinger » allait se prolonger durant quelques années encore, avec une intensité variable, mais c'est sur un autre plan que les manœuvres de Margaret allaient être couronnées de succès. Elle voulait que Ludwig reprenne ses activités scientifiques et renoue des liens – qui n'avaient du reste jamais été totalement coupés – avec le monde académique. Elle organise donc une rencontre avec le chef du Cercle de Vienne, le philosophe Moritz von Schlick. Ce dernier était depuis longtemps en contact épistolaire avec Wittgenstein. Il avait même entrepris d'aller trouver Ludwig à Otterthal, sans savoir qu'il avait alors déjà cessé d'y enseigner. Lorsque, en février 1927, Schlick propose une nouvelle rencontre pour discuter de problèmes de logique, c'est Margaret

1. M.St. à Thomas St., 2.12.1928/P.St.

qui, au nom de son frère, répond à Schlick que Wittgenstein ne saurait pour l'heure se concentrer sur des problèmes de logique, car il est pleinement occupé par un travail – les plans de sa maison – qui réclame toute son énergie. Si toute forme de débat public est exclue pour l'heure, elle ajoute néanmoins que Wittgenstein ne serait pas opposé à le rencontrer seul, pour un échange de vues. Elle invite donc Schlick pour le thé, lui donnant une première occasion de discuter avec Wittgenstein[1]. Selon la légende, les partenaires de ce tête-à-tête en auraient tiré des conclusions fort divergentes. Selon Engelmann, Wittgenstein aurait déclaré après la rencontre : « Chacun de nous deux a eu l'impression que l'autre était fou. » La veuve de Schlick se souvenant au contraire que son mari était revenu de cet entretien, si longtemps convoité, dans un état proche de l'extase. Il s'en était suivi, jusqu'à fin 1928, plusieurs rencontres avec d'autres membres du Cercle, comme Friedrich Waismann ou Rudolf Carnap. Au reste, il semble que Wittgenstein se soit relativement peu exprimé sur des problèmes philosophiques ; les problèmes architecturaux occupaient alors entièrement son esprit. Par ailleurs l'orientation positiviste du Cercle de Vienne était par trop éloignée de ses propres positions. Néanmoins, bien des années plus tard, il regardera ces rencontres comme le début de son retour à la philosophie.

Quant à Margaret, sa propension à intervenir dans la vie d'autrui ne lui évite aucunement les difficultés dans la sienne. L'éducation de ses fils s'avère en particulier plus ardue que prévu. Devant la carrière scolaire misérable de « Ji », elle se résout, le cœur gros, à expédier « son petit » dans le très sévère et élitaire internat allemand de Salem, où il sera assez malheureux. Pour lui rendre visite, en 1927, Margaret prend l'avion pour la première fois – de Vienne à Munich – et trouve beaucoup de plaisir à ce qui était encore une aventure. Les deux frères von Zastrow poursuivent à Vienne une scolarité plutôt chaotique et leurs problèmes d'adolescence ne

1. Paul Engelmann, « A Memoir », in F. A. Flowers, *Portraits of Wittgenstein,* Bristol, 1999, vol. 2, pp. 66 et s.

sont pas sans donner parfois de gros soucis à leur mère adoptive. Malgré les efforts qu'elle fait pour sauver son mariage, sa relation avec Jérôme est toujours des plus difficiles, une source constante de tension intérieure. De retour d'une visite à Paris, elle se confie avec une étonnante franchise à son fils Tommy, usant pour décrire son mariage, d'une métaphore des plus révélatrices : « Si je devais donner une image de l'état des choses, je parlerais d'un salon amical, avec un plancher des plus minces recouvrant un abîme empli de vieilles blessures, de thèmes dangereux, de choses refoulées et non dites. Nous sommes assis au-dessus, aimables, amicaux même parfois, et tout va pour le mieux pour autant que nous nous contentions de ne parler que de l'aménagement du salon. Je voudrais toujours verser de l'amour sur ce plancher pour le renforcer. Comme il est bon que dans cette maison qui est la nôtre – à toi et à moi – nous puissions ensemble, et aussi souvent que nous le voulons, descendre dans le sous-sol. Descendre à la cave ou monter sur le toit[1]. » Durant ces années, son fils Tommy tient un double rôle. Il est d'une part le confident, l'égal amical avec lequel elle peut parler de presque tout, sans cesser d'être, d'autre part, le fils à élever, en qui elle place ses espoirs et qu'il lui faut parfois discipliner. Lorsque, en 1928, ayant achevé ses études à Vienne, le jeune homme se rend en Amérique pour suivre les cours, à la fois théoriques et pratiques, d'une sorte d'école de sciences sociales, Margaret est pleinement satisfaite. Parce qu'elle s'y intéresse elle-même, il lui plairait bien que son fils se consacre au travail social, en particulier dans les prisons ou les « asiles de fous ». Comme ce sera aussi le cas plus tard avec Marguerite Respinger, l'idée qu'une telle ambition puisse excéder les forces de son fils ne semble pas l'effleurer.

Les Wittgenstein ont le goût d'éduquer. Ils collaborent activement à diverses œuvres qui prennent en charge des jeunes en difficulté et des marginaux. C'est un goût que Margaret, on l'a déjà vu, possédait aussi. Le « cas Geiger » est un exemple de

1. M.St. à Thomas St. 31.3.1927/P.St.

l'étendue du réseau tissé par la famille dans ce domaine. Ernst Geiger avait été l'élève de Ludwig dans le village de Puchberg. À l'instigation de ce dernier, il avait été envoyé à Vienne pour y faire son lycée. Il fréquentait le « Centre de jour » géré par Hermine et logeait à Grinzing, dans le foyer d'une amie de cette dernière, Hélène Lecher. Au printemps de 1926, peu de temps avant que Ludwig ne quitte l'enseignement, le garçon, à peine âgé de quatorze ans, commet un larcin. Les Wittgenstein organisent alors une action concertée. C'est lorsqu'il tente de vendre à un bijoutier la montre en or volée que le garçon est pris. Alerté par son jeune âge, le bijoutier avait en effet prévenu la police. Hermine, avertie par Hélène Lecher, se sent d'autant plus tenue d'agir qu'Ernst Geiger est un protégé de son frère. Nerveuse et désemparée, elle écrit aussitôt à Ludwig et à un ami de celui-ci, l'instituteur Ludwig Hänsel[1]. Margaret, bien plus pratique, et qui a des relations dans tous les milieux, entre en scène elle aussi. Tandis que Ludwig, du fin fond de la vallée où il enseigne, a quelque peine à prendre la mesure de l'événement et se tient plutôt en retrait, Margaret insiste pour que l'adolescent soit livré à l'établissement pénitentiaire pour mineurs qui vient d'être fondé avec la mission, alors très progressiste, de réinsérer les jeunes délinquants. Geiger est cependant trop jeune pour être condamné. Margaret n'en insiste pas moins auprès du directeur de l'établissement, Richard Seyss, pour que le jeune voleur soit « détenu pendant un mois à l'isolement[2] ». On ne sait hélas pas comment l'affaire s'est terminée. Toujours est-il qu'Ernst Geiger est resté l'un des protégés des Wittgenstein. Lorsque Ludwig repart pour l'Angleterre, c'est Margaret qui le prend sous son aile, informant régulièrement son frère des progrès de l'adolescent. La « resocialisation » de Geiger, qui, plus tard, exercera l'honorable profession de pharmacien, n'ira pas sans peine. Jeune homme, il accumulera en effet les dettes de jeux, causant à sa protectrice des soucis dont elle se serait bien passée. Les Witt-

1. Voir à ce sujet Konrad Wünsche, *Der Volkschulehrer Ludwig Wittgenstein*, Francfort sur le Main, 1985, pp. 399 et s.

2. M.St. à Thomas St., s.d., vers juin1926/P.St.

genstein resteront cependant en contact avec lui jusqu'à la Seconde Guerre mondiale, et même au-delà.

Il vaut la peine de s'arrêter à la description de l'affaire que Margaret livre à son fils dans la lettre brièvement citée plus haut. On y découvre d'une part que son intérêt pour la psychologie et l'éducation l'avait conduite depuis longtemps déjà à rencontrer Richard Seyss, directeur de la maison de redressement (et frère d'Arthur Seyss-Inquart qui deviendra l'un des plus éminents dignitaires nazis d'Autriche et sera notamment gouverneur du Reich aux Pays-Bas avant d'être condamné à mort lors du procès de Nuremberg). D'autre part, que Ludwig Hänsel, dont Ludwig avait fait la connaissance en captivité, était lui aussi un de ses conseillers en matière d'éducation et de réinsertion. Elle correspondait avec lui et il faisait partie du vaste cercle des gens qui fréquentaient son salon. Il avait même donné des cours de soutien à son fils John. Margaret aurait aimé transmettre à ses fils son intérêt pour la réinsertion des délinquants juvéniles. Elle aurait souhaité qu'ils en fassent même leur profession. C'est d'ailleurs pour cette raison qu'elle avait poussé Thomas, alors qu'il étudiait encore à Vienne, à travailler dans l'institution de Seyss. Ces contacts avec la famille Seyss, noués dans le cadre d'activités de bienfaisance – mais qui excluaient toute affinité politique – ne seront pas sans importance au moment du rattachement de l'Autriche au Reich allemand en 1938 (Anschluss). Il demeure que cette lettre à Thomas montre aussi la rigidité de ses positions en matière de « redressement », très éloignées des vues défendues au même moment par des pédagogues réformateurs comme Otto Glöckel ou Maria Montessori. On sait que Wittgenstein lui aussi avait une vision très rigide et conservatrice de sa profession d'instituteur, sous l'influence peut-être de son ami Hänsel, proche des catholiques conservateurs[1].

La lettre où elle raconte à son fils les dramatiques événements du 15 juillet 1927, jour où fut incendié le palais de

1. Voir à ce sujet Konrad Wünsche, *op.cit.*

justice de Vienne, confirme, elle aussi, le conservatisme des positions politiques de Margaret – qui, pourtant, fréquente plusieurs politiciens de la social-démocratie viennoise. Face à l'actualité politique de l'heure, Ludwig pense d'ailleurs comme elle. L'extrême tension qui prévalait alors dans une Autriche divisée en deux camps avait conduit le pays au bord de la guerre civile au terme d'une série d'incidents. En janvier 1927 déjà, des affrontements entre manifestants socialistes et frontistes de droite à Schattendorf, dans le Burgenland, avaient dégénéré, faisant deux victimes et de nombreux blessés du côté socialiste. Le 14 juillet, les frontistes accusés de meurtre dans le procès des événements de Schattendorf avaient été relaxés par la justice, entraînant, le lendemain, une manifestation de protestation des travailleurs, qui avaient pris d'assaut puis incendié le palais de justice. Lorsque les manifestants avaient voulu empêcher l'intervention des pompiers, la police avait chargé, tirant dans la foule. Le bilan avait été lourd : près de quatre-vingt-dix morts et des centaines de blessés. Voici ce que Margaret en dit à son fils : « Ce fut une étrange journée. Comme je ne sais pas ce que vous avez pu en apprendre, je vais te la raconter en détail. Le matin, je me suis rendue au bureau du chantier sans me douter de rien, traversant des groupes de gens très énervés. Groag est arrivé avec la nouvelle que les communistes étaient en train de mettre le feu au palais de justice, que la police avait tiré dans la foule, qu'il y avait des morts et des blessés. J'ai pris tout ça *cum grano salis* et je me suis rendue avec Luki chez notre serrurier près de l'Alserstrasse. Là, les choses étaient carrément effrayantes : une foule d'horribles canailles étaient en train d'attacher des morceaux d'uniformes de la police sur un fil qu'ils tendaient au-dessus de la rue, de réverbère en réverbère. Je me suis dit, fichtre, comment vais-je faire pour me rendre à Schönborn cet après-midi ? Car telle était mon intention. Je suis arrivée sans encombre à la Renngasse, mais, derrière le Palais Kinsky, on voyait déjà les monstrueuses colonnes de fumée et de flammes s'élevant du palais de justice arrosé de benzine. L'après-midi, la fusillade s'était rapprochée mais je voulais tout de même essayer de rejoindre

Schönborn. Je suis donc partie avec Kutschera [le chauffeur] – *he was shaking in his boots* – en direction de la Bourse. Là, nous sommes tombés en plein milieu d'une bataille rangée entre la foule, la police et l'armée. Nous avons fait demi-tour. Au lieu de rentrer à la maison, j'ai décidé d'aller au centre-ville à pied. Toutes les boutiques étaient fermées, rideaux baissés. Il n'y avait que des gens qui hurlaient et couraient, et, par-dessus, le crépitement de la fusillade, la sirène des ambulances. [...] Puis, le téléphone étant coupé, les rumeurs les plus folles se mirent à circuler. Le soir, je suis ressortie. Dans notre coin, les choses étaient plus calmes, le champ de bataille s'était déplacé vers Mariahilf. Cependant, les flammes de l'incendie étaient incroyablement hautes : on n'avait pas laissé approcher les pompiers, quand bien même Seitz [Karl Seitz, le maire de Vienne] s'était lui-même juché sur une lance à incendie. Le lendemain matin, il n'y avait naturellement pas de journaux, mais un tract du Parti nous apprit que la grève générale avait été proclamée. Donc pas de poste, ni de télégramme ou de téléphone, pas de trams ni d'autres moyens de transport publics, la cessation de toute activité. Je décidai néanmoins de partir en voiture pour Gmunden. Nous sommes d'abord passés prendre Luki et Koder, puis ce fut le départ. Trois fois la foule nous a arrêtés, trois fois il a suffi que les gens regardent Luki pour se rassurer sur nos opinions. À chaque fois, on nous a laissé passer. À Lambach, on nous a fouillés, à la recherche d'armes et de munitions. Ludwig est resté une semaine ici, content. Sa présence a fait du bien à mon esprit, même si, physiquement, il me fatigue un peu[1]. » Vu d'aujourd'hui, ce récit très subjectif, avec ce qu'il laisse entendre d'un sentiment de danger personnel, paraît un peu exagéré. Il reflète pourtant l'opinion d'une majorité des bourgeois conservateurs pendant ces journées.

Entre la planification et l'achèvement du Palais Stonborough, soit à peu près entre l'été 1926 et Noël 1928, la situation de Margaret a considérablement changé : ses deux fils ne

1. M.St. à Thomas St. 27.7.1927/P.St.

vivent plus à demeure chez elle ; John, le cadet, est en internat à Salem, Thomas, l'aîné, est depuis l'été 1928 aux États-Unis, pour parfaire sa formation et nouer des contacts professionnels. Enfin, même s'il arrive que sa relation avec son mari s'apaise momentanément, celui-ci vit la plupart du temps à Paris. Sous son toit ne restent plus que ses deux fils adoptifs. On peut imaginer que Marguerite Respinger – à laquelle elle porte un grand intérêt – ait été ce moment-là pour elle comme une fille de substitution. C'est aussi une période où Margaret cède de plus en plus à la tentation d'intervenir dans le destin d'autrui. Après avoir réussi à expédier Talla Sjögren en Amérique, Margaret avait en effet entrepris de gérer la vie d'Arvid Sjögren, son frère, qui s'était épris de « Pussy » – Clara Salzer, la fille de sa sœur Hélène. Les parents de « Pussy » voyaient cette relation d'un œil d'autant plus sceptique que leur fille n'avait alors que quinze ans, mais Margaret soutenait les entreprises d'Arvid. Comme le jeune homme est nettement plus âgé que sa nièce, elle l'incite à écrire à la jeune fille, encore immature, des lettres « éducatives » censées encourager chez elle une moralité élevée. Un lien affectif très étroit liait depuis de nombreuses années Arvid et Ludwig. Un peu de jalousie et quelque soulagement pourraient bien être, fût-ce inconsciemment, à l'origine des interventions de Margaret dans les projets du jeune couple. Lorsque, quelques années plus tard, le mariage est finalement célébré, c'est chez elle, à la Kundmanngasse, qu'ont lieu les festivités[1].

LE PALAIS STONBOROUGH EST ACHEVÉ

Une anecdote qui date de cette époque montre que Margaret n'avait rien perdu de son intérêt pour l'art moderne, et qu'elle n'avait pas davantage renoncé à son envie de poser pour les peintres qu'elle admirait. À l'occasion de l'un de ses séjours à Paris chez Jérôme, à l'automne 1928, elle décide de

1. Voir à ce sujet H.W. à Ludwig W. in McGuiness, *op. cit.*, p. 148.

commander son portrait à Pablo Picasso. Celui-ci, déjà au faîte de la gloire, ne s'abaissait plus à peindre sur commande. Il refuse même de rencontrer Margaret, qui avait espéré l'en convaincre néanmoins. De retour à Vienne, elle se plonge à nouveau dans la construction de sa maison, qui progresse malgré les innombrables difficultés qu'engendrent Ludwig et son obsession d'une absolue précision dans l'exécution des plans. En décembre 1928, les travaux sont presque achevés et Margaret organise, à l'initiative de Ludwig, une fête en l'honneur de l'entreprise de construction et de ses ouvriers. Un geste typique des rapports d'extrême courtoisie que Wittgenstein entretenait tant avec les ouvriers qu'avec leurs patrons. En novembre déjà, il avait écrit au serrurier pour le remercier de la qualité et de la fiabilité avec lesquelles avaient été exécutés les travaux difficiles qu'il lui avait commandés. Comme elle l'écrit à son fils, ce n'est pas sans réticence que Margaret donne suite au souhait de son frère : « Voici trois jours, j'ai enfin donné la petite fête de fin de chantier en l'honneur du contremaître que Luki réclamait avec insistance depuis longtemps. Je m'étais fait longtemps prier et étirer comme une pâte à *strudel.* D'abord je ne voulais pas du tout de cette fête ; ensuite parce que tu n'étais pas là ; et enfin à cause du contremaître, Drobil, Koder, je ne sais plus... Mais tout s'est très bien passé, malgré le curieux mélange : Schlick, la famille, Luki et ses amis. J'ai fait un petit discours et la Baumayer [une pianiste, amie des Wittgenstein] a très bien joué. La maison est splendide[1]. »

Ainsi, après tant d'années d'errance, d'hôtels et d'appartements loués, Margaret s'apprête enfin à prendre possession de sa propre maison, laquelle lui « va comme un gant » selon le commentaire de sa sœur Hermine dans son recueil de souvenirs. Des souvenirs qui, d'ailleurs, ont été à la source de beaucoup de ce qui a été écrit au sujet de la maison et n'ont pas peu contribué à en faire un mythe. Était-elle vraiment cette « demeure faite pour les dieux », cette « logique faite

1. M.St. à Thomas St., 19.12.1928/P.St.

maison » qu'Hermine décrit avec emphase[1] ? N'était-elle pas davantage la synthèse durement acquise – et souvent géniale – des idées des diverses personnalités impliquées ? Les travaux auront duré deux ans, ce qui, eu égard aux problèmes techniques rencontrés, n'était pas extraordinaire. Le chantier de la Villa Moller, une maison plus petite qu'Adolf Loos avait construite à la même époque dans un autre quartier de Vienne – également en collaboration avec Jacques Groag – aura duré à peine moins longtemps. Quoi qu'il en soit, c'est la conjonction de deux personnalités hors du commun – Ludwig, l'architecte, et sa sœur, la maîtresse d'œuvre – qui a rendu possible la réalisation d'un tel projet, affranchi de toutes les catégories alors en vigueur.

Dès le départ, la maison semble cependant placée sous une mauvaise étoile. Alors que la fête inaugurale mentionnée plus haut s'était déroulée sans heurts et à la satisfaction générale, la première fête de Noël familiale célébrée peu après dans le nouveau Palais Stonborough tourne au fiasco. La crise est révélatrice du paradoxe de cette demeure que Margaret a voulue, malgré sa modernité, sur le modèle du palais familial, c'est-à-dire conçue pour une façon de vivre qui était celle du XIXe siècle et qu'elle cherche vainement à sauvegarder, fût-ce sous une forme contemporaine. Bâtie en fait bien trop tard, cette maison était pour Margaret une tentative désespérée pour arrêter la marche du temps, pour nier les changements survenus dans la société, l'éclatement de sa propre famille et l'échec de son mariage. « C'en est fini des fêtes de Noël », écrit-elle déprimée à son fils Tommy, lequel n'était d'ailleurs pas rentré des États-Unis pour y participer. « Ce n'était pas un beau Noël, et même si tout s'était bien passé, ça n'aurait pas pu l'être, car Noël sans toi est de toute façon "merdique[2]". En plus, il y a eu problème sur problème. Lorsque papa [Jérôme, son mari] est arrivé, il était d'excellente humeur et il l'était encore pour la distribution des étrennes, bien que sa manière démonstrative de ne pas s'adresser aux frères Zastrow ait été

1. H.W., *Souvenirs,* p. 122.

2. *Ein Schaas,* viennois pour *Scheisse (N.d.T.).*

pénible à supporter. » Le caractère difficile de Jérôme, son rejet persistant des enfants recueillis par sa femme, dont elle n'était bien sûre pas la seule à souffrir, devait conduire le jour suivant, lors de la fête de Noël quasi légendaire de l'« Alleegasse » – le palais paternel où résidaient encore Hermine et Paul –, à un éclat dont la nouvelle maison servit de prétexte. Voici ce qu'en rapporte Margaret : « Le lendemain vint une invitation de Paul priant papa d'assister à la distribution des étrennes à l'Alleegasse. Papa *was visibly delighted.* Quant à moi, je me suis aussitôt sentie mal et ce fut, naturellement, *a dismal failure.* Je sais bien que l'atmosphère de l'Alleegasse ne lui a jamais convenu, qu'elle lui a toujours inspiré le pire. Il a passé tout le dîner à pester contre ma maison, et avec Luki en face de lui, assis à côté de moi, j'aurais voulu être morte ! Sur le chemin du retour, j'ai commis la pire des erreurs, celle de lui demander : "Comment as-tu osé !!" Ce qui, bien sûr, a mis le feu aux poudres. Il a alors déversé sur moi et sur tout le monde toute la colère qu'il nourrissait contre lui-même. Je savais, en ouvrant la bouche, que c'était une erreur mais j'étais trop *exasperated* pour pouvoir me contenir. Et le pauvre Ji [John, son fils cadet], qui avait lutté toute la soirée contre ses larmes... En un mot comme en cent[1]... »

C'en était fini du rêve qu'elle avait longtemps caressé de « Noëls paisibles dans le cercle de la famille ». Bien qu'écrite plusieurs jours après cet événement, le ton et le style de la lettre trahissent la tempête affective qui s'est emparée de Margaret, déchirée entre sa loyauté à l'égard de son mari et l'amour et l'admiration qu'elle porte à Ludwig. Une tempête telle qu'elle provoquera un nouveau malaise cardiaque à la suite duquel elle devra longtemps rester alitée.

---

1. M.St. à Thomas. St., 29.12.1928/P.St.

VI

LES ANNÉES TRENTE – LES OMBRES S'ALLONGENT

LA VIE À LA KUNDMANNGASSE – MARGUERITE RESPINGER ET LUDWIG, LA RELATION S'INTENSIFIE

Début 1929 se produit une nouvelle césure dans la vie de Margaret. Même s'il reste quelques problèmes à régler, le Palais Stonborough, qui l'avait si longtemps occupée, est pour l'essentiel achevé. Et Ludwig qui, durant ces mêmes années, avait pris dans sa vie une place croissante, vient de repartir pour Cambridge, renouant avec ses recherches philosophiques après l'intermède qui l'avait vu s'adonner à l'enseignement puis à l'architecture. À peine arrivé, il fait savoir à Margaret que les autorités de Trinity College ont accepté de considérer le *Tractatus logico-philosophicus*, publié pour la première fois en 1921, comme thèse de doctorat et qu'il a dès lors l'intention de s'établir à Cambridge pour y poursuivre ses travaux[1]. Après le départ de Talla Sjögren, qui avait enfin obtenu son visa pour les États-Unis, Margaret dont ni le mari ni le fils aîné ne vivaient plus avec elle, se retrouve au centre d'un

1. M.St. à Thomas St., 1.2.1929/P.St.

cercle de plus en plus étroit. Les relations qui peu à peu s'approfondissent avec ses fils adoptifs, avec Jochen surtout, ne suffisent pas à combler le vide et à remplir le besoin qu'elle a toujours de s'occuper d'autrui. Du coup, elle ne cesse d'inviter nièces et filles d'amis dans sa maison trop grande, et, bien sûr, Marguerite Respinger. Visiblement, la jeune femme aime à se faire gâter et materner par Margaret. Les bobos incessants dont elle souffre – elle pourrait bien avoir été légèrement hypocondriaque – lui sont toujours un prétexte bienvenu pour se réfugier dans les bras de « tante Gretl » et s'installer pour quelque temps chez elle.

Sa passion éducatrice pousse Margaret à se soucier aussi des enfants de son ancien propriétaire et ami, le comte Franz Schönborn-Buchheim. Elle aimait beaucoup Georg Schönborn, fils d'un premier mariage du comte et ami de son propre fils Thomas, mais pensait pis que pendre des fils de son deuxième mariage. Elle se crut donc tenue d'intervenir. Favorablement impressionnée par la qualité de l'éducation dispensée à Salem, l'internat allemand chic où étudie son deuxième fils, John, elle soumet l'affaire au fondateur de cette institution, le célèbre pédagogue Kurt Hahn. Sa lettre est remarquable à plus d'un titre. On peut y lire, d'abord, le sentiment de supériorité que la fille de Karl Wittgenstein, le self-made man, héros comblé de la modernité, éprouve à l'égard de la vieille aristocratie. Issue d'une famille bourgeoise, libérale et intellectuelle, qui doit son ascension sociale à son talent, elle éprouve une condescendance certaine pour l'aristocratie. La plupart de ses représentants sont à ses yeux décadents et peu cultivés. Elle dit aussi crûment ce qu'elle pense des pratiques religieuses de la noblesse ainsi que de son rapport à l'argent. Une opinion qui lui vient tout droit de ses parents. « Je viens à nouveau vous demander aide et conseils. Il s'agit cette fois d'un cas particulièrement difficile, que je voudrais vous décrire ici de façon à la fois succincte et aussi détaillée que possible. [...] Le jeune Erwein, pour lequel je sollicite votre aide, est le fils d'un second mariage du comte, avec une femme qui n'est pas sans talent mais qui est faible. Le garçon est très peu doué, il a paru des années durant incapable d'apprendre quoi que ce soit. Il trouve son plaisir dans les mensonges et les vantardises les plus absurdes, jouant volontiers au seigneur. Son humeur alterne entre grande gentillesse et brutalité. J'ignore si un environnement pédagogiquement adéquat serait à même de venir à bout de telles faiblesses. J'en viens maintenant au milieu dans lequel il a grandi. Pour les meilleurs d'entre eux, les Schönborn seraient encore de bonne race. Ce sont des esprits sérieux, honnêtes, un peu lourds, plus proches du paysan avec toutes ses vertus et ses vices, que de l'intellectuel. Mais, comme la plus grande partie de la noblesse, ils n'ont hélas pas su marcher avec leur temps. Ils vivent à l'écart de la vie réelle des gens d'aujourd'hui. Ils n'en comprennent ni les nouveaux idéaux, ni les ambitions – avec les dangers qui peuvent en découler –, ni les manières d'agir. Ils n'ont plus de contact avec l'humanité d'aujourd'hui, plus de place à occuper ou de devoir à remplir. Le sang de l'époque ne coule pratiquement pas dans leurs veines ; du coup, il est fatal qu'ils tournent mal. Leurs enfants grandissent au sein d'un désert moral. Les appétits sexuels et les complications que leur satisfaction entraîne y prennent une place monstrueuse, y compris dans la conversation. Toute la place, en fait, si on excepte celle qu'y tient l'argent. Quant à l'argent, et au contraire de ce qui se passe dans les couches saines et normales de la population, il n'est pas pour eux le produit légitime d'un travail satisfaisant et enrichissant. Il est cette chose indispensable, qu'on ne peut plus aujourd'hui se procurer que par des moyens détournés, par mariage ou en prêtant son nom à des entreprises pas toujours reluisantes. La religion catholique joue aussi son rôle dans la vie de ces gens. Chez les meilleurs d'entre eux, elle joue le rôle favorable qui est normalement le sien. Chez les autres, elle joue le pire rôle possible. Ils se fichent pas mal des commandements divins comme de la voix de leur conscience et se contentent de suivre les préceptes de l'église les plus faciles à suivre. Ainsi l'adultère, la tromperie, le mensonge leur semblent une plaisanterie tandis que manquer la messe leur est un crime. Ils confient leurs enfants aux bons soins de gouvernantes dont le peu de vertu est loin d'être un secret pour eux[1]. » Telle était l'opinion que Margaret se faisait alors de la noblesse catholique d'Autriche. Quant à Erwein Schönborn, il fut, grâce à son intervention, finalement envoyé à Salem.

Au moment où Ludwig quitte l'Autriche pour l'Angleterre, le Palais Stonborough est quasiment achevé. Il n'en continue pas moins d'être un lien entre le frère et la sœur. Margaret, toujours prête à résoudre les problèmes qu'on lui soumet, intervient ainsi en faveur du contremaître de l'entreprise de construction, qui avait quitté son emploi, et lui trouve une meilleure place au service de la ville de Vienne, ce qui, en ces temps de chômage, n'était pas un mince exploit. Elle a fait jouer ses excellentes relations avec Hugo Breitner, responsable des finances de la ville, qui fréquente son salon et admire beaucoup sa nouvelle demeure. Typiquement, elle se sent obligée d'en informer son frère, dont l'extrême correction à l'égard des ouvriers du chantier et de leurs employeurs était légendaire. Du reste, Ludwig reste pour elle l'arbitre ultime en tout ce qui concerne la maison, et jusque dans les moindres détails. Elle va jusqu'à lui demander devant quelle fenêtre elle doit installer un thermomètre extérieur[2]. La pose d'un tel appareil n'était pas anodine. L'hiver 1929 fut glacial. Le thermomètre descendit à -26° et la plupart des canalisations de la ville de Vienne ne purent y résister. Les autorités avaient même interdit l'usage des salles de bain. La maison, cependant, triompha de l'épreuve : « Dans la maison, tout est pour le mieux et il y fait agréablement tiède malgré un froid épouvantable[3]. » Elle cause cependant de gros soucis à Margaret. Le coût final des travaux montre d'énormes dépassements de budget, dont elle s'ouvre à son frère : « À propos, il [l'entrepreneur] m'a avoué avec mille excuses, qu'ayant maintenant bouclé ses comptes – maintenant seulement ! – il apparaît que je lui dois encore un demi-

1. M.St. à Kurt Hahn, 31.1.1929/ P.St.
2. M.St. à Ludwig W., 30.1.1929/P.St.
3. M.St. à Ludwig W., 13.2.1929/P.St.

milliard. J'ai failli tomber de mon lit et je suis d'avis – mais cela, je ne le lui ai pas dit – qu'il aurait dû le savoir et me le dire un peu plus tôt. Par exemple à Noël, quand je l'ai prié de me dire s'il faudrait ajouter beaucoup à la somme qu'il m'avait annoncée[1]. » Le conflit relatif à cette facture finale n'était pas près de se résoudre. Il donnera même lieu à un procès.

Un problème qui n'était pas de nature à perturber Margaret au point de l'empêcher de mener dans sa nouvelle maison le genre de vie sociale brillante dont elle avait envie. C'est une nouvelle fois le recueil de souvenirs de Marguerite Respinger, laquelle semble avoir alors vécu presque à demeure chez « tante Gretl », qui nous donne une idée de cette vie. Ainsi Margaret louait-elle, chaque saison, deux loges à l'Opéra de Vienne où, généralement le samedi, elle conviait proches et amis. Voici comment Marguerite décrit ces soirées à l'opéra : « C'était une joie de sortir avec cette belle femme, la tête toujours fièrement dressée, dans sa robe noire dont l'impeccable décolleté s'ornait du fameux collier aux trois rangs de perles, roses, blanches et noires. Pendant l'entracte, on commentait les chanteurs et la musique. On servait des canapés au foie gras, des gâteaux, de la glace et du chocolat chaud que l'on faisait venir de la célèbre confiserie Demel. Le dimanche, on fréquentait les matinées du Musikverein avant de se retrouver pour le traditionnel déjeuner au Palais Stonborough où, à la famille, se joignaient des peintres, des musiciens, ainsi que, selon l'occasion, les personnalités les plus diverses. Nous étions généralement entre trente et quarante personnes à table. La chère était des plus variées, avec, le plus souvent, de la volaille et du gibier. Au dessert, on servait de la glace, avec de la crème chantilly, des fruits et des petits fours, suivis d'un moka servi dans des tasses de porcelaine "Vieux Vienne". Il arrivait que l'on plaçât les hôtes mais, le plus souvent, ils s'asseyaient où ils voulaient. La conversation était animée et la critique toujours

1. *Ibid.* Le demi-milliard doit probablement s'entendre encore en couronnes, plutôt qu'en shilling dont l'introduction datait de 1925.

sévère mais jamais mal intentionnée. À la fin du plantureux repas, les hôtes se rendaient au salon, au premier étage, pour s'y entretenir, en petits groupes, de musique ou de peinture. On aimait à y commenter le concert de la matinée et une vieille demoiselle, qui avait été l'élève de Brahms dont, en son temps, elle avait interprété au piano les œuvres inédites chez les Wittgenstein [la pianiste Marie Baumayer, vraisemblablement], en rejouait les thèmes sur un piano de concert[1]. » Comme beaucoup de Viennois, Margaret entretenait une relation passionnelle avec l'opéra. Comme eux, elle s'adonne avec volupté aux délices de l'indignation qu'engendre inévitablement chaque changement de directeur : « Qu'on donne l'Opéra à Clemens Krauss est un scandale quand on pense qu'on aurait pu avoir Walter [Bruno Walter[2]]. » Paul raconte qu'à Francfort on trouvait Krauss si beau que toutes les femmes y souffraient de « delirium Clemens ». Elle ne changera pas d'un iota la piètre opinion qu'elle avait de Clemens Krauss qui, dira-t-elle plus tard, aura présidé au « déclin de l'Opéra ». Quant à Bruno Walter, il finira par se voir confier la direction artistique de l'Opéra de Vienne, mais en 1936 seulement.

Ludwig était revenu à Vienne pour Pâques 1929 « dans une forme éblouissante » comme Margaret le rapporte à son fils. Visiblement, l'attribution du doctorat, la possibilité qui lui était ainsi ouverte d'occuper à l'avenir une chaire à Cambridge, où sa position se voyait confortée, avaient fait beaucoup pour améliorer son moral. Après l'achèvement du *Tractatus*, en 1918, durant les derniers mois de guerre, il avait longtemps pensé avoir tout exprimé de ce qu'il avait à dire et, du même coup, épuisé toute possibilité d'avenir dans la philosophie. Après les vacances, Margaret confirme : « Luki est reparti de très bonne humeur pour Cambridge. En juillet, il doit faire un exposé devant la "Société aristotélicienne" dans je ne sais plus quelle ville d'Angleterre où cette société tient ses assises. Il me paraît être maintenant

1. Marguerite Sjögren, *op. cit.*, pp. 103 et s.
2. M.St. à Thomas St., 20.3.1929/P.St.

en très bons termes avec Ramsey, qui semble heureusement marié et a deux enfants[1]. »

Pour la première fois ce printemps-là, Margaret organise ce que l'on appelait alors à Vienne un *Adoleszentenball*, un « bal des débutants » destiné à introduire les jeunes gens dans la société. En plus des innombrables neveux et nièces du clan Wittgenstein, elle y convie les enfants de diverses familles aristocratiques avec lesquelles elle est liée. Pour beaucoup, les temps étaient durs et Margaret pousse la largesse jusqu'à offrir à certains de ses invités le prix du voyage à Vienne ou de quoi s'acheter une tenue adéquate. Ce bal mit une nouvelle fois en évidence les qualités de sa maison, avec ses grandes pièces lumineuses et les terrasses débouchant d'un seul tenant sur le grand jardin. Comme il se doit, elle informe Ludwig : « J'ai donné récemment une petite sauterie pour la jeunesse et la maison était sublime : les terrasses illuminées, toutes les portes ouvertes et les salles vidées de leurs meubles à l'exception de deux longues tables dressées dans la salle à manger. Je suis certaine que cela t'aurait plu[2]. »

La maison avait également séduit la tante Clara – l'un des membres les plus influents de la génération des parents Wittgenstein – aimée et respectée de tous, et dont le jugement était d'un grand poids. Margaret, qui approchait pourtant de la cinquantaine, semble avoir attendu le jugement de sa tante en tremblant comme une jeune fille : « Hier après-midi, tante Fine et tante Clara ont soudain débarqué ici à l'improviste. J'en ai éprouvé un grand plaisir en même temps qu'une légère trouille. Mais la maison était propre jusque dans ses moindres recoins et tout s'est bien passé. [...] Je crois qu'elle leur a plu à toutes deux énormément. Chez Fine, la bienveillance y a pris une grande part. Chez Clara, la compréhension était évidente, elle s'est montrée charmante. J'ai reçu ce matin la

1. M.St. à Thomas St., 21.4.1929/P.St. Ramsey n'avait pas seulement traduit le *Tractatus* en anglais, il avait aussi joué un rôle déterminant dans la reconnaissance de ce traité comme thèse de doctorat et l'attribution d'un *fellowship* à Wittgenstein.

2. M.St. à Ludwig W., 18.5.1929/P.St.

carte ci-jointe et elle m'a dit ensuite au téléphone : "Sais-tu, je tiens ta maison pour une réalisation qui fera date." Le jardin est en ce moment particulièrement plaisant à voir[1]. » C'est la première fois en effet que Margaret peut jouir du beau jardin et de ses grands arbres ; elle se montre là aussi exigeante qu'ailleurs : « La maison et le jardin sont maintenant au mieux de leur forme. Mais sais-tu, écrit-elle à son frère, que l'aménagement du jardin est aussi difficile que celui de la maison et que je ne trouve aucun meuble de jardin qui convienne pour la place des châtaigniers[2]. » Encore et encore, la maison et son aménagement ne cessent de revenir dans les échanges entre le frère et la sœur. C'est le lieu de leur profonde entente, dont témoigne encore une autre lettre, où Margaret définit le rapport entre les objets d'art et leur cadre architectural. Typique est à cet égard le recours à l'image de « l'architecture silencieuse », un concept qui renvoie à Adolf Loos, et que tous deux ont adopté : « Mon cher Luki ! figure-toi que le torse féminin est la solution pour le hall (oui, les femmes !) et le charmant jeune homme la solution pour la bibliothèque. Je ne comprends pas pourquoi je n'avais pas essayé ça depuis longtemps. Dès qu'il a été en place, j'ai cru t'entendre dire "mais bien sûr !" [...] Le Kokoschka m'a fait une très grande impression (je crois malheureusement que, de moi-même, je n'aurais pas remarqué sa qualité), mais il est en tout cas grandiose et même pas antipathique. Naturellement, il n'a sa place que dans un florilège – comme l'est l'Alleegasse – ou dans une pièce d'apparat. J'en suis aussi arrivée à la conclusion qu'à une époque où l'architecture s'exprime dans un langage bien défini (ou dans la langue de son temps), on ne peut pratiquement suspendre aux murs que des allégories représentatives de ce temps et dans les dimensions qui conviennent. Allégories dans le meilleur sens du terme. J'en accrocherais bien à mes murs, s'il s'en trouvait. Il faudrait cependant que ces tableaux parlent le même langage que la maison, qu'ils lui soient subordonnés. Les tableaux de

1. M.St. à Ludwig W., 7.5.1929/P.St.

2. M.St. à Ludwig W., 6.6.1929 – cité in McGuiness, *Familienbriefe, op. cit.*, p. 111.

l'Alleegasse règnent sur les murs. Ils constituent une anthologie, une galerie donc, et le symbole – même si Minka [Hermine] explose – d'une période architecturale médiocre[1]. »

Aménager le Palais Stonborough, y donner des fêtes, mais s'affronter aussi, en mère quasi célibataire, à quatre fils plus ou moins avancés sur le chemin de l'adolescence, tel est alors le quotidien de Margaret. Le fait qu'elle n'avait pas adopté *de jure* les deux jeunes von Zastrow l'obligeait, pour chaque décision les concernant, à en référer à leur tuteur, leur oncle du côté maternel. Cela n'allait pas toujours sans conflit. Les deux garçons ne brillaient guère sur le plan scolaire. Ils venaient à grand-peine de terminer l'école obligatoire et la question du choix d'une formation et d'une profession était d'autant plus difficile que le chômage sévissait. Margaret avait prévu une formation de pilote pour Wedigo, tandis qu'elle voyait plutôt Jochen dans un métier lié à l'agriculture. Il travaillait, à titre provisoire, chez le serrurier Weber, qui avait exécuté les portes et fenêtres métalliques du Palais Stonborough. Il lui avait fallu longtemps batailler avant de parvenir à imposer ses vues à leur entêté tuteur.

Ce problème réglé, Margaret entreprend au début de l'été 1929 un grand voyage aux États-Unis pour rendre enfin visite à son fils Thomas. Elle emmène son fils cadet John ainsi qu'Arvid Sjögren qui, tous deux, doivent y suivre quelques cours d'été. Pleine de fierté maternelle, elle constate le succès professionnel de Tommy, qui a en outre réussi à trouver un emploi pour Talla Sjögren – que l'on avait, à titre préventif, éloigné de Marguerite Respinger. Margaret espérait que Tommy, comme l'avait fait son propre père en son temps, rentrerait en Autriche pour, riche du savoir acquis en Amérique, contribuer « à reconstruire le pays ». Les retrouvailles sont cependant plutôt sombres : pour fêter la réussite de ses examens, le jeune homme avait reçu de son père une voiture avec laquelle il avait eu un accident, qui avait coûté la vie à une jeune fille de ses amies. Il est torturé par la culpabilité. Pour le sortir de sa

1. M.St. à Ludwig W., s.d./P.St.

dépression, sa mère lui propose quelques semaines de vacances à Gmunden avec elle, qui s'avéreront très heureuses.

La « petite Marguerite » est naturellement au nombre des hôtes reçus à la Villa Toscana en cet été 1929. Elle y fait à sa maternelle amie un aveu étonnant : son amour pour Talla Sjögren – exilé en Amérique – s'est quelque peu refroidi, tandis que s'est approfondie sa relation avec Ludwig, qui lui écrit tous les jours d'Angleterre et qui, disposant désormais d'une situation stable, avait pour la première fois envisagé la possibilité d'un mariage. La jeune femme ignore cependant encore que Wittgenstein, imprégné des idées de Tolstoï et surtout des théories de Weininger, pensait à une union purement platonique. Forte de sa compréhension des êtres, Margaret se croit à nouveau tenue d'intervenir dans cette relation des plus complexes, comme elle le raconte à son fils Thomas, reparti entre-temps pour les États-Unis : « Ce que m'a déclaré Marguerite m'a complètement abasourdie. À Gmunden, j'avais bien remarqué qu'elle ruminait quelque chose et cela a fini par sortir : Luki lui a dit qu'il était amoureux d'elle, et elle ne sait pas ce que cela signifie : elle ne sait pas s'il veut devenir son mari, son amant ou autre chose encore. Tu peux imaginer ma tête ! J'ai fini par apprendre ce qu'il avait vraiment dit, à savoir qu'il avait pour elle un sentiment, comme pour une sœur dont on est un peu amoureux, et qu'il lui avait demandé d'être sa gouvernante. Du coup, j'ai été un peu rassurée. Et j'ai dit à Marguerite qu'il ne fallait jamais chercher derrière les mots de Luki autre chose que ce qu'ils disaient et qu'il ne voulait jamais davantage que ce qu'il disait. Puis je l'ai envoyée sur la Hochreit s'expliquer avec lui, ce qui semble avoir été très facile. Leur relation va certainement se poursuivre sur leur mode habituel. J'ai averti Marguerite de ne pas surestimer ses propres sentiments pour Luki. À mon sens, ils relèvent en assez grande partie de la vanité flattée. La pauvre est pour l'heure chez Irma [Fürstenberg] et ne va pas très bien. Mais elle m'en informera elle-même[1]. » À l'époque, Marguerite Respinger

1. M.St. à Thomas St., s.d., probablement automne 1929/P.St.

avait déjà abandonné l'étude du dessin et ne savait pas très bien à quoi se vouer. Pour lui permettre de « se trouver », on l'avait envoyée faire la garde-malade auprès de la princesse Irma Fürstenberg – la sœur de Franz Schönborn-Buchheim, dans le palais duquel les Stonborough avaient autrefois loué un appartement. Elle n'y était pas très heureuse et se rebiffait contre « tante Gretl » et ses méthodes éducatives. Seules les longues discussions dont Margaret s'était fait une spécialité semblaient rasséréner un peu la jeune femme.

À cette époque d'ailleurs, la passion éducative de Margaret, ce goût qu'elle avait d'aider les personnes de son entourage aux prises avec des difficultés psychiques, avait pris une dimension quasi professionnelle. On sait déjà qu'elle s'était efforcée de trouver une école capable de prendre en charge le jeune Erwein Schönborn, dont le caractère était particulièrement difficile. Lorsque le demi-frère de celui-ci, Georg, l'un des meilleurs amis de son fils Tommy, s'éprit de la jeune comtesse Elisabeth Orrsich, dite « Betka », elle se sentit là aussi appelée à intervenir. L'élue du jeune comte, qui passait pour un peu évaporée, devrait, pense-t-elle, être soumise à un processus éducatif capable de lui donner la maturité requise. Selon la méthode déjà appliquée à d'autres, Georg Schönborn sera envoyé en Amérique auprès de Thomas pour acquérir quelque expérience, tandis que « Betka » sa jeune promise se voit embrigadée dans « L'Association contre la pauvreté » pour, grâce au travail social, devenir « un meilleur être humain[1] ». Cet arrangement, qui avait reçu l'aval de la mère de Betka, se révèle bénéfique pour les deux jeunes gens, dont le mariage, célébré en juillet 1932, s'avérera heureux.

LE VENDREDI NOIR – MARGARET AU BORD DE LA RUINE

Pendant que Margaret se vouait aux problèmes des membres de son entourage, quitte parfois à manipuler leur existence,

1. M.St. à Elisabeth Orrsich, 21.10.1929/P.St.

de sombres nuages s'accumulaient qui, vers la fin de l'année 1929, allaient bouleverser son existence. Le train de vie princier qu'elle menait, sa générosité, la somptueuse résidence de Gmunden, le coût exorbitant du Palais Stonborough, tout cela n'était possible que dans la mesure où sa fortune – gérée par son mari – était investie hors d'Autriche, en dollars essentiellement. Le krach boursier de New York, le fameux « vendredi noir » de la fin octobre 1929, la frappe donc de plein fouet, la dépouillant d'un coup d'une grande partie de sa fortune. Le choc s'avère d'autant plus grand que l'instable et fragile Jérôme ne se montre pas à la hauteur de l'événement, lequel survient à un moment où Margaret, victime d'une inflammation de la mâchoire, doit subir une opération qui la cloue pour plusieurs semaines au lit. Les traitements pénibles auxquelles elle doit se soumettre, le krach boursier et l'avalanche d'événements qu'il entraîne, sont pour elle un même cauchemar dont elle ne s'éveille que lentement. Alors qu'elle flotte dans le demi-sommeil que lui procurent les analgésiques, elle est bombardée de télégrammes par un Jérôme en pleine crise de nerfs et qui lui réclame de l'argent pour sauver ce qui peut l'être, avant de lui annoncer, sans autre forme de procès, qu'elle est quasiment ruinée. En dépit de la catastrophe, Margaret donne une nouvelle fois la preuve d'une indéfectible loyauté à l'égard de son mari. Pour avoir une vue précise de l'étendue du désastre, elle aurait dû lui demander un compte rendu détaillé de l'état de ses biens. Elle s'y refuse cependant : « Il est mon mari et je ne peux tout de même pas, pour de l'argent, renoncer à l'humanité[1]. » Lorsque, cédant enfin à l'insistance de ses frères et sœurs, elle finit par retirer à Jérôme l'administration de ses biens, elle s'aperçoit qu'elle ne dispose plus que du quart de son capital. Bien avant le krach, une série de transactions désastreuses, entreprises par Jérôme, avaient déjà largement entamé ce capital. Dès 1913, peu après la mort de son père, une grande partie en avait été engloutie dans des investissements malheureux.

1. M.St. à Thomas St., 12.11.1929/P.St.

Les circonstances exactes de ces pertes lui resteront cependant obscures, car elle refuse d'en demander compte à Jérôme, « pour lequel ce serait humiliant ».

Margaret ne dispose plus, désormais, que d'une fraction de ses revenus antérieurs. Il lui faut donc changer complètement son mode de vie, comme elle l'écrit à son fils : « Nous n'avons plus – selon nos critères – que très peu d'argent. [...] D'après de minutieux calculs, il apparaît que je devrais néanmoins disposer de quelque 30 000 dollars par an. Si je loue la Kundmanngasse, me défais de Gmunden, m'installe dans un petit appartement, réduis à trois personnes les employés de maison et vends en partie mes tableaux de l'Alleegasse – le produit de cette vente doit me permettre de dédommager le personnel que je dois renvoyer car je ne peux pas simplement mettre à la rue des gens qui ont servi des années chez moi – je crois que je suis tirée d'affaire. [...] Tu comprends bien que je ne puis rien accepter de mes frères et sœurs. Ils sont naturellement touchants et, hélas, malheureux pour moi, qui ne le suis pas du tout. La sympathie qu'ils ont pour moi m'est presque désagréable. Ils ont en effet eu beaucoup de difficulté à comprendre mon attitude envers ton père[1]. » Dans une lettre à Hermine, qui lui offrait de l'argent, se confirment à la fois la solidarité des Wittgenstein et la position de Margaret face à l'argent, laquelle doit sans doute beaucoup à Ludwig : « Quant au douzième en question – et ceci est mon dernier mot à ce sujet – "je ne veux pas !" J'ai plus d'argent qu'il ne m'en faut, plus que je ne devrais en avoir, et la meilleure partie de moi – si minuscule qu'elle soit – se réjouit d'avoir moins d'argent qu'avant. Je ne veux pas l'affaiblir encore, ce petit moi. Si tu ne comprends pas cela, cela ne fait rien. Comprends seulement que mon refus est une chose sérieuse, qu'il ne serait simplement pas correct de vouloir l'ébranler[2]. » Le principal souci de Margaret lui vient de ses employés, envers lesquels elle se sent des devoirs. La plupart d'entre eux étaient en effet à son service depuis des années et faisaient quasiment partie de la famille, comme

1. M.St. à Thomas St., s.d., décembre 1929/P.St.
2. M.St. à H.W., s.d., fin décembre 1929/P.St.

la Suissesse Elisabeth Leuba, dite « Zelle » (abrégé de Mademoiselle), qui s'était occupée des enfants, comme sa bonne Milada ou encore Heinrich Postl, le factotum, que Ludwig avait rencontré à Puchberg, le village où il enseignait, et qu'il avait fait engager par sa sœur. C'est en grande partie pour eux qu'elle renoncera finalement à mettre à exécution ses plans d'économie dans toute leur rigueur. Ni Gmunden ni la Kundmanngasse ne seront finalement loués ou vendus. Une partie seulement du personnel sera remerciée et le train de vie sera par ailleurs drastiquement réduit.

LUDWIG MET AU POINT UN PLAN DE RIGUEUR POUR SAUVER LA KUNDMANNGASSE

C'est Ludwig, notons-le, qui, de retour à Vienne pour y passer Noël, se tient aux côtés de sa sœur durant ce moment difficile. Le sort de la Kundmanngasse, autrement dit du Palais Stonborough, ne lui était pas indifférent et il mit au point un plan de « restrictions radicales » qui devait finalement permettre à Margaret de conserver sa maison[1]. Alors que, pendant la construction, quand l'argent semblait encore inépuisable, Wittgenstein n'avait jamais regardé à la dépense, il se révélera, la crise venue, être l'une des rares personnes de l'entourage de Margaret douée du sens de l'épargne. Vivant lui-même comme un ascète, se contentant de l'essentiel, il possédait un sens des réalités dont Margaret était totalement dépourvue. D'où une certaine ambivalence dans le rapport qu'elle fait à son fils au sujet des mesures d'économie envisagées. Elle a certes une conscience aiguë de ses responsabilités sociales mais elle se montre peu capable, et sans doute peu désireuse, de rompre avec son ancien mode de vie : « En fait, un petit appartement tel que je l'avais imaginé n'est pas aisé mais au contraire difficile à dénicher, la reprise serait coûteuse, de même que l'aménagement et le déménagement. On arrive au même résultat, à

1. M.St. à Thomas St., 11.12.1929/P.St.

moindre frais, en condamnant tout le rez-de-chaussée de la maison [la Kundmangasse], y compris le hall et la porte principale, en déplaçant la cuisine vers l'office, en condamnant aussi tout le sous-sol et en déménageant dans les deux étages supérieurs. C'est maintenant fait. [...] La petite maison des employés est fermée et l'on a transporté la petite cuisinière à gaz qui s'y trouvait à l'office. C'est là que nos repas sont désormais préparés. [...] On n'utilise plus le portail principal et nous passons tous par la petite porte dans le mur derrière. Du coup Postl n'a plus à faire le portier. Je le laisse habiter dans la loge, en échange de quoi il s'occupe du chauffage. Il se cherche un autre emploi pour la journée. Pour l'instant, j'ai conservé la voiture et Kutschera [le chauffeur]. Essentiellement parce que la Packard est pratiquement invendable : elle coûte trop cher en impôts et en essence pour les pauvres et elle trop vieille pour les riches. [...] Hedi [Hedwig Pauli, la secrétaire] nous quitte en avril, c'est un coup très dur. Zelle [Elisabeth Leuba, la gouvernante], je la garde, je ne la laisse pas partir. Milada [la bonne] est trop malade pour vivre seule, même avec la pension que je lui verse, et il serait, de plus, difficile de la séparer du Dr. Popper [le médecin de famille de Margaret]. Aussi je la garde chez moi. Nous voilà donc encore un ménage de sept personnes et il nous faut une cuisinière, deux aides et une extra. Si ces restrictions ne suffisent pas, nous restreindrons encore. Pour faire face aux grosses dépenses – indemnités de départ pour les employés de longue date, grosses factures et dépenses de Noël – j'ai vendu à mes frères et sœurs une partie des tableaux qui m'appartenaient à l'Alleegasse, à la condition de pouvoir les racheter au même prix à n'importe quel moment, en bloc ou un à la fois. J'habite maintenant dans le petit appartement de ton père, ton salon est devenu la salle à manger. De ta chambre à coucher – que ton père a occupée jusqu'à hier – on fera, si nécessaire, un petit salon. Tout cela a très bel air. Comme j'ai dit, je ch... sur l'argent. Ce sont les problèmes moraux qu'il est difficile de régler correctement[1]. » Le palais familial de l'Alleegasse sera

1. M.St. à Thomas St., 4.1.1930/P.St.

pratiquement détruit par un bombardement à la fin de la Seconde Guerre mondiale et l'on ne sait pas lesquels des tableaux de Margaret s'y trouvaient encore.

Non content de mettre sur pied un train d'économies pour sa sœur, Ludwig jouera, ce Noël de 1929, le rôle inattendu de conciliateur. Reconnaissant sans doute ses compétences intellectuelles, il offre à Margaret l'un de ses manuscrits, un cadeau qui la comble de joie[1]. Mais surtout, il intervient avec diplomatie pour que le mari de celle-ci soit invité à la fête de Noël familiale de l'Alleegasse. Après l'éclat que Jérôme avait provoqué le Noël précédent, lorsqu'il s'en était pris avec agressivité à la nouvelle maison de sa femme, après son échec retentissant, tant dans la gestion des biens de Margaret que dans la gestion de la catastrophe elle-même, Jérôme était devenu, pour Hermine comme pour Paul, persona résolument non grata. Ludwig qui, l'année précédente, avait pourtant été la cible de la mauvaise humeur de Jérôme, veut épargner à Margaret, déjà rudement éprouvée par les événements, de voir son mari exclu des réjouissances familiales. Pour faciliter les choses, il fait en sorte que soient également invités des amis proches, qui auraient autrement passé Noël tout seuls, le peintre Friedrich König, Oscar Wollheim ainsi que les Sjögren, de sorte « que l'humeur générale, un peu tendue, s'en trouva allégée de la plus agréable des façons », comme Margaret peut le rapporter à son fils. La preuve de l'intervention active de Ludwig Wittgenstein dans l'organisation des fêtes de Noël de l'Alleegasse – qui lui ont toujours été chères – se trouve aussi dans une lettre à Hermine où il milite pour que l'on y invite également des amis[2]. En tous les cas, un Jérôme dont l'agressivité était momentanément si désarmée qu'il avait même consenti pour la première fois à se montrer civil à l'égard des frères von Zastrow, et des mesures d'économies drastiques devaient conduire cette fois tous les habitants du Palais Stonborough à

1. M.St. à Ludwig W., s.d., vers janvier 1930/P.St. Le manuscrit en question pourrait être celui d'une conférence sur l'éthique que Wittgenstein a donnée en novembre.

2. Voir Nedo/Ranchetti, *op. cit.*, p. 279.

vivre eux aussi une soirée de Noël intime et pacifique, réunis jusqu'à 23 heures autour du sapin, comme Margaret peut le communiquer à Thomas[1].

Ces événements dramatiques nonobstant, la vie quotidienne poursuit son cours presque normal, et « la petite Marguerite », qui n'a pas tardé à laisser tomber la princesse Fürstenberg, s'installe à nouveau, sous couvert de maladie, chez une « tante Gretl » d'ailleurs toute disposée à l'accueillir. La jeune femme, qui ne savait pas ce qu'elle voulait, vivait au jour le jour. Ses sentiments oscillaient entre Talla Sjögren et Ludwig, mais, vivant chez elle, elle se trouvait sous l'influence directe de Margaret, qui parvint ainsi à la dissuader d'entreprendre un voyage aux États-Unis, où elle voulait rendre visite à Talla, au prétexte que celui-ci allait de toute façon rentrer en été. Une nouvelle rassurante pour son frère, entre-temps reparti pour Cambridge, et qui s'inquiétait visiblement des intentions de Marguerite[2]. Wittgenstein avait beau demander sans cesse à sa sœur des nouvelles de la « petite Marguerite », il se tenait lui-même à son endroit dans la plus grande réserve, dans une attente passive, évitant d'exercer la moindre pression sur la jeune femme, dans le souci de la laisser libre de sa décision. Il n'est pas exclu non plus que cet état d'incertitude lui ait en fait été agréable. Envoyer chaque jour un billet à l'« amante absente » – amante dans le sens purement métaphorique du terme d'ailleurs – valait sans doute mieux pour lui que d'avoir à prendre une décision concrète.

Puisqu'elle séjournait à demeure chez les Stonborough, Marguerite Respinger avait été le témoin direct des conséquences du krach boursier sur la maison, et des tentatives plus ou moins sérieuses d'en réduire le train de vie. Elle en offre quelques vignettes dans son livre de souvenirs. Après le renvoi du chauffeur (il n'a, en fait, pas été renvoyé), qui, à ses dires, aurait avalé sept escalopes de veau par jour, et celui de la cuisinière, rapporte-t-elle, c'est Margaret elle-même qui, ceinte d'un tablier par-dessus un somptueux négligé de soie rose, se mettait aux

1. M.St. à Thomas St., 11.1.1930/P.St.
2. M.St. à Ludwig W., 15.1.1930/P.St.

fourneaux, concoctant de merveilleuses terrines à base de foie d'oie, de gibier et de vieux porto. « On se mit à parler cuisine avec autant de sérieux que l'on en exigeait pour discuter de problèmes freudiens ou d'une nouvelle œuvre d'art. On mangeait mieux que jamais et je n'étais pas du tout convaincue de l'efficacité de ces mesures d'économie[1]. » Même si le récit de Marguerite ne doit pas être pris au pied de la lettre et s'il n'est pas toujours dépourvu d'un brin de méchanceté rétrospective à l'égard de sa protectrice, l'image qu'il donne de Margaret, fin bec et excellente cuisinière, n'est pas fausse pour autant. Pas inexacte non plus la remarque relative aux mesures d'économie : Margaret ne devait en effet pas tarder à réintégrer son rez-de-chaussée, qu'elle trouvait « plus aéré et plus lumineux », et à reprendre le style de vie d'antan, avec sa vieille Packard, dont l'entretien était fort coûteux et qui brûlait quarante litres aux cent kilomètres ! Plutôt que de modifier ses habitudes, elle préférait, en cas de besoin, se défaire de quelque bien. Elle vendit ainsi deux immeubles de rapport qu'elle possédait en ville, dont la valeur avait, au demeurant, considérablement baissé à la suite du gel des loyers décidé par le législateur, de même qu'une part non négligeable de sa collection d'art. Comme on l'a vu, la plupart des tableaux avaient été acquis par Hermine, qui s'était déclarée d'accord de les lui revendre à n'importe quel moment. Le fameux collier de perles noires, un cadeau de mariage de son père, fut lui aussi vendu. Quant à Jérôme, il dut aussi se défaire, à contrecœur, d'une collection d'art japonais qui faisait l'admiration des spécialistes, comme d'une partie de sa collection de monnaies.

JÉRÔME FAIT UNE NOUVELLE CRISE

Jérôme était de retour à Paris. Le krach boursier et ses conséquences, le fait que ses biens propres comme ceux de sa femme aient été largement anéantis plongent bientôt cet

1. Marguerite Sjögren, *op. cit.*, p. 113 et s.

homme psychiquement fragile dans une dépression qui l'amène, toutes affaires cessantes, à repartir chercher refuge chez sa femme à Vienne. Margaret, chez qui l'habitude de s'occuper de gens en crise a développé une compétence presque professionnelle, le conduit aussitôt à la clinique Cottage, située dans un élégant quartier de villas. Sur le conseil d'un ami, le professeur Foltanek, elle confie Jérôme au professeur Wagner-Jauregg, l'un des psychiatres les plus en vue du moment, dans les méthodes duquel elle a pleine confiance. Une confiance que sont en revanche loin de lui inspirer Freud et ses méthodes. Il faut dire qu'elle avait, quelques années auparavant, confié Tommy, alors adolescent, au père de la psychanalyse, dans l'espoir qu'il débarrasserait le jeune homme de son bégaiement. Le traitement avait été un échec. Peu avant la maladie de Jérôme, elle avait d'ailleurs commenté pour son fils, de façon très négative, le dernier ouvrage de Freud, *Malaise dans la civilisation,* revenant du même coup sur l'échec de sa thérapie : « À propos, un nouveau Freud vient de sortir, lamentablement mauvais. Aussi longtemps qu'il ne se préoccupait que de l'âme et du corps, le dédain qu'il avait de la composante morale ne portait pas trop à conséquence. Encore que l'échec de ses cures eût dû l'alerter. Reste qu'il avait raison à 90 %. Maintenant qu'il se met à philosopher, à discourir de la culpabilité, du bonheur et du reste, une triste réalité se fait jour : "l'angoisse", "l'obscurité", il connaît ; mais "le voleur", il ne connaît pas[1]. »

Margaret se dépense sans compter pour son mari. Durant des semaines, elle passe ses jours à la clinique auprès d'un Jérôme qui, cette fois, ne se remet que lentement. Pensant qu'il aurait encore longtemps besoin d'elle, elle évoque même la possibilité de reprendre la vie commune. Puis, après mûre réflexion et sur le conseil de Wagner-Jauregg, elle finit par en écarter l'idée. Dès que le pire de la crise est surmonté, les deux époux partent pourtant ensemble pour l'Égypte. Jérôme l'a instamment priée de l'accompagner, elle se plie obligeamment à sa demande. Il semble avoir retrouvé le goût

1. M.St. à Thomas St., 15.1.1930/P.St.

de l'étude et se lance avec passion dans l'égyptologie. Il consacre à l'étude des hiéroglyphes une bonne partie de son temps. Margaret ne se fait pourtant guère d'illusion : pour Jérôme, cette activité ne compense que faiblement la perte de la vie de luxe qu'il menait à Paris au sein de la *high society*. Quant aux études qu'il mène, elle ne croit pas qu'elles puissent atteindre le niveau scientifique requis.

Comme si ces problèmes ne suffisaient pas, sa nouvelle maison lui cause aussi de gros soucis. Après le retour de Ludwig à Cambridge, fin 1928, les travaux de finition s'étaient poursuivis une année durant sous la conduite de Jacques Groag. Mais ce sont surtout les énormes dépassements de budget réclamés par l'entreprise Korn, ajoutés à d'éclatants vices de construction, qui la préoccupent : revêtements de sol totalement insuffisants, humidité dans les murs. Au printemps 1930, dans l'impossibilité de trouver un accord avec l'entreprise, elle lui fait un procès, qui s'étirera jusqu'à l'été suivant et au cours duquel Groag sera cité comme témoin[1]. Ce procès lui vaudra en outre une déception sur le plan humain : Friedl, le chef de chantier avec lequel il avait été si agréable de travailler, témoignera contre elle, sans doute soudoyé par la partie adverse[2]. Faute de sources, nous ne connaissons pas l'issue de ce procès. Quoi qu'il en soit, c'est une autre entreprise qui se chargera de corriger les défauts constatés. Le rapport qu'elle fait à son frère provoquera entre eux un orage, de courte durée. Ludwig, dans son absolu perfectionnisme, semble avoir pris chacun des défauts constatés comme une offense personnelle.

MARGUERITE RESPINGER, LA FIN D'UNE LIAISON

Concernant la « petite Marguerite », frère et sœur étaient du même avis. Margaret, qui tenait son frère informé de tout

1. M.St. à Ludwig W., s.d., printemps 1930/P.St et Maître Kornisch à M.St., 20.4.1930/P.St.
2. M.St. à Ludwig W., 23.4 et 23.5.1930/P.St.

ce qui touchait la jeune femme, tentait sans aucun doute d'influencer celle-ci en sa faveur. Alors que la jeune femme se trouvait à nouveau sans emploi, le frère et la sœur, tout à leur idéal de progrès moral, l'avaient vivement encouragée à accepter une place dans une institution d'assistance pour nourrissons. Elle s'était soumise à leur vœu, pour la plus grande joie d'un Ludwig qui s'en était déclaré « plus heureux que du plus coûteux des cadeaux[1] ». La situation économique de l'Autriche était alors déplorable et la jeune femme se verra quotidiennement confrontée à une misère qu'elle aura le plus grand mal à gérer émotionnellement. Supporter le contraste criant entre deux mondes, l'opulence où elle vivait chez les Stonborough et les Wittgenstein d'un côté, de l'autre l'effroyable misère des déshérités, était au-dessus de ses forces. Après s'être attachée à un petit enfant et avoir dû consentir, sans pouvoir rien faire, à ce qu'on le rende à une famille en voie de clochardisation, elle jette l'éponge et doit reconnaître qu'elle n'est pas armée pour un tel travail. Cette défaite, son incertitude, pèsent sur l'humeur de Marguerite Respinger. Dépression et amertume s'ensuivent qui finissent par inquiéter ses protecteurs, Ludwig spécialement. À tel point qu'il décide, durant les vacances universitaires de l'été 1930, d'aller la trouver en Suisse, où elle fait un bref séjour chez ses parents, pour lui porter secours[2]. Cette relation, même difficile, lui tenait sans aucun doute à cœur. Les choses étaient d'autant plus compliquées que Talla Sjögren, son rival, était aussi un ami. Wittgenstein souhaitait poursuivre sa « relation amoureuse » – dépourvue, il est vrai, de toute composante sexuelle. Il souffrait d'être incapable de hisser Marguerite Respinger sur les sommets idéaux où il aurait voulu l'entraîner, mais tenait absolument à la laisser libre de choisir. Margaret, souvent si avisée, ne semble pas savoir que faire. Elle ne parvient ni à sortir la jeune femme de son marasme, ni à lui faire prendre une décision en faveur de l'un ou l'autre de ses soupirants. À son frère, elle doit admettre son impuissance :

1. Marguerite Sjögren, *op. cit.*, p. 108.
2. M.St. à Ludwig W., 7.10.1930/P.St.

« Ah mon cher ! comme je suis peinée de savoir que tu broies du noir et comme je voudrais pouvoir t'apporter un peu de lumière[1]. » Il était clair que "la petite Marguerite" ne possédait pas les qualités requises pour faire de l'assistance sociale. Elle ne pouvait pas non plus rester sans rien faire. Margaret lui trouva donc, début 1931, un emploi dans la fameuse librairie viennoise Kreil. Marguerite ne débordait pas d'enthousiasme… Le rapport que Margaret envoie à son frère à Cambridge se veut optimiste : « La "petite Marguerite" va – il me semble – de mieux en mieux. Je vois de petits progrès en toutes choses, de la bonne volonté, une compréhension vraiment accrue. » Un optimisme absent du courrier qu'elle envoie à son fils Tommy : « Quant à la "petite Marguerite", c'est très difficile. J'aimerais tellement y voir un peu plus clair ! Il y a plusieurs raisons au fait que son travail ne marche pas bien, plus une. Celle-ci, c'est Talla naturellement. […] Et il y a cette attitude de Marguerite, qui s'applique plus ou moins à faire comme il faut ce travail à la librairie mais ne se considère pas du tout comme une employée, dans la mesure où elle n'avale jamais la pilule-travail autrement qu'en pinçant le nez[2]. »

Marguerite Respinger n'était pas la seule à être prise dans une situation de ce genre. La crise économique et les transformations sociales en cours sont rudes pour beaucoup de jeunes femmes de la bourgeoisie. Elles ont été élevées dans la perspective du mariage et elles ont souvent aussi reçu une bonne éducation, mais la guerre a décimé les rangs des jeunes hommes, les privant de mari, et la crise a réduit les possibilités d'emploi. Beaucoup se sentent donc frustrées et inutiles. C'est dans leurs rangs que se recruteront bon nombre des premières patientes de Sigmund Freud. Margaret, qui en connaît plusieurs, s'efforcera de les aider en leur procurant une occupation utile. Elle usera pour cela de la « Ligue contre la pauvreté », déjà mentionnée, où elle joue un rôle impor-

1. M.St. à Ludwig W., 18.10.1930/P.St.

2. M.St. à Ludwig W., 14.2.1931/P.St. et M.St. à Thomas St., février 1931/P.St.

tant. En ces temps de chômage, ces jeunes femmes y trouvent la possibilité d'exercer une activité, au moins bénévole, mais parfois aussi salariée. Après la mort d'Arthur Glaser, le secrétaire général de la Ligue, en janvier 1931, Margaret entreprend avec son successeur, son ami Oscar Wollheim, de réorganiser les activités de la Ligue avec l'aide de plusieurs jeunes femmes de son entourage, dont Olive Glaser, fiancée de son neveu Felix Salzer, et Elsa Gutmann, dont la famille, propriétaire de mines de charbon, soutenait la Ligue depuis toujours. Margaret rêvait de donner à cette institution caritative une dimension scientifique en l'associant aux Instituts de psychologie et d'économie nationale. Aucun document, malheureusement, ne subsiste qui permettrait de savoir si une telle collaboration a ou non vu le jour.

Pour Margaret, qui aborde la cinquantaine, le temps est venu d'être confrontée aux problèmes d'adultes de ses fils. Thomas, installé aux États-Unis, est alors assistant à l'université de Columbia où il a rencontré la fille d'un professeur, Helen Engelhardt, qu'il a décidé d'épouser. Sa mère ne fait pas d'objection mais son père, Jérôme, avec lequel il ne s'entend guère, désapprouve. Margaret doit une fois encore s'interposer et plaider la cause du jeune homme. Avant d'entreprendre des études, John, le cadet, doit se plier aux vœux de sa mère et se vouer à des tâches caritatives qui doivent le sortir de son cocon de fils de riches. C'est du côté de Wedigo von Zastrow, l'un de ses fils adoptifs, que viennent cependant les problèmes les plus sérieux. Son baccalauréat en poche, le garçon s'était offert une motocyclette – qui n'était pas dans ses moyens – avec laquelle il ne cessait d'avoir des accidents. En 1931, Margaret avait dû le faire entrer dans une clinique de Suisse spécialisée dans le traitement des accidentés de la route. Un an plus tard, en Hollande, il est à nouveau impliqué dans un accident spectaculaire. Margaret se trouve alors aux États-Unis, chez son fils Thomas, et c'est Ludwig, avec lequel il s'entend bien, qui doit s'occuper du jeune blessé[1]. Au cours des visites qu'il rendait à

1. Voir à ce sujet : Ilsa Somavilla, *Ludwig Hänsel, Ludwig Wittgenstein, Eine Freundschaft,* Innsbruck, 1994, p. 125 et p. 308.

sa parenté en Allemagne, Wedigo était entré en contact avec des cercles d'extrême-droite, déjà très actifs, et professait depuis un antisémitisme actif. De retour à Vienne, il s'en était pris aux amis juifs de Margaret, à Oscar Wollheim, son ami de toujours, en particulier. Margaret, horrifiée, ne sait pas comment réagir. Elle appelle Ludwig à l'aide et celui-ci, fort de son autorité morale et de son expérience pédagogique, fait la leçon au jeune homme. De retour en Angleterre, Ludwig reproche cependant à sa sœur de manquer d'amour et de patience à l'égard de Wedigo. Elle se défend en lui rappelant que lui non plus n'y est pas allé de main morte avec le jeune homme et que, en l'occurrence, son manque de patience est une question de morale : « Chaque fois qu'il revient, il y a cette période de discours de traîneur de sabre qui me rend malheureuse et perplexe, parce que je ne sais jamais à quel point il pense vraiment ce qu'il dit et quand je dois réfuter ses paroles. Tu n'as fait que lui parler un instant durant l'une de ces périodes. [...] Tu l'as alors traité de trou du cul, en toute amitié naturellement. [...] Pas par manque de patience et pas par manque d'amour. Et là, je voudrais ajouter ceci : c'est vrai, je pourrais et je devrais faire preuve de beaucoup, beaucoup plus d'amour et de patience. C'est vrai, les bonnes actions ne sont acceptables que si elles sont enveloppées d'amour. Je sais tout cela, mais dans le cas présent, je ne vois pas du tout le rapport. En clair : je n'ai pas du tout le sentiment – que je connais si bien dans d'autres cas – qu'il me suffirait de plus d'amour et de patience pour aider Wedigo. Si je l'interromps quand il se lance dans ses discours "bottés", ce n'est, le plus souvent, pas par impatience, mais parce que je crois ne pas devoir écouter sans réagir les choses qu'il avance en dépit de sa propre conscience et de son propre savoir[1]. » Wittgenstein, qui vit en Angleterre, comprend le comportement de Wedigo comme un simple problème éducatif, celui d'un jeune rebelle qu'un peu d'amour et de patience finiront par calmer. Margaret, vivant au cœur de l'Europe, pressent l'abîme moral qui est en train de

1. M.St. à Ludwig W., en automne 1931/P.St.

s'ouvrir. Mais ni l'un ni l'autre, face à la vague montante d'un antisémitisme de plus en plus agressif, qui s'empare même de gens qui leur sont proches, n'imaginent un seul instant qu'ils en seront eux-mêmes un jour l'objet.

L'été de cette même année 1931, Wittgenstein et Marguerite Respinger se rendent ensemble à Skjolden, en Norvège, où Ludwig s'était fait construire, avant la Première Guerre mondiale, une cabane isolée au fond d'un fjord. Marguerite s'était une nouvelle fois réfugiée dans la maladie et Ludwig lui avait suggéré ce voyage à la fois pour la remettre sur pied et pour faire le point sur leur relation. Sur place, Wittgenstein installe la jeune femme dans un hôtel des environs, munie d'une bible pour toute lecture, afin qu'elle s'exerce au recueillement dans la solitude et qu'elle analyse sa situation. Lui s'installe dans sa petite maison. Marguerite ne goûte qu'à moitié l'exercice mais ne peut s'empêcher d'être fascinée. Le séjour, cependant, ne conduit à aucune décision. À l'automne, Ludwig reprend le chemin de Cambridge tandis que Marguerite retrouve Vienne et son emploi de libraire. Ludwig n'a cependant pas perdu l'espoir de voir la « petite Marguerite » se prononcer en sa faveur. Avec diplomatie, Margaret tient son frère au courant de l'évolution de la situation : « Mon cher Luki, ne crois pas que j'ignore à quel point tu es sensible au sujet de ces choses. Mon cœur est très lourd, car je sais que tu dois être en train de te demander comment tout cela va-t-il bien pouvoir finir. Et, là-dessus, je ne puis te donner aucune assurance. Tout ce que je peux dire, c'est que Marguerite est en pleine forme. Jamais je n'aurais pensé que les choses puissent tourner si bien et cela, c'est à toi qu'elle le doit. Voilà quelque chose que personne ne pourra t'enlever[1]. »

Dans les lettres qui suivent, Margaret veille avant tout à ne pas blesser son frère, qu'elle sait hypersensible. Elle n'en finit pas moins par se convaincre que la nature de Marguerite Respinger n'est pas faite pour supporter la chasteté à laquelle l'invite Ludwig. Elle finit par envoyer à Ludwig une missive

1. M.St. à Ludwig W., 9.11.1931/P.St.

sans ambiguïté : soit il consent à une relation triangulaire, soit il doit définitivement renoncer à Marguerite. « Si tu étais là, il y aurait chaque jour quelque chose à raconter sur M. En faire par écrit le résumé m'est difficile. Ce que je voulais te dire, c'est que tu ne seras en mesure de conserver ta relation avec elle qu'à la condition qu'elle soit liée, sur le plan sexuel, à quelqu'un d'autre. [...] Peut-être que la chose à lui dire serait : "Ce n'est pas la peine, je ne parviens pas à t'amener à un vrai renoncement. Je n'arrive pas à te transformer, comme cela serait nécessaire pour que cette part-là de toi aussi me soit acquise." Je crois qu'il n'y a qu'un ersatz possible à la sexualité, et c'est un attachement dans l'abnégation. Tu ne l'exiges pas d'elle mais, pour être heureuse, c'est ce qu'elle devrait être capable de te donner[1]. » Ce conseil ne change rien à la situation et, à l'été de 1932, Marguerite et Ludwig se retrouvent sur la Hochreit, dans l'atmosphère animée de la famille élargie. Ils y passent ensemble quelques-unes de ces heures de sérénité dont Ludwig a tant besoin et que la « petite Marguerite » semble être la seule à pouvoir lui procurer. À l'automne pourtant, après s'être rendue à Rome pour le mariage de sa sœur jumelle, la jeune femme décide de ne plus retourner à Vienne, mais de s'établir à Berne pour y suivre une école d'infirmière. L'année suivante, durant les vacances, elle retrouve à Paris Talla Sjögren revenu entre-temps des États-Unis et son cœur penche à nouveau pour lui, sans pourtant que soit prise une décision définitive. Cet été-là, tout va de travers sur la Hochreit, l'humeur de Ludwig est massacrante et il finit par se disputer avec sa sœur. Est-ce un hasard ?

C'est à Margaret qu'il reviendra de mettre un point final à cette affaire interminable. En décembre 1933, tous les protagonistes se trouvent réunis à Vienne, à l'Alleegasse, pour la fête de Noël. Tant Marguerite que Talla confient alors à « Tante Gretl » leur incapacité à prendre une décision. À bout de patience, celle-ci exige qu'ils annoncent immédiatement leurs fiançailles et remue ciel et terre pour que leur mariage

1. M.St. à Ludwig W., 18.2.1932/P.St.

puisse être célébré le dimanche suivant, de façon à prévenir toute nouvelle tergiversation. La cérémonie se déroule à l'église paroissiale réformée de Vienne, dans la plus stricte intimité, puisque seuls les témoins, John, le fils cadet de Margaret, et Arvid Sjögren, le frère du marié, y assistent. Les jeunes époux partent ensuite pour Gmunden, où ils doivent passer une brève lune de miel, non pas dans la Villa Toscana elle-même, fermée en hiver, mais dans la maison d'hôte, où tout a été somptueusement préparé pour leur venue. Margaret, pourtant, n'était pas au bout de ses peines. Le lendemain en effet, Talla est de retour à Vienne et lui avoue piteusement que sa femme a refusé de consommer le mariage, n'étant « pas prête ». La « petite Marguerite » semble vouloir mettre en pratique, hors de propos, les chastes visions du mariage proposées par Ludwig. Margaret, selon ses propres dires, lui envoie alors une missive « incendiaire » la sommant énergiquement de remplir son devoir conjugal[1].

Après avoir longtemps favorisé le lien entre Ludwig et Marguerite, Margaret, toute patience usée, paraît avoir brusquement pris conscience que cette relation, de plus en plus inextricable, n'avait pas d'avenir. Face à l'indécision chronique des parties impliquées, il lui aura sans doute paru nécessaire de tailler dans le vif et d'agir dans l'urgence. À tort ou à raison, elle ne parlera plus de la jeune femme, qui a déçu les espoirs placés en elle, qu'en des termes assez durs.

Elle se prend en revanche d'une vive affection pour sa belle-fille, Helen Englehardt, que vient d'épouser Thomas, malgré le désaccord de son père. Elle rend visite au jeune couple en été 1932, se réjouit de la vie « simple » que mènent les jeunes mariés dans une villa de la banlieue de New York et voue une attention maternelle à la jeune femme, qui attend un bébé. Pour un instant, elle peut croire réalisé son rêve d'une vie de famille heureuse. À l'automne tous trois rentrent à Vienne, où Helen donne naissance à un fils au terme d'un accouchement particulièrement difficile. Une expérience

1. M.St. à Thomas St., 4.1.1934/P.St.

vécue aussi par Margaret et qui la rapproche encore de la jeune femme. En mémoire du héros de *Guerre et Paix*, le bébé est baptisé Pierre. Talla Sjögren, ami proche du jeune père depuis leur commun séjour en Amérique, en est le parrain.

LA SITUATION POLITIQUE SE DÉTÉRIORE

Mais l'Europe centrale va mal : la crise économique rampante, encore aggravée par le krach boursier, conduit à une montée des extrémismes. 1933 voit en Allemagne la prise du pouvoir par le parti national-socialiste tandis qu'en Autriche s'installe un régime corporatiste autoritaire, sous la férule du chancelier Engelbert Dolfuss. Margaret qui, au lendemain de la Première Guerre mondiale, avait beaucoup espéré de la capacité réformatrice des sociaux-démocrates, n'y croit plus. Avec beaucoup d'autres bourgeois libéraux d'Autriche – dont Karl Kraus et Sigmund Freud –, elle n'est pas hostile au régime de Dolfuss. À l'époque, et face à la menace croissante que représentait le nazisme allemand pour la survie de l'Autriche, la tentative entreprise par Dolfuss d'établir une sorte de fascisme à l'autrichienne paraissait offrir une alternative. Une solution d'autant plus acceptable pour Margaret et les siens que les Wittgenstein s'étaient toujours montrés d'un patriotisme autrichien sourcilleux. Voici comme elle décrit à son fils le climat qui règne en Autriche à l'automne de 1933, après la prise de pouvoir de Dolfuss : « Sur le plan politique, ici, tout est tranquille. De tous côtés, j'entends dire que le je-m'en-foutisme a pris le pas sur l'indignation. Les gens sont mécontents des nouveaux impôts et ils râlent ou racontent des blagues. Comme toujours. Il ne faut pas s'attendre chez nous à autre chose. [...] Le Dolfuss, au reste, va de l'avant. Il a pris en main les rênes essentielles du gouvernement. La dernière blague à son sujet est qu'il a eu un accident : qu'il est tombé de l'échelle en cueillant des groseilles[1]. »

---

1. M.St. à Thomas St., s.d., automne 1933/P.St – Dolfuss était de très petite taille.

Même après les émeutes sanglantes de février 1934, qui conduisent à la mise au ban des socialistes, la famille continue à soutenir le gouvernement, qui promet ordre et stabilité. En ces jours dramatiques, et Margaret et John, qui vient de finir ses études, se mettent à la disposition de la « Société des ambulances viennoises », fondée en son temps grâce au soutien de Karl Wittgenstein. John, qui était alors parmi les rares privilégiés à savoir conduire une automobile, pilote une ambulance militaire et sera décoré pour cela par le comte Starhemberg, chef de la Garde nationale. Tenu informé par ses amis autrichiens, l'instituteur Ludwig Hansel, cofondateur d'un mouvement catholique de droite, ou le sculpteur Michael Drobil – à qui son académisme conventionnel vaut alors de nombreuses commandes officielles –, Ludwig Wittgenstein penche lui aussi plutôt à droite. Pourtant, le fait qu'il ait songé à émigrer en Union soviétique une fois accompli son *fellowship* de cinq ans à Cambridge, montre qu'il ne se laissait pas enfermer dans les catégories usuelles comme la droite ou la gauche. Même si la bourgeoisie autrichienne espère encore que le régime de Dolfuss est une solution viable, elle craint la menace croissante en provenance de l'Allemagne nazie et les troubles qu'elle ne cesse de fomenter. Voici ce qu'en dit Margaret à Ludwig après les émeutes de février : « La situation politique est bizarre. Après les journées de février, il avait semblé que la vague nazie s'était rapidement retirée, mais la voici à nouveau en plein élan. Je suis une parfaite idiote. Je vois, mais je ne comprends rien. J'entends les pronostics les plus opposés : tous me semblent également vraisemblables ou également invraisemblables[1]. »

Malgré la menace, Margaret et ses proches ne pouvaient imaginer que ces années étaient les dernières qu'il leur était donné de passer ensemble. Pour l'heure, Margaret, toujours prête à expérimenter, se soumet à des séances d'hypnose dans l'espoir de se débarrasser de migraines persistantes. Elle en fait un compte rendu détaillé à Ludwig, qui s'intéresse

1. M.St. à Ludwig W., 13.6.1934/P.St.

aussi à la chose. Pour le reste, sa santé semble être assez bonne pour lui permettre, cet été-là, de faire de nombreuses balades dans les Préalpes autrichiennes en compagnie de son ami, le professeur Kauder. Parallèlement, elle se voue plus que jamais à son activité en faveur de personnes en difficultés sociales ou psychiques. Lorsque son fils Thomas lui propose de venir s'installer durablement aux États-Unis, en partie dans la perspective de lui faire faire des économies, elle refuse résolument, arguant de cette activité : « Je ne peux, ni ne veux, interrompre mon travail ici – un travail pour moi vital – pour une longue période, à moins d'une raison impérieuse. Soit que vous ayez absolument besoin de moi, soit que l'argent nécessaire pour continuer à vivre ici me fasse effectivement défaut[1]. »

Fin 1934, on fête à nouveau Noël en grande pompe, comme il se doit, et l'on célèbre aussi le soixantième anniversaire d'Hermine, l'aînée des enfants Wittgenstein et qui joue comme telle, officieusement, le rôle de chef du clan. Margaret prépare l'événement depuis l'été. La tradition voulait que l'on marque de telles occasions par des tableaux vivants ou des pièces de théâtre ad hoc. La famille adorait le théâtre et l'on se retrouvait volontiers, le dimanche après-midi, chez l'une des trois sœurs pour lire et interpréter ensemble les pièces du répertoire germanique classique. Cette fois, il s'agit pour Margaret, qui s'est fait la main avec succès quatre ans plus tôt pour le soixantième anniversaire de Mima Sjögren, d'écrire un morceau de bravoure en l'honneur de sa sœur : « L'anniversaire de Mining approche et rien n'est encore fait, écrit-elle à son fils. Je vois quelque chose comme un "Hommage aux arts". La partie comique – l'"hommage à la peinture" – est déjà assurée : plusieurs des tableaux de l'Alleegasse seront incarnés par des personnes, qui, chacune, réciteront quelques bouts rimés. [...] Comme prologue, j'aimerais bien avoir un dialogue entre Betty et moi, en hexamètres. Le *clou de la pièce* [en français dans le texte] sera un conte,

1. M.St. à Thomas St., 14.1.1934/P.St.

que je t'enverrai plus tard, quand il sera un peu moins embryonnaire[1]. »

Quelques jours à peine après la fête cependant, survient la tragédie : le deuxième fils de Thomas et d'Helen, Christopher, âgé d'un an à peine, succombe en quelques heures à une infection. Le couple, fragile, n'y survit pas. Aussi bien Thomas, qui s'est peut-être marié trop jeune, qu'Helen, traversent en conséquence de graves difficultés psychiques. Commencent à apparaître chez Thomas les signes des tendances dépressives typiques de Jérôme, son père. L'agitation maladive de ce dernier, son instabilité semblent, à la grande frayeur de sa mère, avoir été héritées par le jeune homme et avoir conduit à la fin abrupte d'un mariage qui avait d'abord paru heureux.

LUDWIG VA-T-IL RENTRER À VIENNE ?

Durant ces années Margaret contribue aussi au travail philosophique de son frère : c'est lors de séjours chez elle qu'il dicte certains de ses manuscrits et c'est grâce à ses multiples relations qu'elle peut, comme on l'a vu, faire le lien avec les philosophes du Cercle de Vienne. Lorsque Moritz von Schlick est assassiné, en 1936, par un étudiant détraqué, certains des membres du Cercle songent à demander à Wittgenstein de le remplacer. Pourtant lorsque Friedrich Waismann, avec lequel Ludwig avait été brièvement engagé dans un projet philosophique commun, vient en parler à Margaret, celle-ci se montre prudente. Il est vrai que le contrat de cinq ans qui lie Wittgenstein à Cambridge vient de s'achever, laissant celui-ci devant un avenir incertain, mais elle sait également combien il est difficile de prévoir les réactions de son frère. Elle rejette d'emblée l'idée que la famille puisse agir comme intermédiaire, consciente de la volonté de Ludwig de s'affranchir de toute dépendance à son égard : « Waismann est venu me trouver. Il avait appelé

1. M.St. à Thomas St., 29.8.1934/P.St.

– alors que je ne le connaissais pas –, me disant qu'il voulait me parler de l'affaire Schlick. Il est arrivé et il a fallu beaucoup de temps avant que je comprenne où il voulait en venir. Il voulait me demander si tu serais disposé à accepter la chaire de professeur à Vienne et si notre famille, si influente, ne voudrait pas s'engager dans ce but. Je lui ai répondu que nous n'étions pas si influents que ça et que, même si nous l'étions, nous ne nous engagerions pas pour obtenir ta nomination, car s'il nous venait à l'idée de le faire, tu nous assommerais et, même si tu ne nous assommais pas, cela était pour toi exclu, etc., etc. Il l'a très bien pris[1]. » De fait, la démarche est restée sans suite et Wittgenstein est resté en Angleterre.

Dans cette même lettre Margaret rapporte à Ludwig combien la mort récente de Karl Kraus l'a touchée. Karl Wittgenstein, icône même du capitaliste triomphant, avait été l'une des cibles favorites du polémiste, mais ses enfants, tant Margaret que Ludwig, étaient depuis toujours des lecteurs admiratifs et assidus de son brûlot, *Die Fackel* (Le Flambeau). C'était Kraus aussi qui avait inspiré à Ludwig l'idée de demander à Ludwig von Ficker de distribuer une partie de son héritage à des artistes méritants. Et c'est à travers Karl Kraus que s'étaient noués les contacts avec Adolf Loos et Paul Engelmann. La critique du langage formulée par Kraus et son appel à un usage rigoureux de la langue ne pouvaient, par ailleurs, que rejoindre les préoccupations de Wittgenstein. Margaret, qui possédait une importante collection d'autographes, regrette de n'avoir pas mis à exécution son projet d'offrir à Karl Kraus le manuscrit d'une des plus célèbres pièces de Johann Nestroy – *Der Zerrissene* (Le Déchiré) –, un auteur qu'il chérissait. La maison est un autre lien entre Ludwig et sa sœur : il lui envoie de temps en temps, et malgré ses moyens limités, des objets pour la décorer, comme en témoigne la lettre émue où elle le remercie de ce « nec plus ultra des pendules de cuisine[2] » qu'il a trouvé pour elle en Angleterre. À Noël de la même année, il lui offre le

1. M.St. à Ludwig W., 11.7.1936 – cité par Brian McGuinness, *Familienbriefe, op. cit.*, p. 151.
2. M.St. à Ludwig W., 21.8.1936/P.St.

manuscrit de ses *Remarques philosophiques*, un cadeau sans valeur marchande – à l'époque ! – mais qu'elle apprécie d'autant plus pour sa valeur symbolique.

Elle ne goûte en revanche que modérément la « confession » que Ludwig croit devoir faire à ses amis à la fin de cette même année. Dans un souci de perfection morale et de pénitence, Ludwig avait alors en effet décidé de confesser à ses amis et connaissances les fautes qui lui pesaient particulièrement sur le cœur. C'était, d'une part, son incapacité à se dominer, qui l'avait conduit à gifler certains de ses élèves du temps où il était instituteur, mais c'était, surtout, le fait qu'il avait jusque-là dissimulé à ses amis ses origines juives. Tant à l'époque de sa captivité en Italie que plus tard en Angleterre, il avait prétendu n'avoir parmi ses ascendants qu'un seul grand-parent juif, alors que c'était le cas de trois de ses quatre grands-parents. Il semble que la prise de pouvoir par les nazis en Allemagne, la montée de l'antisémitisme et la publication des infâmes lois raciales de Nuremberg, qui prétendaient lui conférer une sorte de légalité, l'aient conduit à un revirement. Dans ce nouveau contexte, avoir cherché à dissimuler ses origines lui semblait honteux ; il lui paraissait désormais nécessaire de les revendiquer activement. À l'exemple de beaucoup de gens de son temps, Margaret, en dépit de ses mêmes origines, n'était pas indemne de certains clichés antisémites. La position de son frère la contraignait donc à se confronter à une problématique qu'elle préférait refouler. Ce n'était pas agréable. Entre les lignes, les *Souvenirs* d'Hermine laissent deviner une attitude semblable. C'est ce qui explique peut-être la réaction de Margaret, qui se borne à noter que tous les membres de la famille étaient coupables au même degré des péchés avoués par Ludwig.

UN DERNIER NOËL AVEC LA « PETITE MARGUERITE »

Au début de l'année suivante, Margaret se rend aux États-Unis pour soutenir son fils et tenter de sauver son mariage. Elle doit bientôt se rendre à l'évidence que toute intervention est inutile. Les lettres que Ludwig, à sa demande, envoie à Thomas, restent elles aussi sans effet. Margaret doit se résigner à constater l'éloignement croissant de son fils, qui renonce à rentrer en Autriche pour l'été. La situation s'envenime encore lorsque John, qui ne peut admettre le comportement de Thomas, rompt avec son frère. En cet automne de 1937, après une longue interruption, la « petite Marguerite » est à nouveau à Vienne. Elle veut y mettre au monde son deuxième enfant avant de partir avec Talla Sjögren, son mari, pour l'Amérique du Sud, afin d'y commencer une nouvelle vie. Les sentiments de Margaret – qui ne lui pardonne pas d'avoir « trahi » Ludwig – ont bien changé. Ce qu'elle en écrit à Ludwig, qui séjourne alors en Norvège, est très négatif. Elle reproche en particulier à son ancienne protégée son manque d'humanité et sa superficialité. Mais est-elle objective ? Ludwig au contraire se montre généreux et ses retrouvailles avec la jeune femme, lorsqu'il rentre à Vienne pour Noël, sont empreintes de la même chaleur et de la même tendresse dont il a toujours fait preuve à son égard[1].

Ce devait être leur dernière rencontre ; quelques mois plus tard, Marguerite Respinger-Sjögren émigre avec sa famille au Chili. Le couple, heureux, aura quatre enfants et y exploitera un grand domaine agricole jusqu'en 1946, lorsque Talla est abattu, sous les yeux de sa femme, par des braconniers – ou selon une autre version, par des paysans révoltés. Marguerite rentrera en Suisse, s'y remariera et y vivra jusqu'à un âge très avancé. Âgée de près de quatre-vingts ans et à un moment où l'intérêt porté à Wittgenstein avait déjà pris des proportions inattendues, elle fera publier ses souvenirs, qui constituent une source importante, sinon toujours fiable.

Les fêtes de Noël de 1937 seront les dernières à réunir la famille au complet. Elles sont assombries par la conscience que la mainmise des nazis sur l'Autriche n'est plus qu'une question de temps. À l'annonce qu'il viendra les mains vides, Margaret qui se réjouit déjà de le revoir, rétorque à Ludwig :

1. Voir Marguerite Sjögren, *op. cit.*, p. 153.

« Des cadeaux, à quoi bon ! As-tu à nouveau l'intention de dicter ? Je me réjouis de cela aussi, comme de la soupe chaude qui va avec et qui me paraît toujours si bonne[1]. » La grande réception dans l'ancien palais paternel de l'Alleegasse est le point d'orgue des festivités, ce qui n'empêche pas Margaret de donner également une fête chez elle, à la Kundmanngasse, tandis qu'Hermine organise un Noël à Grinzing, dans le centre de jour qui accueille ses jeunes protégés, auquel, cette fois, prennent part tous ses frères et sœurs, comme s'ils pressentaient qu'ils étaient ensemble pour la dernière fois. Hermine le raconte dans ses *Souvenirs* : « Notre toute dernière fête de Noël ensemble, en 1937, est particulièrement chère à mon cœur. [...] Le sentiment d'une crise politique imminente flottait alors déjà dans l'air et je savais pertinemment qu'une victoire du national-socialisme signifierait la fin brutale de mes activités. À Noël, cependant, mes craintes se sont évanouies, tout m'a paru placé sous une belle étoile. Que le premier soir, pour la distribution des cadeaux aux enfants, tous mes frères et sœurs [Ludwig, Paul, Hélène et Margaret] aient été présents, a été pour moi une grande joie, et j'ai cru percevoir que cette joie s'était aussitôt transmise aux enfants. Lorsque après les chants de Noël, nous entonnâmes l'hymne national autrichien – certes sur les paroles de Kernstock, désormais obligatoires –, mais tout de même avec joie, mes frères et sœurs, et peu à peu tous mes invités se mirent à chanter avec nous. C'était un hommage à l'Autriche, très émouvant en ce temps si lourd de menaces[2]. »

Écrit après la Seconde Guerre mondiale, ce texte réinterprète peut-être le passé à la lumière de ce qui a suivi. Il n'en reste pas moins que l'attachement des Wittgenstein à l'Autriche est une constante, dont témoignent leur engagement et le prix dont ils l'ont payé au cours de la Première Guerre mondiale, de même que le refus véhément de Margaret, en 1919 déjà,

1. M.St. à Ludwig W., 1.12.1937 – cité par B. McGuinness, *op. cit.*, p. 159.

2. H.St., *Souvenirs*, p. 147. L'hymne évoqué, qui avait repris l'ancien hymne à l'empereur, sur une mélodie de Josef Haydn, avait été introduit en 1929. Le nouveau texte était dû à Ottokar Kernstock, un poète nationaliste.

d'un rattachement possible de l'Autriche à l'Allemagne. Comme tant d'autres familles de la grande bourgeoisie d'origine juive, les Wittgenstein étaient, dans une mesure significative, des représentants de l'identité autrichienne. Les événements qui se préparaient alors n'allaient pas tarder à faire table rase de cette tradition.

VII
L'ANSCHLUSS ET LA GUERRE

SIGMUND FREUD SAUVÉ

L'Anschluss, le rattachement tant redouté de l'Autriche à l'Allemagne nazie, devient réalité quelques semaines plus tard, en mars 1938. Marguerite Sjögren, qui vient d'avoir une petite fille et séjourne encore à Vienne dans l'attente des documents nécessaires à son immigration au Chili, est témoin de l'inquiétude de ses amis viennois. Leurs pires craintes se verront justifiées : dès la prise du pouvoir par les nazis, les juifs viennois seront poursuivis, persécutés, soumis à toutes sortes d'humiliations. Les Wittgenstein, baptisés depuis deux générations, étrangers tant à la religion qu'à la culture hébraïques, et qui ne se sont eux-mêmes jamais considérés comme juifs, prennent conscience, « blêmes d'épouvante », que les nazis les tiennent pour juifs[1]. Les lois de Nuremberg, qui réclamaient un certificat de baptême mais, en pleine contradiction, n'appliquaient en fait que des critères biologiques, définissaient les enfants Wittgenstein, dont trois des grands-parents sur quatre étaient nés dans la religion israélite et

1. H.St., *Souvenirs,* pp. 155 et s.

s'étaient convertis à l'âge adulte, comme des « Geltungsjuden », c'est-à-dire juifs à part entière. D'emblée, ceux d'entre eux qui sont fonctionnaires perdent leur emploi. C'est le cas de Paul, qui enseignait au conservatoire de musique de la ville de Vienne, de leur cousin le professeur Ernst von Brücke, fils de Milly Wittgenstein et de Theodor von Brücke, qui se voit, comme « demi-juif », chassé de la chaire de physiologie qu'il occupait à l'université de Vienne. Grâce au fait qu'elle possède la nationalité américaine qui, pour l'heure, la met à l'abri, Margaret dispose d'une liberté de manœuvre que n'ont plus ses frères et sœurs. Comme pendant la Première Guerre mondiale, elle peut à nouveau jouer un rôle-clé, en particulier grâce au réseau de ses relations dans les milieux les plus divers. Elle fréquente les diplomates américains en poste à Vienne, mais elle connaît aussi la famille Seyss-Inquart, pour avoir travaillé avec l'un de ses membres, Richard Seyss-Inquart, directeur de l'établissement pour délinquants mineurs de Vienne, dans le cadre de ses activités sociales. Lorsque le frère de celui-ci, Arthur, devient le Führer des nazis autrichiens, Margaret espère pouvoir tirer parti de cette relation[1]. Ces circonstances font qu'elle se verra impliquée dans la difficile entreprise grâce à laquelle Sigmund Freud, l'une de leurs premières victimes, sera tiré des griffes des nazis autrichiens.

L'amitié qui la liait à Freud est connue. Reste que son attitude à l'égard de la psychanalyse et de son inventeur avait toujours été ambivalente. Grande lectrice des œuvres de Freud dans sa jeunesse, elle s'était vivement intéressée à ses théories. Pourtant, si elle en avait fait sienne une partie, elle n'en était pas moins plutôt réticente et critique dans l'ensemble. Elle déplorait en particulier que la thérapie psychanalytique laisse totalement de côté la dimension éthique. L'échec, en son temps, du traitement du bégaiement de son fils Thomas par

1. Se servir de ces contacts pour en déduire une quelconque sympathie de Margaret pour les nazis (voir « Howard Reich, rediscovered score pianist's last legacy », in Chicago Tribune, 11.8.2002) est totalement absurde (*N.d.A.*).

Freud l'avait confirmée dans son scepticisme ; ce qui ne l'empêchait pas d'avoir la plus grande estime pour l'homme lui-même. En 1937, et en dépit de ses réserves, elle avait elle-même commencé une analyse avec le maître. On ignore si elle avait entrepris cette démarche pour des raisons professionnelles, dans l'intention d'exercer elle-même en tant que psychothérapeute, comme elle semble en avoir eu la vocation, ou pour venir à bout de ses propres conflits psychiques. Un peu des deux, sans doute. Malheureusement, Freud était alors déjà gravement malade et les séances ne cessaient d'être reportées en raison des multiples interventions chirurgicales auxquelles Freud devait se soumettre[1]. Il faut ajouter que leur relation tenait aussi au lien scientifique et amical qui existait entre Freud et le physiologiste Ernst von Brücke, cousin de Margaret.

Dès leur arrivée au pouvoir, les nazis viennois avaient pris Sigmund Freud en ligne de mire. N'était-il pas en effet la figure de proue de la psychanalyse, discréditée par eux comme « science juive » ? Ses amis s'étaient aussitôt mobilisés pour obtenir que le célèbre chercheur et sa famille proche puissent quitter l'Autriche et ils s'étaient adressés à Margaret. Marie Bonaparte, princesse de Grèce, disciple fervente du maître, qui dispose d'une fortune et de contacts internationaux va jouer un rôle-clé dans le sauvetage de Freud. On se souvient que l'amitié de Marie et Margaret remontait à la Première Guerre mondiale, lorsque toutes deux vivaient en exil avec leur famille à Lucerne et logeaient sur le même étage de l'Hôtel National. Les deux femmes s'étaient revues à Paris, quand Margaret rendait visite à Jérôme, ou à Vienne, à l'occasion des nombreuses visites de Marie à Freud. Leur amitié va se révéler bien utile. Le rôle de Margaret consiste à user de ses contacts avec l'ambassade américaine pour obtenir que John C. Wiley, le chargé d'affaires (l'ambassadeur américain venait de mourir), intervienne de façon répétée en faveur de Freud. Non seulement s'était-il rendu personnellement chez

1. Sigmund Freud à M.St., 21.4 et 3.5.1937/Library of Congress, Washington D.C.

les Freud après la première perquisition qu'on leur avait fait subir, mais c'était grâce à son intervention qu'Anna Freud avait été relâchée après avoir été arrêtée par la Gestapo. Lorsque enfin les Freud peuvent quitter Vienne, un employé de l'ambassade américaine voyage – comme par hasard – dans le même train et fera tout ce qu'il peut pour rendre à Freud le voyage confortable. Il semble que ce soit aussi Margaret, pour laquelle les mœurs viennoises n'ont aucun mystère, qui ait recommandé à Freud l'avocat Alfred Indra, un personnage très ambigu, qui collaborait avec les nazis mais était, pour cette raison même, en ces jours difficiles, l'homme de la situation. C'est lui qui finira par obtenir des nazis qu'ils laissent partir Freud et les siens. C'est avec lui que Margaret traitera lorsqu'il s'agira de trouver le moyen de protéger ses sœurs et c'est lui encore qui la représentera lorsqu'elle aura quitté le pays et que ses biens seront confisqués par le régime.

Le jour où il quitte Vienne, Freud offre à Margaret, pour la remercier, un exemplaire dédicacé de *L'Avenir d'une illusion* avec les mots : « Pour un adieu provisoire. » Le vieil homme, malade, savait pourtant qu'il ne reverrait jamais Vienne... Margaret restera en contact avec lui jusqu'à sa mort en 1939. Les lettres chaleureuses qu'il lui adresse de son exil londonien témoignent de son estime pour elle. Mais l'engagement de Margaret ne s'arrête pas à Freud, elle aide chaque fois qu'elle le peut, car un grand nombre de ses amis tombent sous le coup des lois raciales. Son médecin de famille, le Dr. Hugo Popper, fait ainsi lui aussi partie des persécutés de la première heure. Le poids qui pèse sur ses épaules durant ces premières semaines après l'Anschluss est considérable. Ludwig lui-même se fait du souci pour elle, comme il le note dans une lettre à son ami Ludwig Hänsel : « Je m'inquiète pour la santé de ma sœur Gretl. Je crains que les efforts auxquels elle se soumet ne dépassent ses forces. Or, le sort d'une quantité de gens est suspendu à sa vie[1]. »

---

1. Cité par Ilsa Somavilla, *op.cit.*, p. 149.

Dès les premiers jours de 1938, le sort funeste qui menaçait l'Autriche avait convaincu Margaret de la nécessité de transférer à l'étranger ce qui lui restait encore de ses collections. Elle voulait pouvoir continuer à en vendre l'une ou l'autre pièce, selon ses besoins. Tout était prêt à l'envoi, muni des autorisations nécessaires délivrées par le service du patrimoine, quand les soldats allemands entrèrent en Autriche. Du jour au lendemain, le bouclage des frontières fit que les caisses de tableaux durent être ramenées à la Kundmanngasse et mises sous scellés par les nouvelles autorités. Margaret ne pouvait plus en disposer librement. Jérôme, présent à Vienne au moment de l'Anschluss, était reparti sans délai pour Paris, avec l'intention, lui aussi, de liquider meubles anciens et collection d'art japonais. Il a alors dépassé la soixantaine et doit se rendre à l'évidence qu'il n'a plus les moyens de mener la vie dont il a l'habitude. Rentrer en Autriche nazie n'est pas une option pour cet homme solitaire et désespéré. Il pourrait certes retourner dans son pays d'origine et y mener une existence modeste, mais les États-Unis lui sont devenus étrangers. À bout de ressources, il décide tout de même, comme toujours lorsqu'il va mal, de se tourner vers sa femme. Atteint, semble-t-il, d'un cancer, cet homme dépressif, qui n'avait jamais réussi à assumer ou à dépasser le rôle de « prince consort », se tue, à Gmunden, au mois de juin 1938. Aucun témoignage ne nous dit comment Margaret a réagi à la mort de ce mari si difficile, à l'égard duquel elle avait toujours fait preuve d'une loyauté indéfectible. Lorsque sont distribués les objets d'art qui constituent tout l'héritage de Jérôme en Autriche, Margaret, bien que citoyenne américaine, se voit soumise aux mesures discriminatoires déjà en vigueur contre les juifs : elle est contrainte de déclarer ses propriétés dans un « registre des bien juifs ». Ce registre permet au reste de constater qu'elle était l'unique propriétaire de la villa de Gmunden comme du Palais Stonborough à la Kundmanngasse, que Jérôme n'en était même pas copropriétaire.

Ces événements ne manquent pas de faire impression sur les autres membres de la famille, sur Hermine et Hélène en particulier, qui ne sont plus très jeunes et redoutent l'exil comme la peste. Dès lors, avec beaucoup d'autres, on explore frénétiquement les moyens de passer entre les mailles du filet que constituent les lois raciales. Sous l'emprise des clichés alors si répandus, on se tourne vers ses ancêtres, à la recherche d'éléments nouveaux et salvateurs. Arguant de leur apparence plus « aristocratique » que « juive » les Wittgenstein mettent en question l'origine juive du grand-père Hermann Christian Wittgenstein et évoquent la possibilité qu'il ait été un enfant naturel du prince Waldeck-Pyrmont, sur les terres duquel les Wittgenstein étaient établis. À moins qu'il ne soit un descendant adultérin de la famille Sayn-Wittgenstein ? Les recherches entreprises, y compris à Korbach, d'où Hermann Christian était originaire, ne permettent ni de confirmer ni d'ailleurs d'infirmer ces théories. On s'appuie dès lors sur cette « appartenance raciale incertaine » du grand-père Hermann, comme sur une liste des mérites patriotiques et des œuvres sociales à mettre au crédit des Wittgenstein, pour tenter d'obtenir, dans l'idée que le doute doit profiter à l'accusé, un traitement de faveur. Une demande dans ce sens est officiellement soumise par Paul, Hélène et Hermine, accompagnée de la liste exhaustive des dons, fondations et autres bienfaits des différents membres de la famille. Y était aussi mentionné l'engagement au service de la patrie des trois fils, Kurt, Paul et Ludwig, durant la Première Guerre mondiale, avec la mort de Kurt, la perte du bras de Paul et les nombreuses décorations acquises par Paul et Ludwig. Margaret, comme Américaine, et Ludwig, qui vivait à Cambridge et venait de demander la nationalité britannique, ne signent pas cette pétition.

Paul, dont le patriotisme autrichien est intact, place tous ses espoirs dans une telle démarche, d'autant plus que Margaret la soutient et s'apprête à faire jouer ses relations. Fort de son statut d'officier de réserve de l'armée autrichienne et de ses blessures, Paul accompagné de Margaret, citoyenne d'un pays avec lequel l'Allemagne est encore en bons termes, part pour Berlin dans le but d'obtenir des autorités compétentes que la famille soit « traitée comme aryenne ». Les mérites au service de l'Autriche, sur lesquels, avec quelque naïveté, on avait tant compté, laissent les Allemands parfaitement froids. Leur demande est refusée avec l'explication qu'il leur manque « un deuxième grand-parent aryen ». Ce refus indigne Paul, d'autant plus qu'il ne peut désormais plus exercer son métier de pianiste et de professeur de musique. Amer, il quitte l'Autriche en juillet 1938, pour la Suisse d'abord puis pour les États-Unis. Il est donc hors de danger, comme l'est aussi, pour l'heure du moins, Hélène du fait qu'elle est l'épouse d'un « aryen », Max Salzer. La seule à être directement menacée est Hermine. C'est donc elle qui va chercher par tous les moyens à obtenir un arrangement avec le pouvoir nazi, même au prix d'un grave conflit avec Paul. Voici ce qu'elle en dit elle-même : « [...] car si Paul avait tout à gagner à un exil, j'avais, moi, tout à y perdre : mes amis et mes protégés, le reste de ma famille, ma propriété de la Hochreit, tout, j'aurais dû renoncer à tout[1]. » On peut, dans ce contexte, interpréter les *Souvenirs* d'Hermine, où ces événements occupent une place importante, comme une tentative de justification. De même, l'expression récurrente du souci qu'elle se fait pour Hélène sert à masquer ses propres intérêts dans cette affaire. Margaret, très attachée à ses sœurs, se range de leur côté et fait tout ce qu'elle peut pour faire avancer les choses. Les trois sœurs, psychiquement plus stables que les membres masculins de la famille, ont toujours formé un axe solide dans la hiérarchie familiale.

Paul craignait de perdre sa part de patrimoine dans la mesure où les nazis avaient les moyens de faire pression sur ses sœurs pour s'emparer de la fortune des Wittgenstein. Depuis l'étranger, il leur demande donc d'émigrer, quitte à devoir payer l'impôt de départ exigé par le Reich, ce qui lui semble être un moindre mal. Hermine, pour les raisons évoquées plus haut, s'y refuse au risque d'une rupture avec son

1. H.St., *Souvenirs*, pp. 157 et s.

frère. Une rupture d'autant plus douloureuse que tous deux avaient vécu pendant plusieurs décennies sous le même toit, dans le palais paternel de l'Alleegasse. « Des paroles amères ont alors été échangées entre Paul et moi, écrira-t-elle plus tard, et je ne veux pas dissimuler la sécheresse de cœur qui m'a peut-être fait manquer de compréhension à son égard[1]. » Margaret, la seule à être encore libre de ses mouvements, se rend en Suisse en septembre 1938 pour parler avec Paul, sans pourtant qu'une solution soit en vue. Elle y apprend aussi que l'on croit la guerre imminente et que le temps presse.

FAUX PASSEPORTS

Toujours ingénieuse, Margaret imagine alors une action des plus périlleuses. Lors de la Première Guerre déjà, elle avait montré qu'elle ne craignait pas, le cas échéant, de ruser avec les autorités. Mais les fonctionnaires qu'elle avait alors en face d'elle étaient des gens corrects. Sous-estimant complètement le danger, elle ne se rend pas compte qu'aux prises avec des fonctionnaires nazis disposés au pire, c'est sa vie qu'elle risque. Il lui était venu aux oreilles que l'on pouvait, par des voies obscures, se procurer de faux passeports yougoslaves. Munies de tels papiers, les sœurs pourraient, en cas de nécessité extrême, franchir la frontière. Malgré les mises en garde, la somme nécessaire est versée par l'intermédiaire d'un avocat louche et Arvid Sjögren, beau-fils d'Hélène depuis son mariage avec Clara, se rend à Zagreb pour prendre livraison des passeports, qui se révèlent si visiblement faux qu'ils sont inutilisables. L'officine qui les a fabriqués ne tarde pas à être découverte et la liste des « clients » tombe dans les mains de la police criminelle. Lorsque la police viennoise, prévenue, commence à enquêter, Margaret, qui se croit protégée par son passeport américain, prend tout sur elle. Elle est donc arrêtée en même temps qu'Arvid et Hermine, et

1. *Ibid.*

conduite, malgré une pneumonie, à la maison d'arrêt de la police viennoise, Rossauer Lände. Hélène, en séjour à Gmunden, est également mise sous les verrous. Margaret et Hermine passent deux jours en cellule, dans la compagnie de clochardes. S'il faut en croire Hermine, elles ne sont pas trop mal traitées, mais « durant la nuit on entendait des bruits effrayants, comme des coups, et des cris[1]. » On les conduit ensuite en fourgon cellulaire au siège du tribunal où elles demeurent aux arrêts pour cinq jours, durant lesquels elles sont entendues par le juge à plusieurs reprises. En échange d'une caution élevée et grâce à de nombreuses interventions, la famille parvient finalement à tirer les trois sœurs et Arvid de leur mauvais pas.

La manière dont Hermine rend compte de l'incident, avec une naïveté qui paraît feinte, soulève quelques questions. On est par exemple étonné de voir à quel point Hermine insiste sur le caractère « pas vraiment inamical » du traitement en maison d'arrêt, ou encore sur l'attitude pleine de compréhension du juge d'instruction. Il est très étrange d'entendre une dame de sa condition et de son âge, pour qui le fait d'être arrêtée, qui plus est sous le régime nazi, a dû être un choc épouvantable, décrire ses conditions de détention comme relativement acceptables. On sait que la famille avait usé de tous les leviers possibles pour alléger le sort des détenues, mais le besoin de minimiser l'affaire, de la refouler, doit répondre chez Hermine à une profonde nécessité. Une nécessité qui la conduit aussi à affirmer que Margaret avait, elle, été « très mal traitée à tous égards ». Elle raconte par exemple qu'on avait forcé Margaret, malgré sa pneumonie et ses problèmes cardiaques, à gravir à maintes reprises plusieurs étages d'escaliers, pour la photographier, prendre ses empreintes, pour d'autres raisons encore. Son état s'était en conséquence à tel point aggravé qu'il avait fallu la transférer à l'infirmerie de la prison où, faute de lit, on l'avait installée par terre sur un matelas. Il avait fallu l'intervention du consul

1. H.St., *Souvenirs*, pp. 167 et s.

général américain pour la tirer de là. Elle devait souffrir longtemps des séquelles, tant physiques que nerveuses, de cette incarcération.

Alors qu'elle décrit en détail les épreuves infligées à sa sœur, Hermine n'a pas un seul mot pour évoquer le rituel humiliant – prise des empreintes digitales et photos anthropométriques – par lequel elle a dû elle aussi forcément passer. Ce déni trouve peut-être une explication dans la complexité de la relation entre les deux sœurs elle-même. Margaret en est le pôle dominant et Hermine – pour se défendre peut-être – la campe volontiers dans le rôle d'une héroïne ou, en l'occurrence, dans celui d'une martyre. Hermine affirme d'ailleurs qu'elle n'a été « qu'une marionnette dans la main d'une personnalité plus forte, quoique aimante ». On retrouve cette même attitude d'Hermine à l'égard de Ludwig, qu'elle décrit volontiers comme un saint. On ne peut comprendre les *Souvenirs* d'Hermine sans avoir à l'esprit les relations complexes et souvent difficiles qui existaient entre les Wittgenstein.

Après leur libération, les aventuriers purent croire avoir été oubliés par la justice. Il n'en était rien : au printemps 1939, Margaret, Hermine et Arvid sont finalement inculpés d'achat de faux passeports. Pour une raison ou une autre, les poursuites contre Hélène furent abandonnées. Lors du procès qui suivit, Margaret dut renoncer à son avocat, le Dr. Kornisch, interdit de plaidoirie parce que juif. Pour sa défense, elle engagea donc le douteux Alfred Indra, qui s'était déjà montré utile dans le sauvetage de Freud. Grâce sans doute aussi à un juge modéré, Indra obtint le non-lieu pour les inculpés et put même écarter la menace d'un recours du procureur. Ainsi, l'affaire, entreprise dans la plus grande inconscience du danger, se termina-t-elle sans grand dommage.

UNE COÛTEUSE SOLUTION

Le soulagement de tous ne pouvait cependant faire oublier le problème de fond, à savoir que les nazis considéraient les Wittgenstein comme juifs et s'apprêtaient à les maltraiter en conséquence. La guerre était aux yeux de tous imminente et il était clair qu'une solution devait être trouvée avant qu'elle n'éclate, ce que l'intransigeance de Paul rendait difficile. C'est une nouvelle fois à Margaret qu'il revient d'élaborer un plan, avec l'aide de ses deux fils, qui, américains comme elle, peuvent voyager librement. Après avoir constaté que « les mérites au bénéfice de l'Autriche » ne comptaient pour rien aux yeux des nazis, on décida de faire valoir un autre argument, l'argent. À l'issue de la Première Guerre mondiale, et vu la situation économique autrichienne, il avait été décidé de transférer la majeure partie des avoirs de la famille à l'étranger. Une société en commandite avait été créée à cette fin, dont la gestion fiduciaire avait été confiée à une banque hollandaise. Thomas, le fils de Margaret, qui avait acquis une certaine expérience bancaire en Amérique, s'était vu confier le mandat de transférer le tout dans une société par actions en Suisse, la WISTAG. La commandite avait été remplacée par un contrat, valide jusqu'en 1947, qui interdisait toute dissolution de la société. Avant cette date, une dissolution ne pouvait intervenir qu'avec l'accord explicite de toutes les parties, à savoir, Paul, Hermine et Hélène. Lorsque la Reichsbank allemande exigea que la WISTAG soit dissoute et que ses devises lui soient livrées en échange de Reichsmarks, les Wittgenstein, grâce à cette construction compliquée, purent leur opposer une fin de non-recevoir. Par l'intermédiaire de son fils, Margaret avait appris qu'au cas où les parties se déclareraient prêtes à dissoudre sans attendre la société, les Allemands seraient prêts, eux aussi, à faire des concessions. Lors d'une réunion familiale dans le palais de l'Alleegasse, Margaret fit donc valoir que « les sœurs se trouvaient dans une position très favorable puisqu'elles avaient en main quelque chose que la Reichsbank voulait ; qu'il leur fallait donc viser à en tirer le meilleur parti, non pas en termes d'argent, mais en termes de protection et de bon traitement[1]. » Il s'agissait en fait d'obtenir des Allemands, en échange de leurs devises,

1. H.St., *Souvenirs*, p. 176.

qu'ils leur accordent le statut de « sang-mêlé » (*Mischlinge*), en acceptant de reconnaître le grand-père Hermann Christian Wittgenstein comme « aryen ». Si l'on parvenait ainsi à s'« acheter » un grand-père « aryen », on aurait, en plus de la grand-mère Marie Kallmus, née Stallner, mère de Léopoldine, deux grands-parents « aryens » sur quatre, ce qui donnait droit au statut de « sang-mêlé ». Un statut qui entraînait certes de nombreuses discriminations mais évitait que l'on soit livré de plein fouet à l'arsenal des lois antisémites. Margaret est chargée des négociations. D'après Hermine, « elle était la seule à pouvoir faire pour nous ce qu'il fallait, car elle y mettait une force de conviction inébranlable et contagieuse. [...] À aucun moment elle n'a dévié de son point de vue et elle l'a représenté avec une énergie qui faisait penser à celle de notre père[1]. »

Prenant le parti de ses sœurs, Margaret se retrouve ce faisant en conflit avec ses frères, qui tous deux vivent hors d'Autriche et ne pensent rien de bon de cette entreprise. Paul est violemment contre dans la mesure où elle lui coûterait l'essentiel de sa fortune, mais Ludwig est lui aussi sceptique. Les sœurs, en cette fin d'année 1938, s'apprêtent à passer Noël sans leurs frères, ce que Margaret déplore, comme elle l'écrit à Ludwig : « L'idée que tu ne seras pas là pour Noël, je ne peux pas m'y faire : pas de sac à dos, pas d'agitation de dernière minute pour du chocolat ou des paquets de pain d'épice[2] ! » Ce Noël s'annonce d'ailleurs pour elle des plus solitaires : Jérôme, son mari, est mort, ses deux fils sont à l'étranger et Jochen étudie en Allemagne. Seuls Wedigo, son autre fils adoptif, et Hedwig, sa vieille secrétaire, sont au rendez-vous. Thomas, qui sans même attendre que le divorce d'avec sa première femme soit enregistré, vient à nouveau de convoler, est pour elle une source permanente de soucis. L'heure n'est pas à la fête.

En dépit de l'opposition de leurs frères, les sœurs étaient déterminées à s'acheter la possibilité de rester en Autriche

1. *Ibid.*
2. M.St. à Ludwig W., 7.12.1938, in B. McGuiness, *op. cit.*, p. 165.

tout en échappant aux persécutions. On entame donc des négociations. Margaret, son beau-frère Max Salzer, ainsi qu'un directeur de la banque suisse représentent les intérêts de la famille. Ils sont assistés par l'avocat déjà cité, Alfred Indra, bien en cour auprès des autorités nazies. Le Dr. Görlich, chef du service des devises, et le Dr. Schöne, avocat, représentent la Reichsbank. Ces négociations, qui ne sont rien d'autre qu'un chantage brutal de la part des autorités nazies, s'avèrent très difficiles et traînent jusqu'à l'été 1939, avec la menace constante d'être interrompues par le déclenchement de la guerre. Pour finir, Margaret se rend elle-même à Berlin pour traiter avec les responsables, et en Amérique pour régler le différend avec Paul, toujours furieux. Les nerfs sont à vif et on en vient, lors d'une rencontre dans un hôtel de New York, à des échanges violents qui ne font qu'exacerber le conflit. À son grand regret, elle rate Ludwig qui, muni de son passeport britannique, voyage lui aussi : après un bref séjour à Vienne auprès d'Hélène et d'Hermine, il s'est rendu à Berlin pour traiter avec le Dr. Schöne, l'avocat de la Reichsbank, avant de partir pour les USA. Après que ses sœurs lui ont consentis d'importantes contributions financières, Paul finit par accepter de renoncer à la part de sa fortune restée en Autriche, et par autoriser la dissolution de la WISTAG. Un accord avec la Reichsbank est signé à Zurich le 21 août 1939. Le conflit entre frères et sœurs au sujet de la répartition de la fortune familiale était cependant loin d'être apaisé. Il ne le sera en fait jamais et continuera d'empoisonner le climat entre eux. Quant à l'accord, il est exécuté, selon une missive de Margaret à un Ludwig toujours sceptique, « donnant, donnant ». L'argent est remis à la Reichsbank et les sœurs reçoivent le 30 août 1939, au seuil de la guerre, la déclaration officielle selon laquelle le sang du grand-père Hermann Christian Wittgenstein est « allemand sans restriction », ce qui leur donne droit au statut de « sang-mêlé de premier rang[1] ».

1. H.St., *Souvenirs*, p. 180 et Nedo/Ranchetti, *op. cit.*, p. 303.

Si Margaret s'était engagée corps et âme dans cette entreprise, quand bien même elle n'était ni directement concernée, ni partie prenante du contrat avec le Reich, c'est qu'elle s'identifiait complètement au destin de ses sœurs qui, naturellement, était aussi le sien. L'obtention d'un statut racial à première vue plus favorable pouvait, dans un premier temps, lui donner l'illusion d'avoir écarté tout danger. Voici ce qu'elle en écrit à son frère : « Ici, nous sommes tous en bonne santé. Je n'ai pas besoin de te dire quel immense soulagement nous a procuré la solution "mélangée". Quant à moi, je reste ici. Je suis convaincue que c'est la chose à faire. Dans les moments de lucidité, je sais bien que je devrai me soumettre aux événements. En attendant, je vis au jour le jour[1]. » Pourtant, une fois la guerre déclarée, de sombres nuages ne tardent pas à perturber ce calme trompeur. On doit évacuer la propriété de Gmunden, réquisitionnée par les autorités nazies. La Villa Toscana doit être vidée, ses meubles consignés dans un garde-meubles. La dépendance, dite « petite villa Stonborough », reste à disposition de la famille. L'année précédente, quand les nazis avaient interdit toute manifestation religieuse sur l'espace public, Margaret, répondant à la demande du curé de la paroisse, avait accepté que la procession de la Fête-Dieu se déroule dans son parc, qui, malgré son étendue, était un espace privé. Le geste n'était toutefois pas sans danger. La guerre finie, l'usage se maintiendra de nombreuses années encore.

LE SECOND EXIL AMÉRICAIN

En dépit de toutes les iniquités commises par les autorités nazies, Margaret, comme Hermine, restait très profondément attachée à l'Autriche. Il lui fallut pourtant se résigner à quitter le pays : son passeport américain arrivait à échéance et la situation politique ne permettait pas de le faire prolonger.

1. M.St. à Ludwig W., s.d., automne 1939, in McGuiness, *op. cit.*, p. 168.

Jusqu'au dernier moment, elle espère que l'exil lui sera épargné, comme elle l'écrit à Ludwig : « Je devrais partir sous peu, à cause de mon passeport ; mais je n'arrive pas à croire que le voyage ne me sera pas, d'une façon ou d'une autre, épargné. Si je devais néanmoins m'en aller, je mettrais absolument tout en œuvre pour pouvoir revenir[1]. » Se rendant à l'inévitable, elle part pour les États-Unis en janvier 1940. Auparavant, cédant une nouvelle fois à son penchant pour l'aventure, elle décide de mettre en sécurité quelques-uns des trésors qui lui restent. Elle enterre la précieuse argenterie familiale dans le grand jardin de son palais de la Kundmangasse et parvient à s'assurer l'autorisation d'exporter une partie de sa collection d'autographes, en particulier des partitions manuscrites originales de compositeurs célèbres – Brahms, Schubert, Bruckner, Wagner, notamment –, les soustrayant ainsi aux griffes des nazis. Cette faveur a cependant un prix : elle ne lui est accordée qu'en échange d'autres manuscrits, importants eux aussi, qu'elle se voit obligée de donner à la Bibliothèque nationale autrichienne[2]. Il n'est pas étonnant, dans ces conditions, que son fils John se soit, par la suite, employé à exporter en contrebande, non sans risques, d'autres précieux manuscrits[3]. Par une procuration, elle confie à l'avocat Alfred Indra la gestion de ses biens en Autriche, désormais province du Reich allemand.

Arrivée à New York, Margaret s'installe d'abord à l'hôtel, avec l'espoir que son séjour sera de brève durée et qu'elle pourra très vite rentrer en Autriche. Elle se bat donc auprès du Département d'État pour obtenir un passeport « à destination d'un pays en guerre ». Les États-Unis sont pour l'heure encore neutres et ne participent pas directement au conflit. Le passeport n'est pas une chose acquise, mais l'obtention d'un visa pour entrer dans le Reich allemand paraît, elle,

1. M.St. à Ludwig W., s.d., fin 1939, in McGuiness, *op. cit.*, p. 169.

2. Lettre du ministère de la Culture du 9.1.1940 au chef de la Chancellerie du Reich, Heinrich Lammers/P.St.

3. Une grande partie de ces manuscrits seront plus tard vendus à la Librairie du Congrès à Washington.

quasi impossible. De fait, ses espoirs seront déçus et elle devra renoncer, soit en raison de l'échec de ses démarches administratives, soit en raison de la détérioration de la situation mondiale.

La voilà donc pour la deuxième fois en exil. Toutefois, contrairement à beaucoup d'autres exilés, il n'était pas question pour elle de couper les ponts avec une patrie à laquelle elle tenait profondément et à laquelle l'attachaient sa famille et beaucoup d'amis. Elle allait donc se trouver déchirée, ayant des proches et des amis de part et d'autre d'un gouffre qui ne cessait de s'élargir. Une fois encore, elle se trouvait coupée d'une partie de sa famille, dépendant pour son courrier de services postaux que la guerre rendait des plus aléatoires, obligée, par crainte de la censure, de communiquer à mots couverts. Certains de ses amis, comme Rudolf Koder ou Ludwig Hänsel, rencontrés grâce à Ludwig, et avec lesquels elle était en relation épistolaire, n'osent plus lui écrire. Lorsque l'Amérique entre en guerre, Margaret ne peut plus correspondre avec les siens en Autriche que par des voies détournées. Le courrier avec l'Angleterre reste, lui, possible, même s'il est soumis à des restrictions. Par la force des choses, Ludwig, qui vit à Cambridge, devient son correspondant privilégié. Pour déjouer la censure, tous deux s'écrivent cependant en anglais. Si parfaitement que l'un et l'autre maîtrisent cette langue, le renoncement à la langue maternelle n'est pas fait pour faciliter des échanges qui, de toute façon, ne sont pas toujours exempts de conflits. Le fait qu'une partie des siens vive comme elle aux États-Unis ne suffit pas à consoler Margaret de la rupture forcée avec sa famille et ses amis restés en Autriche. Elle se retrouve en effet bientôt avec des proches dans les deux camps : d'un côté, ses fils, ses frères, Paul et Ludwig, et l'un de ses neveux, Félix Salzer – fils d'Hélène – ainsi que Jochen, l'un de ses fils adoptifs, eux aussi émigrés aux États-Unis, de l'autre, et bientôt contraints à servir dans la Wehrmacht, plusieurs autres neveux de la branche Salzer – dont les fils de Mariechen, la fille aînée d'Hélène, ainsi que Wedigo, son deuxième fils adoptif, qui avait, lui, choisi de retourner en Allemagne. Lorsque les États-Unis finissent par entrer en guerre, fin 1941, Thomas et Jochen s'engagent dans les troupes américaines tandis que John s'engage dans l'armée canadienne, où il acquiert bientôt le grade de major.

Mais lorsqu'elle arrive à New York, Margaret ne peut prévoir ces futurs développements. Ce qui lui pèse alors, c'est le caractère provisoire de son installation à l'hôtel et son incapacité à se rendre utile. « Il n'y a ici aucune oasis où se reposer, écrit-elle à Ludwig, et personne dans mon entourage à qui je puisse être vraiment utile. Dieu fasse que, si je dois rester ici, je finisse par trouver une occupation satisfaisante[1]. » De fait l'état psychique déplorable de sa belle-fille Helen, incapable de surmonter son divorce d'avec Thomas, lui fournit bien vite une occupation à sa mesure. D'autant que la jeune femme ainsi que Pierre, son petit garçon, n'ont pas seulement besoin de son aide morale, mais aussi d'une aide matérielle. Thomas n'est en effet guère empressé à remplir ses obligations à l'égard de sa famille. Margaret désapprouve sa conduite et ses relations avec son fils se dégradent encore, au point qu'elle décide de séparer leurs affaires financières. Après un séjour auprès d'Helen, dans la maison que celle-ci occupe dans les environs de New York, Margaret décide de quitter l'hôtel et de se chercher un appartement, façon d'admettre que l'exil allait sans doute durer plus longtemps qu'elle n'avait d'abord pensé. En été 1940, elle achète un appartement sur Park Avenue, qui sera son domicile pour les années à venir. Elle ne serait plus elle-même si elle ne trouvait pas les moyens d'aménager ce nouveau nid avec autant de chic et d'élégance que ses finances réduites le lui permettent.

Son domicile devient bientôt le refuge d'un certain art de vivre, en voie de disparition. Pour Noël 1940, le premier de ce nouvel exil, tous ceux de ses proches qui le peuvent vont s'y réunir. En proie au mal du pays, triste à la pensée de ceux qu'elle ne verra pas, Margaret peine à se réjouir. « *Christmas may be before the door.* [...] *I am badly homesick for your rucksack. I sent you a package and do hope you will get it. – It is hard to send*

---

1. M.St. à Ludwig W., s.d., vraisemblablement début 1940/P.St.

you my love and my wishes in another language[1]. » (Noël est à la porte. [...] J'ai une affreuse nostalgie de ton sac à dos. Je t'ai envoyé un paquet, que tu recevras j'espère. – Il m'est difficile de t'envoyer mon affection et mes vœux dans une autre langue), écrit-elle à son frère, qui sera absent pour le troisième Noël consécutif. Elle parvient cependant à rassembler autour d'elle tous ses émigrés et trouve du plaisir à décorer le sapin, selon la tradition. Sa belle-fille, Helen, et le petit Pierre sont là, comme aussi ses fils John et Jochen. En raison de leur brouille, Tom, à son grand regret, ne viendra pas.

En 1941, Margaret a cinquante-neuf ans. Un âge où les femmes sont facilement dépressives, où elles tendent aussi à faire retour sur le passé. D'autant plus si l'on est, comme elle, coupée de ses racines, de son milieu et de ses proches. Ainsi revient-elle souvent, dans sa correspondance avec Ludwig, sur leur entreprise commune, sur la construction de la « Kundmanngasse », manifestement l'une des grandes aventures de sa vie. « *I often see us discussing + planning + I can feel (inside) the clash of my optimism with your pessimism. Whatever work or worry went into that job is repaid a thousandfold by its success*[2]. » (Je nous revois souvent en train de discuter, de faire des plans et je ressens, intérieurement, le choc de mon optimisme contre ton pessimisme. Si grands qu'aient été les soucis et les efforts investis dans cette maison, ils sont compensés mille fois par sa réussite.) Elle n'en a pas moins le pressentiment que les nazis ne tarderont pas à mettre la main sur cette maison où, malgré toutes les difficultés, elle a passé tant de bons moments, et sur laquelle ne veillent plus que deux de ses employés, sa secrétaire Bertha Prohaska et Heinrich Postl, le fidèle homme à tout faire.

Elle prend la mesure de la détérioration du climat politique dans sa patrie à l'augmentation du flux de ses connaissances qui, contraints à l'exil pour échapper aux persécutions contre les juifs, font escale chez elle. Des personnes âgées pour la plupart, de ceux qui avaient choisi de rester lors de la

1. M.St. à Ludwig W., s.d., en automne 1940/P.St.
2. M.St. à Ludwig W., 3.1.1941/P.St.

première vague de persécutions de 1938, durant laquelle beaucoup de juifs plus jeunes avaient émigré. Confrontés, dès 1941, à la menace d'une déportation imminente, il leur avait fallu se résoudre à partir. Margaret reçoit par télégramme les dramatiques appels au secours de son vieil ami Oscar Wollheim et de Louise Pollitzer, fille d'un ancien associé de Karl Wittgenstein. Ils lui demandent son aide pour pouvoir entrer aux États-Unis. Elle est naturellement prête à tout faire pour leur procurer les billets et les papiers nécessaires, tout en étant d'abord très troublée que des personnes si âgées puissent envisager l'exil. Margaret ne croit certes pas à la notion, alors assez répandue parmi les émigrés, que les nazis ne chercheraient qu'à pressurer les juifs, après quoi on les laisserait tranquilles. Elle est cependant bien loin d'imaginer le sort épouvantable réservé aux juifs : bientôt, on ne se contenterait plus de les spolier et de les pousser à l'exil, bientôt, on entreprendrait leur massacre systématique.

La tragédie en cours n'empêche pas la vie quotidienne d'apporter son lot de soucis « normaux ». Son fils Thomas lui en est une source perpétuelle. L'inconstance et l'instabilité même, il se met dans des situations de plus en plus inextricables. À la suite d'une nouvelle crise, il décide sans crier gare de divorcer de la femme qu'il vient d'épouser. Un geste d'autant plus incompréhensible que cette union avait paru jusqu'alors des plus heureuses. Margaret est assez fine pour ne pas se laisser aveugler par l'amour maternel. Elle condamne le comportement de Tom et se montre pleine de sympathie pour la jeune femme qui ne comprend pas ce qui lui arrive. Reste qu'elle n'a aucune influence sur son fils, qu'elle ne peut d'aucune façon intervenir et qu'elle en souffre. À quoi s'ajoute que la première femme délaissée par Tom, Helen, a le plus grand mal à élever son fils seule. Margaret qui, dans son enfance, avait elle-même trouvé auprès de sa grand-mère la chaleur et le réconfort dont elle manquait, offre en retour sa tendresse maternelle à l'enfant négligé et s'efforce de faire adopter des mesures pédagogiques capables de le mettre sur la bonne voie. Pour le restant de sa vie, un lien particulièrement étroit l'attachera à ce petit-fils. Ainsi, les circonstances se chargent de reconstituer autour d'elle un cercle de protégés dont elle prend soin avec sa détermination habituelle.

LA « KUNDMANNGASSE » EST CONFISQUÉE – LA TRAGÉDIE DES AMIS JUIFS DE MARGARET

L'attente de l'entrée en guerre des États-Unis assombrit encore l'automne 1941. John, le fils cadet de Margaret, impatient de combattre les nazis, s'était engagé, depuis quelques mois déjà, dans l'armée canadienne et Jochen, son fils adoptif, avait rejoint les rangs de l'armée américaine. Lorsque, après Pearl Harbour, les États-Unis entrent effectivement en guerre contre le Japon en décembre 1941, avant de déclarer la guerre à l'Allemagne, les biens de Margaret restés en Autriche, considérés comme « propriétés de l'ennemi », sont placés sous administration publique. Alfred Indra, l'avocat aux relations douteuses de Margaret, est désigné comme administrateur[1]. Alors que la Villa Toscana avait été réquisitionnée depuis longtemps et abritait une école de cadres du national-socialisme, c'est au tour de la « Kundmanngasse », où demeuraient encore quelques employés de Margaret, d'être brutalement occupée par les autorités nazies quelques jours à peine après l'entrée en guerre des États-Unis et avant même que soit rendu public le décret ad hoc. Le mobilier et les objets d'art doivent en être évacués sans délais. Entretemps, Heinrich Postl, le factotum de Margaret, avait été appelé sous les drapeaux et il ne restait plus dans la maison que Bertha Prohaska, sa secrétaire, ainsi qu'une vieille domestique. Paniquées, les deux femmes s'efforcent en toute hâte de mettre les meubles et les objets d'art en sécurité auprès de divers membres de la famille et dans des entrepôts. À la faveur du chaos, certains des nazis qui surveillent les opérations ne se gênent pas pour mettre la main sur divers objets

1. Décision du commissaire du Reich pour la gestion des biens de l'ennemi, 12.8.1942/AdR/BMJ3VU54754.

précieux, ainsi que les preuves en seront apportées après la guerre. Sous le même prétexte de « gestion de biens appartenant à l'ennemi », les nazis, quelques mois plus tard, n'hésitent pas à s'emparer des biens de ses deux fils. Il s'agit essentiellement de précieux autographes – de Ludwig van Beethoven en particulier – laissés par Jérôme à ses fils en héritage et qui doivent être remis « en dépôt » à la ville de Vienne[1]. La confiscation brutale de la « Kundmanngasse » allait connaître un épilogue tragique : Bertha Prohaska, qui avait été la secrétaire de Jérôme et vivait chez les Stonborough depuis une vingtaine d'années, se suicidera peu après en laissant ouvert le gaz d'éclairage de la salle de bains : elle était juive et donc menacée d'une déportation imminente. À Vienne, le nombre de ces « accidents dus au gaz » était en train de se multiplier de façon exorbitante. À Margaret qui venait encore d'assurer sa « Pro », comme elle l'appelait, de sa gratitude et de son affection, la triste nouvelle arrive de Suisse, transmise par Elisabeth Leuba, l'ancienne institutrice de ses fils, qui a accepté de servir de relais pour sa correspondance avec le Reich.

Quant au sort de ceux qui étaient parvenus à fuir, il était loin d'être rose : Margaret avait certes été en mesure de procurer des documents de voyage à ses amis Oscar Wollheim et Louise Pollitzer, mais elle n'avait pu leur obtenir qu'un visa pour Cuba, où l'on se montrait alors plus accueillant à l'égard des réfugiés qu'aux États-Unis. Craignant pour la santé du vieux monsieur qu'était Wollheim les effets du climat étouffant et humide de l'île, elle s'efforce donc d'obtenir pour lui, le plus vite possible, une autorisation d'entrée en Amérique. La bataille, acharnée, avec les autorités allait durer plusieurs mois. On lui oppose toutes sortes de difficultés, jusqu'à user du prétexte qu'elle n'est elle-même qu'une Américaine « naturalisée ». Elle se rend plusieurs fois à Washington avant de décrocher enfin pour son protégé le document convoité.

---

1. Décision du commissaire du Reich pour la gestion des biens de l'ennemi, 17.3.1943/AdR/BMJ/III/A.

Les autorités américaines se montreront tout aussi récalcitrantes à l'encontre de Louise Pollitzer, exigeant l'intervention d'un deuxième « sponsor » prêt à s'engager à la prendre en charge. La seule personne concevable pour ce rôle était Paul, le frère de Margaret. Elle se trouve donc contrainte de s'adresser à lui. Paul veut bien offrir sa garantie mais refuse de rencontrer sa sœur, à qui il ne pardonne pas son engagement aux côtés d'Hermine et Hélène dans l'affaire de l'« achat » d'un statut de « sang-mêlé » qui ne lui avait valu, à lui, que de perdre une partie de son patrimoine. Alors qu'il avait déjà dépassé la cinquantaine, Paul avait épousé – contre l'avis de sa sœur – sa très jeune maîtresse, une élève pianiste presque aveugle, dont il avait eu trois enfants. La brouille entre Margaret et lui est totale. C'est incognito qu'elle se rend aux concerts donnés par son frère à New York. Ce qui ne l'empêche pas, en amatrice éclairée, d'exprimer ses réserves à l'égard d'un jeu qu'elle juge exagérément expressif. Voici ce qu'elle en écrit à Ludwig, dans la langue mélangée d'anglais qui caractérise alors sa correspondance : « *His playing has become much worse. I suppose that it is to be expected, because he insists on trying to do, what really cannot be done. It is* un viol[1]. » (Son jeu a empiré. Je suppose qu'il fallait s'y attendre dans la mesure où il persiste à vouloir faire ce qui ne peut être fait. C'est un viol.)

À ces soucis et conflits s'ajoutent pour Margaret les défaillances d'une santé qui n'a jamais été robuste. Les maux dont elle souffre font même un moment craindre un cancer. Ces troubles somatiques trahissent peut-être un état dépressif, comme elle en avait connu durant son exil helvétique. Dans ce marasme, les fiançailles de son fils cadet John avec Veronica Morrisson-Bell, une jeune aristocrate anglaise, sont une bonne nouvelle. John souhaite se marier le plus vite possible, avant d'être expédié sur le champ de bataille européen. Même si elle est consciente de ce qui sépare les deux jeunes gens, tant par l'origine sociale que par la culture, Margaret

1. M.St. à Ludwig W., s.d., début 1942, in B. McGuiness, *op. cit.*, p. 180.

accueille favorablement leur union. À l'égard de ses belles-filles, elle se montrera toujours très positive, toujours dans le registre d'une grande solidarité féminine.

LA CORRESPONDANCE AVEC LUDWIG – LES MÉDITATIONS DE MARGARET

Margaret souffre beaucoup d'être privée d'échanges autres qu'indirects et compliqués avec ceux des siens qui sont restés en Autriche, désormais partie intégrante du Reich allemand. Il lui reste heureusement la possibilité de correspondre avec Ludwig, à Cambridge. Il leur faut certes, par crainte de la censure, écrire en anglais et non en allemand, et travestir le nom des gens et des lieux dans leur patrie désormais territoire ennemi. Même le décès de Max Salzer, leur très estimé beau-frère, mari d'Hélène, doit être annoncé à mots couverts. Protégée tant qu'il vivait par son mari aryen, Hélène, une fois veuve, était vouée à la déportation, n'eût été le statut de « sang-mêlé » que Margaret avait contribué à lui procurer. Une affaire qu'il était cependant interdit au frère et à la sœur d'évoquer dans leurs lettres. Pour deux êtres hypersensibles comme l'étaient Margaret et Ludwig, habitués à user du langage dans toutes ses nuances, les contraintes auxquelles ils devaient plier leurs échanges épistolaires étaient la source d'une intense frustration, mais aussi de malentendus et de conflits. À lire les lettres de Margaret, Ludwig ne cesse de critiquer sa « terminologie » et ses missives en général. Au fil de leur correspondance, le ton monte. De part et d'autre on devient irritable, à la mesure, sans doute, de la dépression qui s'installe en chacun d'eux. Pourtant, durant ces années de guerre, Margaret reste pour son frère une confidente de choix, dont il reconnaît la compétence quand, par exemple, il l'instruit des dispositions à prendre à l'égard des manuscrits de ses œuvres qu'elle possède, au cas où elle mourrait avant lui. Pour Margaret, Ludwig est celui avec qui elle peut partager sa nostalgie de bonheurs perdus : « *I see us sitting in the little guest room in* the rue d'Argentine [en français dans le texte] *; you dictating, me listening + I can taste the good soup that Min used to send to us*[1]. » (Je nous revois tous deux assis dans la petite chambre d'amis de la rue d'Argentine [le palais familial de l'Argentinierstrasse] ; toi dictant, moi écoutant et j'ai encore dans la bouche le goût de la bonne soupe chaude que Min [Hermine] nous faisait apporter.)

Le frère et la sœur se racontent leurs rêves, n'hésitant pas à se lancer dans des interprétations freudiennes ; surtout Margaret, qui a pour cela un goût prononcé. Quelles que soient ses réserves à l'égard de Freud, elle n'en considère pas moins la psychanalyse comme un des outils possibles pour tenter de comprendre les horreurs du temps. Dans divers fragments et esquisses, elle s'efforce d'expliquer le phénomène du national-socialisme à la lumière d'une sorte d'analyse des peuples. Dans ces textes, elle mêle aux réflexions sur les événements politiques des impressions tirées de son histoire personnelle et familiale qui toutes ont contribué à former son jugement. Ceci est particulièrement vrai pour la problématique relative à la figure du père, si écrasante qu'elle en devient mortifère pour ses enfants, ou encore de l'homosexualité, alors considérée comme une maladie ou une aberration. Le suicide précoce de Rudi, le frère aîné tant aimé, a hanté sa jeunesse. De même l'homophilie au moins latente de Ludwig contribuait à éveiller son intérêt pour ces thèmes. Voici ce qu'elle note à ce sujet : « D'où vient cette agressivité chez les Allemands ? L'agressivité comme symptôme de l'homosexuel actif. L'homosexualité comme symptôme d'une dégénérescence de la fonction sexuelle, qui se manifeste aussi là où le père joue dans la famille le rôle qui devrait être celui de la mère. C'est lorsque tombe le tabou social que l'on peut mesurer la propension à l'homosexualité chez un peuple donné. [...] les Français, les Italiens, les Espagnols sont fortement hétérosexuels et chez eux la mère joue un grand rôle au sein de la famille. Chez les Allemands, ce même rôle est dévolu au père. [...]

1. M.St. à Ludwig W., s.d., vers 1942/P.St.

L'agressivité est une maladie, la force un signe de santé. Les Allemands confondent toujours l'agressivité et la force[1]. »

Autre témoignage de son souci d'y voir plus clair dans les causes du succès du national-socialisme, ces lignes tirées d'un texte dactylographié en anglais, *Diagnosis and therapeutic Hints* – il s'agit d'un premier jet, sans doute écrit en vue d'une conférence ou d'une publication. Là encore, l'approche de Margaret se réfère à la psychanalyse. Elle croit trouver la clé de l'énorme succès de cette idéologie dans le réveil d'instincts destructeurs inconscients, dotés, pour beaucoup, d'un attrait quasi érotique : « L'idée que les Allemands doivent le succès de leur propagande à l'efficacité de leurs méthodes est une des erreurs actuellement les plus répandues. Ils le doivent par-dessus tout à leur déroutante intuition des désirs inconscients de leur peuple. [...] Naturellement, celui qui propose d'abattre des privilèges et des conceptions qui ont fait leur temps a de grandes chances de produire une propagande efficace. Plus enracinés et spectaculaires sont les privilèges auxquels il s'en prend, plus grandes sont les chances de succès de sa propagande. L'instinct d'abattre, de démolir est, naturellement, dans les masses, bien plus fort que celui de construire. À coup sûr n'y avait-il que peu de personnes désireuses de libérer les esclaves en comparaison à la masse de ceux qui rêvaient d'écraser la classe possédante. Cependant, c'est aussi en usant de cet instinct destructeur que l'on est parvenu au but élevé. Chaque propagande qui veut réussir doit contenir un appât pour l'instinct destructeur inconscient des masses[2]. »

Ce travail de réflexion était toutefois loin de suffire à combler le sentiment d'inutilité et d'impuissance qui habitait Margaret. Elle ne cessait de regretter d'être si peu utile. Pourtant, le cercle de ses « protégés » ne faisait que s'agrandir. En plus des quelques membres de sa famille déjà présents à New York, Louise Pollitzer et Oscar Wollheim venaient d'arriver, trouvant à leur tour refuge aux États-Unis grâce à l'insistance

1. M.St., notes, s.d., probablement début des années 40/P.St.
2. M.St., tapuscrit, s.d., probablement début des années 40/P.St.

de Margaret qui avait longtemps fait le siège des autorités. Ce vieux monsieur, qui avait toutes les peines du monde à se faire à son exil, était pour elle une source constante de soucis. Blanca Deym, une autre émigrée, logeait chez elle, de même que Veronica, sa nouvelle belle-fille anglaise. Pour un peu et grâce à toutes ces présences, on aurait pu se croire revenu à la Vienne d'avant-guerre.

Sur les photos de cette époque, Margaret apparaît comme une femme sûre d'elle-même, toujours soucieuse d'élégance malgré l'âge qui avance. Elle réserve ses samedis à son petit-fils Pierre, dont l'éducation lui tient particulièrement à cœur. Elle cuisine pour lui des mets viennois, écoute avec lui de la musique, lui fait la lecture, selon la tradition familiale, puis l'accompagne volontiers voir un film dont elle lui laisse le choix. Au programme du dimanche figure souvent une partie d'échec avec Oscar Wollheim. Ainsi s'organise le quotidien d'un exil que Margaret veut provisoire, dans l'attente opiniâtre de la fin d'une guerre qui, pour l'heure, semble devoir s'éterniser. D'emblée, il avait été évident pour elle qu'une fois la guerre finie elle rentrerait dans sa patrie. Pour l'instant, la perpétuelle incertitude où elle est de ce qui se passe dans cette patrie, de la santé des siens, lui pèse. Lorsque de rares nouvelles lui parviennent, c'est toujours avec retard, par des voies indirectes et en langage crypté. Ainsi n'y évoque-t-on jamais Vienne autrement que par la périphrase « *Aunt Minni's town* ». On y anglicise, de même, tous les prénoms.

LA FIN DE LA GUERRE APPROCHE

En été 1944, avec le débarquement des Alliés en Normandie et l'invasion de la France, les choses bougent enfin. John, bien que père de deux enfants en bas âge, est membre du corps expéditionnaire canadien et son unité est parmi les premières à mettre le pied sur le territoire français. Thomas, d'abord stationné en Corse, est muté en France à l'automne où il est témoin des événements dramatiques qui s'y déroulent alors. Il assiste impuissant et horrifié à l'exécution d'un prisonnier allemand par un groupe de Polonais remplis de haine ; un acte qu'il condamne, sans pouvoir éprouver de solidarité à l'égard de ses auteurs. La fin de la guerre semble enfin se rapprocher mais, pour l'heure, les nouvelles ne sont pas bonnes. Deux décès, que tout sépare mais qui, par ce fait même, éclairent la singularité de sa situation, endeuillent Margaret : celui d'Oscar Wollheim, son vieil ami de jeunesse, qui finit par mourir en octobre 1944 en Amérique, incapable de survivre à l'émigration. Et celui de Wedigo, le plus difficile de ses deux fils adoptifs, officier dans la Wehrmacht, et qu'elle apprend par des voies détournées. Pleine de tristesse, elle en informe Ludwig, qui était lui aussi attaché à ce jeune homme rebelle : « *A few weeks ago I got a cable from Ji* [John] *telling me from Wedi's death "after an operation". It goes very near me. I was very fond of him despite all of his weaknesses + nothing he could have done could have changed that. In fact he was damned innocent. – He was of a material alien to ours + and was built for a different environnement than ours + and I was always amazed + and troubled by his evident affection for* [illisible, peut-être volontairement] *I know you were fond of him too*[1]. » (Il y a quelques semaines, j'ai reçu un télégramme de John m'apprenant la mort de Wedi « en opération ». Cela m'affecte beaucoup. Je l'aimais énormément malgré toutes ses faiblesses et rien de ce qu'il a pu faire n'y pourrait rien changer. Au fond, c'était un innocent. – Il était constitué d'un matériau différent du nôtre, il était fait pour un autre monde que le nôtre, et j'ai toujours été surprise et troublée par sa grande affection pour [illisible]. Je sais que tu l'aimais toi aussi.) Sa peine sera redoublée lorsqu'elle recevra la nouvelle, peu de temps après, que son autre fils adoptif, Jochen, qui sert dans l'armée américaine, est donné pour disparu. Elle est en revanche soulagée d'apprendre que ses deux sœurs et leur famille ont pu quitter Vienne avant l'arrivée des troupes russes et se sont réfugiées à Gmunden. Elles pourront y attendre en relative sécurité la fin

1. M.St. à Ludwig W., s.d., automne 1944,/P.St.

de la guerre dans la petite villa Stonborough, la dépendance qui jouxte la Villa Toscana.

Assombrie par les décès et les soucis pour les siens, Margaret, depuis New York, charge Thomas, toujours stationné en France, de retrouver la trace des amis d'autrefois. Dans le sud de la France, il retrouve Hugo Popper, l'ancien médecin de famille des Wittgenstein, qui lui donne connaissance, de première main si l'on peut dire, du sort réservé aux juifs restés sur le continent. Le docteur Popper et sa femme étaient parvenus à fuir l'Autriche pour la France après l'Anschluss. Une fois la France occupée à son tour, ils avaient été internés à diverses reprises dans des camps français avant de parvenir à s'échapper et d'être recueillis clandestinement par des amis, subsistant de rien, dans la peur constante et la misère. Le dernier objet que Popper avait pu échanger contre un peu d'argent avait été une montre en or, dont Karl Wittgenstein lui avait fait cadeau autrefois. Thomas et Margaret prennent en charge le vieux couple, à bout de ressources et de forces, leur fournissant vivres et argent. Une autre amie de Margaret, la princesse Marie Bonaparte, avait en revanche été épargnée par le destin. Thomas lui rend visite au printemps 1945 dans sa villa parisienne mal chauffée et un peu délabrée, mais pour l'essentiel intacte. Les Allemands, qui avaient pris leurs quartiers chez elle, s'étaient montrés relativement corrects, ne touchant pas à sa bibliothèque et aux nombreux ouvrages de Sigmund Freud qui s'y trouvaient, mais exigeant toutefois qu'elle en retire son portrait. La princesse elle-même attribuait la mansuétude dont elle avait bénéficié à l'admiration que les Allemands éprouvaient envers Napoléon Bonaparte. Lorsqu'elle reçoit Thomas, elle évoque chaleureusement Margaret et son aide active lors de l'opération de sauvetage de Freud.

Quant à John, parvenu à Oldenburg avec les troupes canadiennes, dans la confusion des derniers jours de la guerre, il se procure une jeep militaire, fonce en quelques jours sur Gmunden et en déloge seul et manu militari les nazis qui y avaient pris leurs quartiers. Cette action de commando lui procure une intense satisfaction. Pour duper les autorités nazies encore en fonction dans la ville, il s'était servi du papier à lettre du *Gauleiter* local, déjà en fuite. Après six ans d'absence, il retrouve à Gmunden ses deux tantes, Hermine et Hélène, et les juge forcément « bien vieillies ». En mai 1945, enfin, l'Allemagne capitule sans conditions. C'est la fin du régime nazi.

VIII
RETOUR D'EXIL ET DERNIÈRES ANNÉES

PREMIÈRE CONFRONTATION AVEC VIENNE

La paix revenue, Margaret n'a qu'une idée en tête : rentrer à Vienne. Son plus pressant désir est de retrouver ses deux sœurs, dont le sort n'a cessé de la préoccuper. Durant les mois qui suivent la capitulation du Reich allemand, il est cependant hors de question qu'on autorise des civils à pénétrer dans ce qui avait été un territoire ennemi : le chaos y règne et le statut administratif et politique en est encore incertain. Ses deux fils n'en doivent pas moins batailler ferme pour empêcher Margaret de se mettre en route. Heureusement, elle apprend que Jochen, tenu pour disparu, avait en réalité été fait prisonnier par les Allemands et qu'il venait d'être libéré. Il est cependant dans un piètre état, tant moralement que physiquement. Engagé volontaire dans les troupes américaines, où il s'était distingué par son courage et avait très vite accédé au rang d'officier, ce descendant d'une famille d'ancienne aristocratie allemande avait été traité en traître lors de sa captivité en Allemagne. Il en était revenu très perturbé. Margaret le prend sous son aile et le traite désormais absolument comme l'un de ses fils, sans toutefois l'adopter formellement. À travers la langue et la culture, les proches de Margaret se retrouvent très impliqués dans le destin de l'ennemi allemand : son fils John, parvenu au rang de major de l'armée canadienne, qui parle allemand et connaît le pays, entre comme *Senior Intelligence officer* au service de l'office canadien de répression des crimes de guerre. Pour avoir participé à la libération d'un camp de concentration, il avait vu de près de quoi le régime nazi s'était rendu coupable. Seul un imprévu de dernière minute l'empêchera de participer à l'instruction du procès pour crimes de guerre imputé au nazi autrichien Arthur Seyss-Inquart, dont le frère avait autrefois été une relation de sa mère.

Au printemps 1945, une lettre de Marguerite Respinger-Sjögren était arrivée du Chili, informant les Stonborough du tragique décès de son mari, Talla Sjögren, abattu sur ses terres par des braconniers. Après Wedigo, tombé au combat du côté des Allemands, la mort frappait un autre des membres du petit clan réuni par Margaret autour de ses fils. Dès son plus jeune âge, Talla, ami de ses fils, avait été proche de Margaret. Il avait, fût-ce modestement, participé au projet du Palais Stonborough, travaillant dans l'équipe du bureau de construction, puis prêtant main-forte à Margaret lors de l'aménagement du palais. Les intermittences de sa relation amoureuse avec Marguerite, parallèles à l'intérêt incertain que Ludwig vouait à la même jeune personne, avaient longtemps été pour Margaret un sujet de préoccupation : l'indécision des partenaires de ce triangle amoureux avait mis sa patience et son art de la persuasion à rude épreuve. En dépit des années, la vieille rancune de Margaret à l'égard de son ancienne protégée, qui avait eu le front de lui résister, ne s'était pas complètement apaisée. Savoir la « petite Marguerite » désormais veuve et chargée de quatre enfants en bas âge n'émeut guère sa pitié. Elle se sent plutôt d'humeur à critiquer la façon arrogante et, selon elle, superficielle, dont Marguerite Respinger expose les circonstances de la mort tragique de son mari.

Dès les premiers mois qui suivent la fin de la guerre, Margaret met tout en œuvre pour rentrer à Vienne le plus vite possible et revoir enfin ses sœurs. Dès qu'elle obtient son passeport, à la fin de l'automne, elle s'embarque vers l'Angleterre pour des retrouvailles avec son frère Ludwig et avec son fils John, qui a installé sa petite famille dans une propriété du Dorset. Sans le dire, elle espère pouvoir, de là, gagner l'Autriche. Elle doit cependant bientôt se rendre à l'évidence : la situation y est encore bien trop labile et dangereuse. Elle aimerait, comme après la Première Guerre mondiale, participer à une mission officielle d'aide aux victimes de la guerre, mais se rend compte qu'elle en a passé l'âge. Grâce à leurs relations, ses fils auraient sans doute été en mesure de lui ouvrir un accès à une mission de ce genre, mais ils font tout leur possible pour l'en dissuader, préoccupés à juste titre par son état de santé. À l'été 1946, n'y tenant plus et malgré le scepticisme de ses fils, Margaret part pour Vienne après un arrêt à Paris, chez son fils Thomas, qui vient de s'y marier pour la troisième fois. En récidiviste impénitente, elle voyage une nouvelle fois avec une carte d'identité contrefaite : y figurent bien sa photo, sa date de naissance correcte, mais son nom s'y est mué en Stallner (le patronyme, plus répandu et banal, de sa grand-mère maternelle). Son adresse y est également fausse, comme sa nationalité, soi-disant autrichienne[1]. Nous ne savons rien des circonstances de ce voyage. Nous ignorons donc aussi si Margaret a fait usage de ce faux document ou si elle le gardait comme une sorte d'assurance, « pour le cas où... ». En principe, durant cette période, il était plus facile à un Américain de voyager qu'à un Autrichien muni d'une carte d'identité délivrée par les Alliés, laquelle d'ailleurs ne lui permettait pas de se rendre à l'étranger. Margaret, après Vienne, voulait très certainement se rendre à Gmunden. Il lui fallait, pour cela, traverser la Basse-Autriche qui était alors zone d'occupation soviétique.

1. I-Karte n° Wg 234-71/46, établie par la Bundespolizeidirektion, 17.1.46/P.St. Ces cartes d'identité baptisées I-Karte ont été établies dès octobre 1945 par les quatre puissances occupant l'Autriche au bénéfice exclusif de citoyens autrichiens. Ce document servait aussi à passer d'une zone d'occupation à une autre.

Elle a sans doute pensé qu'un banal document autrichien lui causerait moins de problèmes qu'un passeport américain pour franchir les contrôles russes, celui du pont sur la rivière Enns, très redouté, en particulier. Si vraiment elle a fait usage de ce document, elle a, le sachant ou non, couru un grand risque : découverte, elle aurait très bien pu finir dans une prison ou un camp russe. Quoi qu'il en soit, une fois de plus elle s'est montrée prête à jouer le tout pour le tout.

Elle a le bonheur de revoir ses sœurs, sa famille et ses amis, qu'elle s'efforce d'aider, quand elle le peut. Reste que durant ces années d'absence, les rangs de ses proches se sont éclaircis. Max Salzer, le mari de sa sœur Hélène, qu'elle aimait beaucoup, est mort. Le Dr. Groller aussi, qui avait géré les biens des Wittgenstein et, bien qu'« aryen », était resté loyal au temps des pires persécutions. Les amis de jeunesse de Ludwig – Rudolf Koder, Ludwig Hänsel et Michael Drobil – avaient, eux, survécu.

Margaret a aussi profité de ce voyage pour tenter de régler ses propres affaires. On se souvient que ses biens restés en Autriche avaient été confisqués par les autorités nazies et déclarés « biens appartenant à l'ennemi ». À ce titre, ils avaient été confiés à l'administration publique, laquelle avait poussé le cynisme jusqu'à lui réclamer 235 Reichmarks par an pour frais d'administration.

COMMENT REPRENDRE POSSESSION DE SES BIENS

Il ne fallait pas songer à se réinstaller à Vienne, dont les habitants étaient alors aux prises avec les ruines, le chaos et la famine. La ville avait été partagée en quatre secteurs par les Alliés. Les biens de première nécessité y manquaient ou n'étaient accessibles qu'au marché noir. Les bombardements qui avaient dévasté de nombreux quartiers avaient pratiquement détruit le palais familial de l'Alleegasse et Hermine avait en conséquence évoqué la possibilité de s'installer provisoirement chez sa sœur à la « Kundmanngasse ». La maison avait certes été confisquée, transformée par la Wehrmacht en hôpital de campagne avant que l'Armée rouge n'en fasse une écurie, mais les bombes l'avaient épargnée. Ludwig Wittgenstein écrit à ce propos à sa sœur Hélène une lettre révélatrice de l'attachement qu'il éprouve pour la maison qu'il a construite : « Mining m'écrit qu'il n'est pas exclu qu'elle aille vivre à la Kundmanngasse. Rien ne me plairait davantage – quels que soient les tableaux qu'elle accroche aux murs, et même si elle met des rideaux aux fenêtres. Car tout vaut mieux que de laisser cette maison, qui a coûté tant d'argent, ne servir à personne. Elle a tout de même été construite pour la famille. Et même si elle ressemble à Gretl et que, dans un certain sens, elle ne vous ressemble pas, cette maison n'en a pas moins un air de famille[1]. » Le goût de sa sœur Hermine n'est pas celui de Wittgenstein, qui fait ici usage avec une certaine ironie de son fameux concept des « airs de famille », par lequel il entend désigner la parenté profonde qui peut exister entre des choses très diverses en apparence. Hermine renoncera pour finir à s'installer à la Kundmanngasse ; d'autant que Margaret avait bien l'intention de rentrer un jour à Vienne. Sa villa de Gmunden, qui avait abrité une école de cadres nazis, avait elle aussi été dévastée et Margaret n'avait alors ni les moyens financiers ni la possibilité de la retaper. Elle repart donc pour New York à l'automne 1946. Elle fera, durant les années qui suivent, plusieurs allers-retours entre New York et Vienne. Retrouvant, à New York, son petit-fils Pierre, qui y vivait avec sa mère, et qu'elle suit avec beaucoup d'attention.

Mais comment rentrerait-elle en Autriche si ses maisons sont inhabitables ? Or sa situation financière n'est pas bonne. Même après le krach boursier de 1929, qui l'avait presque complètement ruinée, son mari et ses fils avaient continué à perdre de l'argent : ils n'avaient pas le sens des affaires. Il lui fallait donc périodiquement se séparer de bijoux de valeur ou d'objets d'art. C'en était donc définitivement fini du style de vie princier d'antan. Pour couvrir une partie au moins de ses dépenses, elle a l'idée de transformer Gmunden en une

1. Ludwig Wittgenstein à Hélène Salzer, 24.2.1946 – cité par Nedo/Ranchetti, *op. cit.*, p. 219.

exploitation agricole : sur les vastes plates-bandes où s'étaient épanouis des massifs de fleurs on ferait pousser des légumes. On lui propose aussi d'installer des poulets en batterie dans le grand hall de la villa, celui-là même qu'elle avait fait décorer de balustrades dorées par Rudolf Perco... L'idée lui parut amusante. Elle finit tout de même par s'y résoudre, à condition que les poulets trouvent abri dans un bâtiment ad hoc. L'entreprise, une épizootie aidant, tourne très vite au désastre. Cet échec devait retarder encore son retour. La Kundmanngasse redevient son domicile légal en 1948, mais elle passe encore le plus clair de son temps à New York. Rentré en Europe durant la guerre, Thomas y avait repris pied et pouvait veiller sur ses maisons de Vienne et de Gmunden.

LA MORT D'HERMINE

Margaret passe les fêtes de Noël 1948 à New York avec son petit-fils Pierre, sa belle-fille Helen et quelques amis. C'est là que lui parvient, peu de temps après, la nouvelle qu'Hermine vient d'être opérée d'un cancer. Son état est jugé d'autant plus précaire qu'elle a ensuite souffert d'une attaque. Thomas prie donc instamment sa mère de venir toutes affaires cessantes à Vienne si elle veut revoir sa sœur une dernière fois[1].

Margaret arrive à Vienne au printemps 1949 et n'en repartira qu'à l'automne. Le lien profond qui unissait les deux sœurs s'était montré plus fort que le temps et que tous les coups du sort. Sachant « qu'il lui fallait partir », Hermine peut donc encore prendre congé de sa sœur et lui ouvrir son âme. Au mois d'octobre, contre toute attente, son état paraît stabilisé et Margaret retourne à New York. À peine arrivée, elle y reçoit la visite de Ludwig, qui avait passé l'été aux États-Unis et s'apprêtait à rentrer en Angleterre. Il souffre lui aussi d'un cancer.

1. Thomas St. à M.St., 6.2.1949/P.St.

Hermine meurt en février de l'année suivante et Margaret rentre alors définitivement à Vienne. Hermine est enterrée près de ses parents au cimetière central de la ville, dans le caveau familial, dont le dessin avait autrefois suscité la désapprobation de Margaret. La famille au grand complet s'y était retrouvée pour prendre congé de celle qui avait été durant plusieurs décennies, et de manière implicite et discrète, une sorte de chef de famille. Avec la mort d'Hermine s'achève une époque et disparaît un monde. Après son décès, le Palais Wittgenstein, où elle résidait encore, gravement endommagé par les bombardements, sera vidé par ses héritiers et voué à la démolition. Rien ne reste aujourd'hui à l'Alleegasse – devenue Argentinierstrasse – de ce qui avait été si longtemps un des hauts lieux de la vie intellectuelle et artistique viennoise.

UNE DERNIÈRE FÊTE À LA « KUNDMANNGASSE »

Margaret décide de rentrer définitivement en Autriche : d'une part parce qu'elle a le mal du pays, d'autre part parce que ses moyens financiers ne lui permettent plus de traverser fréquemment l'Atlantique. Pour réduire ses frais, elle avait même été obligée de louer son appartement new-yorkais de Park Avenue lorsqu'elle n'y était pas, ce qui lui était très désagréable. Le cœur lourd, elle se résout donc à vendre ce domicile qu'elle avait, comme tous les autres, décoré à son goût et auquel elle avait fini par s'attacher. Elle confie le mobilier et les objets d'art qu'elle ne peut emporter à un dépôt. Ses demeures autrichiennes avaient, entre-temps, été rendues à nouveau habitables et Margaret tente d'y reprendre, de façon plus modeste, la vie d'autrefois. Le cercle de ses relations s'est beaucoup réduit. En dehors de sa parenté, elle fréquente de vieux amis aristocrates, les Schönborn en particulier. Chassés ou anéantis par la folie raciste des nazis, la plupart de ses amis intellectuels et artistes ont cependant disparu. Elle souffre d'autant plus du manque d'échanges intellectuels que son fils Thomas, avec lequel elle aime parler, séjourne alors à l'étranger.

Fin 1950 pourtant, elle peut célébrer chez elle une fête de Noël selon son cœur. Hermine n'est certes plus là, mais Ludwig est venu. Cette fête de Noël sera leur dernière ; leur dernière rencontre aussi car Ludwig meurt quatre mois plus tard sans avoir revu sa sœur. Quelques semaines avant sa mort, Margaret, qui séjournait alors en Angleterre, lui avait donné rendez-vous à Londres. Très malade et affaibli par un traitement au radium, Ludwig avait refusé. Il craignait les réactions de sa sœur. C'est du moins ce qu'il avait écrit à son ami Rudolf Koder : « La nouvelle de la prochaine arrivée de ma sœur est une mauvaise nouvelle. D'abord parce qu'il nous arrive de nous porter mutuellement sur les nerfs, ensuite parce que ma santé est actuellement très mauvaise [...] et troisièmement je suis pâle et maigre, et cela inquiéterait beaucoup ma sœur et la conduirait à poser des questions. Rien ne me paraît moins désirable qu'une telle rencontre[1]. » Jusqu'à la fin leur relation, quoique profonde, sera donc empreinte de tensions.

À Vienne cependant, la vie continue. Après tant de deuils arrive enfin une bonne nouvelle : Jochen, son fils adoptif, dont le courage face aux nazis avait définitivement gagné le cœur de Margaret, se fiance avec Marianne Zedwitz, une jeune aristocrate d'origine allemande. La préparation du mariage, qui sera célébré à Vienne, l'occupe tout entière. Sa maison de la « Kundmanngasse » doit pour l'occasion briller de tous ses feux. Elle décide de dresser elle-même la table pour le repas de mariage et ne regrette qu'une chose : que Thomas et John soient absents de la fête et ne puissent admirer son talent. Ses deux fils, d'ailleurs, lui sont une source de frustration[2]. Ils ne sont pas à la hauteur des ambitions qu'elle avait eues pour eux. Elle avait espéré en faire des hommes politiques ou des hommes de science et il ne lui plaisait guère que John se contente de mener en Angleterre la vie d'un

1. Ludwig W. à Rudolf Koder, 29.2.1951 – cité par Martin Alber, *Wittgenstein und die Musik, Briefwechsel Ludwig Wittgenstein und Rudolf Koder,* Innsbruck, 2000, p. 87.

2. M.St. à Thomas St., 19.1.1951/P.St.

gentleman-farmer. L'existence instable et dépourvue de but de Thomas – qui avait vainement tenté de se faire une nouvelle vie en Afrique – n'était pas davantage à son goût. Une lettre de cette époque, adressée à Thomas, où elle lui passe un de ses célèbres « savons » dans un mélange typique d'allemand et d'anglais, révèle sa contrariété : « *I don't believe that the life you are living now is the one you are destined to live* [je ne crois pas que la vie que tu mènes actuellement soit celle à laquelle tu es destiné]. On ne doit jamais se contenter de ce qu'on est par faiblesse, confort, ou peur d'être déçu. Notre force devrait, seule, être à même de nous satisfaire. *It is elementary that you have to go back on the horse immediately when you have fallen off* [Chacun sait que l'on doit remonter à cheval aussitôt après en être tombé[1]]. »

Quoi qu'il en soit de ses déceptions, la vie de Margaret a désormais retrouvé un cours tranquille. La vie culturelle l'intéresse toujours autant. Elle fréquente à nouveau l'opéra et les salles de concerts, y retrouvant de vieilles connaissances. Au soir d'une vie souvent mêlée à celles de ses contemporains célèbres, elle assiste avec émotion à leur retrait de la vie publique. Ainsi écrit-elle à son fils : « Je t'envoie, ci-joint, l'excellent discours d'adieu de Werner-Jauregg. Oui ! [...] Ce qui m'a touchée plus encore, c'est le concert d'adieu de Lotte Lehmann, à New York. En dernier, elle a chanté "An die Musik". Parvenue à la dernière strophe, elle s'est mise à pleurer puis a caché son visage dans ses mains. Je comprends cela[2]. » Le professeur Julius Werner-Jauregg avait été le médecin de son mari Jérôme durant ses nombreuses dépressions et il avait alors gagné son estime. Quant à Lotte Lehmann, elle avait souvent été l'hôte des Stonborough lors de leurs fameuses soirées musicales. Le quatre-vingtième anniversaire de Madame Demel, propriétaire de la fameuse pâtisserie « royale et impériale » de Vienne, dont Margaret, gourmande et excellente cuisinière, goûtait depuis toujours les délicatesses, ne passe pas davantage inaperçu : « Figure-toi que l'on vient de

1. M.St. à Thomas St., 21.1.1949/P.St.
2. M.St. à Thomas St., 19.2.1951/P.St.

célébrer les quatre-vingts ans de la vieille Madame Demel. La boutique débordait des plus beaux arrangements floraux et le président de la République en personne est venu présenter ses hommages. J'ai moi-même envoyé un beau bouquet, en mon nom et au nom de mes fils. Elle l'a amplement mérité[1]. »

UN TABLEAU QU'ON NE VEUT PAS RESTITUER

Ses moyens ne permettaient plus à Margaret ni de collectionner les œuvres d'art ni de jouer les mécènes. Elle doit se contenter désormais de fréquenter les expositions et les musées. Quelle n'est donc pas sa surprise lorsque, visitant une exposition à l'Albertina (le musée viennois qui abrite l'une des plus importantes collections de gravures au monde), elle y découvre une aquarelle de Rudolf von Alt lui appartenant. Son père, Karl Wittgenstein, avait été un fervent admirateur et collectionneur des minutieuses *vedute* de Rudolf von Alt. Il s'était lié d'amitié avec le peintre, qui avait été président d'honneur de la Sécession viennoise, et avec sa famille. La plupart des pièces de sa collection avaient donc été acquises directement auprès de l'artiste. Après sa mort, cette collection avait été partagée entre ses enfants si bien que Margaret en possédait un nombre non négligeable. L'aquarelle en question montrait Rome, vue du Pincio. Margaret en avait fait cadeau à son fils Thomas, lequel l'avait accrochée dans son appartement de la Kundmanngasse. En 1942, lors de la confiscation de la maison par les nazis, le mobilier et la décoration avaient pu être évacués. Le tableau avait sans doute été volé dans le chaos et la précipitation d'un déménagement auquel aucun membre de la famille n'avait pu assister. Par malheur, une partie du dépôt où ce mobilier avait été entreposé avait brûlé au cours d'un bombardement ; la famille avait donc supposé que l'aquarelle avait été détruite lors du sinistre.

---

1. M.St. à Thomas St., s.d., vers février 1952/P.St.

La redécouverte de cette aquarelle allait donner lieu à d'interminables et pénibles négociations avec les autorités autrichiennes compétentes. L'attitude scandaleuse de ces autorités est typique du climat d'après-guerre et de la manière dont on se permit alors de traiter les personnes persécutées et spoliées par les nazis. Revenu vivre chez sa mère après des années d'errance et l'échec de ses entreprises africaines, Thomas Stonborough, le propriétaire du tableau, finit par le recouvrer, au terme d'une bataille acharnée avec les autorités. L'enquête fit apparaître que l'aquarelle, vraisemblablement dérobée lors de la saisie de la maison, avait atterri à Munich chez un marchand de tableaux. Il faut dire que la cote de Rudolf von Alt était alors très haute ; il était en effet l'un des artistes préférés d'Hitler. L'aquarelle avait effectivement été acquise par Martin Bormann, le secrétaire d'Hitler, pour 3 600 Reichsmarks, pour décorer une de ses résidences. La précieuse aquarelle avait ensuite été stockée avec un grand nombre d'autres œuvres d'art volées par les nazis dans les galeries de la mine de sel d'Altaussee, dans le Salzkammergut, où elles étaient à l'abri des risques de la guerre. C'est l'armée américaine qui avait finalement découvert cette cachette après la capitulation et en avait confié le contenu et la gestion à la République autrichienne. Le tout avait été entreposé au château Klessheim, non loin de Salzburg, auprès duquel le musée de l'Albertina, organisant une exposition Rudolf von Alt, avait été autorisé à l'emprunter.

Quand bien même il était apparu très vite que l'on avait affaire au produit d'un vol commis par les nazis, toutes sortes d'obstacles furent mis à sa restitution à son propriétaire légitime. On exigea d'abord que Thomas Stonborough apporte la preuve indubitable que le tableau lui avait bien appartenu avant 1938. Le témoignage de ses proches, Margaret elle-même ou encore Heinrich Postl, son fidèle factotum, furent jugés insuffisants. Par chance, il existait une esquisse d'Hermine – qui avait, avant-guerre, dessiné l'intérieur de la « Kundmanngasse » – sur laquelle l'aquarelle était reproduite. Les autorités responsables ne se donnèrent cependant pas pour battues, avançant l'argument que la loi sur les restitutions ne s'appliquait pas à Thomas Stonborough dans la mesure où il était citoyen américain et n'avait été persécuté ni pour des raisons raciales ni pour des raisons politiques. L'avocat de la famille, le Dr Lowatschek, eut beau jeu de contrer ce mauvais prétexte en leur rappelant l'origine au moins partiellement juive de son client ainsi que la manière brutale dont la maison avait été confisquée comme « bien ennemi ». Loin de désarmer, on lui répliqua que le tableau faisait partie du patrimoine de Martin Bormann et d'Adolf Hitler, et que le sort de ce patrimoine n'avait pas encore été réglé. En conséquence de quoi l'État autrichien n'avait pas le droit de disposer de cet objet, qui lui avait été confié en dépôt. La bataille dura trois ans ! Finalement, en juin 1958, l'aquarelle fut rendue « sous réserve qu'une tierce partie fasse valoir une prétention à l'égard de l'objet restitué[1] ». À relire les archives, on est tenté de penser que les autorités d'alors avaient plus à cœur de protéger les droits éventuels d'Hitler et de Bormann – ou du moins d'user de ceux-ci comme excuse – que de rétablir dans leurs droits les victimes du régime nazi.

MARGARET ET LA RELIGION – LA CRISE HONGROISE

Cette affaire déplaisante, qui d'ailleurs ne la concerne pas directement, n'empêche pas Margaret de jouir enfin pleinement – dans la mesure où sa santé le lui permet – de sa vie à Vienne et à Gmunden. La joie que lui donne le parc de la Villa Toscana, dont elle a été longtemps privée, est sans mélange. « J'aimerais toujours partager avec toi tout ce que je vois et entends, écrit-elle à son fils. Par exemple, en ce moment, le plaisir de contempler le parc à Gmunden. Il est d'une beauté indescriptible et j'ai souvent le sentiment étrange qu'il n'y a pas dans mon âme assez de place pour absorber tant de splendeur[2]. » Comme autrefois, sa famille la

1. Selon les termes de l'accord signé entre la Finanzdirektion de Vienne et Thomas St, le 16.6 1958.
2. M.St. à Thomas St., s.d., printemps 1953/P.St.

rejoint pour l'été : son fils John vient d'Angleterre avec femme et enfants, Jochen, son fils adoptif, fait de même, ainsi que les enfants et petits-enfants de sa sœur Hélène. Pierre, son petit-fils préféré, qui vit en Amérique, ne saurait lui non plus manquer à l'appel. Pour s'assurer de la présence du jeune étudiant qu'il était alors, c'est elle qui paie son voyage.

À l'automne de sa vie, Margaret se préoccupe à nouveau de religion. Jeune femme, elle avait refusé avec vigueur la religion instituée et les églises, sans pour autant se défaire des valeurs chrétiennes et de l'exigence morale qu'elles présupposent. Elle suivait en cela l'influence de Ludwig. Sur le papier, et même après son mariage, elle n'avait jamais cessé d'être catholique. À Gmunden, elle avait toujours eu les meilleures relations avec le curé d'Orth, Ernst Aigner, souvent reçu chez elle. Leur relation s'était faite plus étroite en 1938, lorsque les nazis avaient interdit toute manifestation religieuse sur la voie publique. On s'en souvient, elle avait ouvert sa propriété pour que s'y déroule la procession de la Fête-Dieu. Après son retour d'exil, le contact s'était rétabli. Margaret fréquentait désormais la messe le dimanche et le curé, un homme ouvert, était devenu un partenaire avec lequel elle pouvait débattre de tout. À commencer par sa propre conception du christianisme, puisée dans sa jeunesse chez Dostoïevski. Ainsi rapporte-t-elle à son fils : « Nous avons eu droit à un très beau prêche et le cher bon curé a bien éclairé ma lanterne. [...] L'amour, la conscience et la raison ne suffisent pas. Il y faut encore l'Esprit ! Oui, quelque chose en moi s'est ouvert. Ce serait un remède contre ma raison. Le soir nous avons parlé ensemble des *Frères Karamazov*[1]. »

Elle avait forgé sa vision de la religion à travers un échange constant avec son frère Ludwig et cette vision devait beaucoup à la solidarité profonde qu'elle avait avec lui. Une proximité qui, sans doute, l'empêchait d'être tout à fait objective à l'égard de son frère. Son lien avec lui était si étroit et intime qu'elle n'imaginait pas la place que Ludwig Wittgenstein

1. *Ibid.*

occupait alors déjà dans la philosophie. Une anecdote qui date du milieu des années cinquante est révélatrice. Friedrich von Hayek, lointainement apparenté à la famille Wittgenstein, avait formé le projet d'écrire une biographie de Ludwig et s'était adressé à Margaret, lui demandant si elle disposait de documents écrits. Elle avait réagi de la façon la plus négative, sans du tout percevoir que Wittgenstein était depuis longtemps une figure historique : « Hayek m'a envoyé une lettre fort antipathique où il me demandait des détails sur la vie de Luki, "par exemple des lettres à sa mère", l'impertinent galopin. Je lui ai envoyé une lettre de refus, glaciale, lui disant notre peu de goût pour ce genre d'" esquisse biographique" et combien Luki en eût été dégoûté[1]. »

Soucieuse de mettre en pratique sa conception d'une éthique chrétienne, Margaret a repris son engagement caritatif. L'Association contre la pauvreté, à travers laquelle elle agissait avant-guerre, avait cependant cessé d'exister, dissoute comme tant d'autres par les nazis dès leur arrivée au pouvoir. Elle travaille désormais avec des organisations caritatives telles que Caritas ou encore l'Ordre de Malte, dont le caractère aristocratique lui convient. La crise hongroise de l'hiver 1956-1957, qui vit déferler en Autriche des centaines de milliers de réfugiés, chassés par l'Armée rouge, qui venait d'écraser dans le sang le soulèvement populaire contre le régime communiste, lui donnera une dernière occasion de payer de sa personne. Avec ses proches, Arvid Sjögren et sa femme Clara en particulier, Margaret organise la récolte et l'envoi d'innombrables paquets d'aide alimentaire et de produits de première nécessité aux réfugiés. Dans la mesure du possible, elle en organise l'hébergement chez des particuliers, y compris chez elle à la Kundmanngasse, qui devient, comme elle le décrit dans une lettre à son petit-fils Pierre, une sorte de minicamp de réfugiés : « Tu peux imaginer, ou plutôt tu n'imagines pas dans quelle turbulence nous vivons. Nous avons déjà eu trois Hongrois ; après leur départ, quatre autres viennent d'arriver.

1. *Ibid.* La biographie en resta à l'état d'esquisse et Friedrich August von Hayek obtint en 1974 le prix Nobel d'économie.

Ce n'est pas si commode cette année où la pénurie de mazout nous empêche de chauffer le deuxième étage. Je viens d'achever la préparation d'une centaine de sacs pour les réfugiés à la frontière. Ils arrivent dans un état épouvantable, sales, mouillés, glacés ; après avoir traversé des étendues détrempées ou gelées. Car il fait très froid. Il faut donc s'en occuper immédiatement. Imagine une centaine de milliers de réfugiés qui doivent être habillés, nourris et logés. Les Sjögren en logent trois et Arvid fait la navette jour et nuit entre ici et la frontière. Marielies [la dernière femme de Thomas] passe son temps à défaire et à trier les colis d'aide qui arrivent par camions de tous les pays. » Comme elle le dit aussi dans cette lettre, son état de santé la préoccupe. Et cette activité fébrile ne la distrait que partiellement du sentiment de solitude dont elle souffre comme beaucoup de personnes âgées, spécialement à Noël. Tant d'êtres chers sont morts, ni ses fils ni son petit-fils ne sont près d'elle. Malgré son attachement à Vienne, elle a la nostalgie de New York. Et de conclure, morose : « Tu vas me manquer terriblement à Noël ; et pas de Ji, pas de Jo [ses fils John et Jochen], pas de bon vieux Ludwig et tant de misère alentour. Avec ma vésicule qui m'interdit le *stollen* [un gâteau de Noël]. J'aimerais tant être au 563 [le numéro de son appartement new-yorkais de Park Avenue[1]]. »

UNE VISITE D'AMÉRIQUE, LE TABLEAU DE KLIMT, LA FIN

Margaret considérait les États-Unis comme une seconde patrie. Jeune, elle y avait brillé de tout son charme et y avait mené avec succès une campagne de récolte de fonds en faveur de ses compatriotes affamés. Âgée déjà, elle y avait trouvé refuge lorsqu'elle avait dû fuir son pays à l'orée de la Seconde Guerre mondiale. Elle s'y était fait de nombreux amis. À l'été 1956, quelques mois avant le drame hongrois, elle avait reçu la visite de sa vieille amie américaine, Frances

1. M.St. à son petit-fils Pierre Stonborough, s.d., vers fin 1956/P.St.

Perkins. Secrétaire d'État au Travail sous la présidence de Franklin D. Roosevelt, Frances Perkins avait été la première femme ministre. Dans cette fonction, elle avait également aidé John Stonborough, qui se destinait alors au travail social, en lui offrant un poste dans son département. Malgré son grand âge, Frances Perkins s'occupait encore de formation politique et avait été invitée à donner une série de conférences au château de Klessheim, près de Salzburg, lors d'un séminaire organisé par les Américains. Une occasion de rendre visite à Margaret à Vienne où les deux amies, toujours aussi intensément captivées par les affaires du monde, purent se livrer à de longs échanges sur la situation politique de l'Europe qui, vue des États-Unis surtout, paraissait encore très instable[1].

Depuis longtemps chancelant, l'état de santé de Margaret se dégrade au point qu'elle décide de régler sa succession. Dès la fin de la guerre, elle avait fait part à son avocat new-yorkais de la manière dont elle souhaitait que ses biens, réduits essentiellement à ses deux propriétés de Vienne et de Gmunden, soient répartis entre ses fils[2]. De même pour les maigres restes de sa collection d'art. Elle possédait encore le portrait que Gustav Klimt avait fait d'elle à la demande de sa mère à l'époque de ses fiançailles. En raison de sa taille et de son caractère très représentatif, le tableau n'avait jamais vraiment trouvé sa place chez elle. La plupart du temps, il était simplement dressé contre un mur – avant la guerre à la « Kundmanngasse », puis à la Villa Toscana, dans la bibliothèque. Margaret, qui ne vivra pas assez longtemps pour assister à la remontée spectaculaire de la cote de Klimt, avait toujours aimé ce tableau. Elle avait cependant conscience que ce témoin d'une époque révolue, par ses dimensions déjà, n'était plus adapté à un cadre de vie privé. L'attitude plutôt négative des membres de sa famille, influencés par le goût dominant des années cinquante, a sans doute également pesé

1. Frances Perkins à M.St. 12.12.1957/P.St.

2. M.St. à son exécuteur testamentaire, maître Bienstock, 5.10.1945/ P.St.

dans sa décision de s'en séparer et de le rendre accessible à un large public. Un an avant sa mort, elle le confie en prêt à la Neue Galerie, qui vient d'ouvrir ses portes à Linz, en même temps qu'une série d'autres œuvres de la même époque[1]. Pour la remercier et pour lui montrer qu'il y avait encore en Autriche des artistes de talent, le maire de Linz lui avait en retour fait cadeau d'une sculpture de Peter Dimmel. Après la mort de Margaret, ses héritiers proposèrent à la ville de Linz d'acheter le tableau pour le prix, très raisonnable, de 300 000 shillings (quelque 210 000 euros d'aujourd'hui) ; une fraction de sa valeur actuelle sur le marché de l'art. Linz n'en avait pas les moyens et le tableau fut vendu en 1960 à la Neue Pinakothek de Munich, où il se trouve encore.

La solitude de Margaret dans les dernières années de sa vie est rendue plus pénible encore par des tensions familiales, auxquelles son caractère n'est peut-être pas étranger. Elle avait toujours été sûre d'elle et dominatrice. Des traits que l'âge avait plutôt renforcés. Ses relations avec son fils aîné, Thomas, dont elle avait toujours été très proche, n'avaient cessé de se dégrader. Le conflit s'était envenimé depuis que Thomas, qui avait épousé la dame de compagnie de sa mère, Marielies Ludwig, s'était installé au premier étage de la « Kundmanngasse ». Comme il arrive souvent dans de tels cas, Margaret s'était tournée vers son petit-fils Pierre. Il lui est devenu d'autant plus cher qu'il a failli succomber à la poliomyélite et elle lui écrit de longues lettres pleines de tendresse. Comme Thomas autrefois, il est pour elle à la fois un jeune homme à élever et un confident. À Noël 1957, sentant approcher une fin qu'elle contemple, comme son frère Ludwig, avec un certain flegme, elle écrit à Pierre : « Rien de trouble ou de non dit ne doit jamais survenir entre nous. Tu m'es trop cher pour cela. D'autant que je ne cesse de sentir dans mon dos le chariot ailé du temps. Que rien ne nous sépare jamais ! Je suis ici de plus en plus seule, mais, comme il en est

1. Une sculpture de Max Klinger, *Die Kauernde*, un dessin de Franz von Alt, une nature morte de Tina Blau, plusieurs dessins de Carl Rahl, un paysage parisien de Feiks.

de toutes les rigueurs de la vie, cela doit être bon pour mon âme[1]. »

À Pâques 1958, elle se soumet à une opération qui n'entraîne aucune amélioration sensible de son état. De retour chez elle, elle ne peut plus guère sortir ou recevoir. Par bonheur, lui reste la musique. Toujours ouverte au progrès, elle avait, à Vienne comme à Gmunden, acquis une vaste collection de disques. Chaque soir, Heinrich Postl, toujours fidèle et presque aussi âgé qu'elle, lui passe quelques-uns de ses disques préférés. Concert intime, bien loin des brillantes soirées musicales d'autrefois. Comme Ludwig, elle n'avait, en musique, guère de goût pour les modernes, leur préférant les classiques viennois, la musique de chambre de Haydn et de Schubert en particulier[2].

Fin mai déjà, elle doit cependant retourner à l'hôpital où son état s'aggrave et s'avère bientôt désespéré. Alors qu'elle végète dans un demi-coma, elle rassemble ses dernières forces pour l'arrivée de Pierre, qui est sur le chemin du Caire, où l'attend son premier emploi. Soigneusement coiffée, l'esprit clair, elle mobilise son charme de toujours, s'entretient avec le jeune homme de son avenir et évoque avec attendrissement ses propres souvenirs du Caire où, quelque cinq décennies auparavant, elle avait passé son voyage de noces. Aussitôt après, elle sombre dans un coma dont elle ne sortira plus. Le 27 septembre 1958, elle succombe à une défaillance cardiaque.

Avec elle disparaît la dernière des « sœurs Wittgenstein » – Hélène était morte deux ans plus tôt – et se clôt un chapitre essentiel de l'histoire de la famille. Elle sera enterrée, dans la plus stricte intimité, à Gmunden, dans le caveau de la famille Stonborough, aux côtés de son mari. Rien ne reste de son immense fortune, hormis deux propriétés grevées de dettes. Ses fils auront même de la peine à acquitter l'impôt successoral et à payer la facture du long séjour de leur mère en clinique. Ils seront obligés pour cela de vendre les derniers

1. M.St. à Pierre St., s.d., fin 1957/P.St
2. M.St. à Pierre St., mai 1958/P.St.

objets de valeur restés en sa possession. Sa collection d'art est aujourd'hui dispersée dans les musées d'Europe et d'Amérique. Objets de tant d'invention, de soin et de génie, ses deux maisons, la Villa Toscana à Gmunden et la Maison Wittgenstein à Vienne, ont été vendues, transformées et ne sont plus que l'ombre de ce qu'elles ont été. Margaret elle-même, le rôle qu'elle a pu jouer dans la vie culturelle et intellectuelle de l'Autriche, sont oubliés. Lorsqu'on la mentionne ce n'est guère qu'à titre de personnage secondaire, assez souvent d'ailleurs maltraité, dans le flot débordant de la littérature wittgensteinienne.

BIBLIOGRAPHIE

Alber Martin (établi par), *Wittgenstein und die Musik* [correspondance Ludwig Wittgenstein/Rudolf Koder], Haymon Verlag, Innsbruck, 2000.

Bartley William W., *Wittgenstein, une vie,* éditions Complexe, Paris, 1978.

Beller Steven, *Vienne et les Juifs, 1867-1938,* Nathan Universités, 2005.

Bernhard Thomas, *Déjeuner chez Wittgenstein,* L'Arche, Paris, 1997.

Cometti Jean-Pierre, *Carnets secrets 1914-1916,* Farrago, 2001.

Cornish Kimberley, *The Jew of Linz,* Century Hutchinson, 2000.

Dobai Johannes, « Das Bildnis Margaret Stonborough-Wittgenstein von Gustav Klimt », in *Alte und moderne Kunst,* cahier n° 8, 1960.

Dorotheum AG, catalogue de la vente d'objets de Margaret Stonborough-Wittgenstein à Linz, 1995.

Fischer Lisa, « Über die erschreckende Modernität der Antimoderne der Wiener Modern oder über den Kult der toten

Dinge », in *Die Frauen der Wiener Modern,* Oldenbourg, Munich, 1978.

Flowers F.A. (établi par), *Portraits of Wittgenstein,* (4 vol.) Thoemmes Press, Bristol, 1999.

Gaugusch Georg, « Die Familien Wittgenstein und Salzer und ihr genealogisches Umfeld », in *Adler 21,* vol. XXXV, cahier n° 4, 2001.

Grassegger Friedrich/Krug Wolfgang, *Anton Hanak,* Böhlau, Vienne/Cologne/Weimar, 1997.

Immler Nicole, « Familiengedächtnis als narrative Strategie », in *Newsletters Moderne,* cahier n° 1, 2002.

Janik Allan/Toulmin Stephen, *Wittgenstein's Vienna,* Simon & Schuster, New York, 1973.

Janik Allan/Veigl Hans, *Wittgenstein in Wien,* Springer, Vienne, 1998.

Jons Ernest, *Das Leben un das Werk von Sigmund Freud,* 3 vol., Hans Huber, Berne, 1962.

Kapfinger Otto, *Das Haus Wittgenstein. Eine Dokumentation,* Kulturabteilung der Botschaft der Republik Bulgarien, Vienne, 1991.

Klimt und die Frauen, catalogue de l'exposition du musée du Belvédère, Dumont, Vienne, 2000.

Leitner Bernhard, *Die Architektur von Ludwig Wittgenstein,* Halifax, 1973.

Leitner Bernhard, *Das Wittgenstein Haus,* Ostfilden-Ruit, 2000.

McGuiness Brian/Ascher Maria Concetta/Pfersmann Otto (édité par), *Wittgenstein, Familienbriefe,* Hölder-Pichler-Tempsky, Vienne, 1996.

McGuiness Brian, *Wittgenstein et le Cercle de Vienne,* Trans-Europe-Express, 1998.

McGuiness Brian, *Wittgenstein I. Les années de jeunesse 1889-1921,* Le Seuil, Paris, 1991.

Monk Ray, *Ludwig Wittgenstein,* Odile Jacob, Paris, 1999.

Nedo Michael/Ranchetti Michele, *Wittgenstein, sein Leben in Texten und Bildern,* Suhrkamp, Francfort sur le Main, 1983.

Nierhaus Irene, « Der Kopf », in *Wittgenstein,* catalogue de l'exposition de la Sécession viennoise, Vienne, 1989.

Nigst Peter, *Robert Örley,* Springer Verlag, Vienne, 1996.

Oberhammer Monika, *Die Sommervillen im Salzkammergut,* Galerie Welz, Salzbourg, 1983.

Prokop Ursula, « Karl Kraus und die Wiener Secession – ein Nestbeschmutzung ? » in IWK-Mitteilungen, N°1-2, 1998.

Prokop Ursula, *Rudolf Perco 1884-1942,* Böhlau, Vienne/Cologne/Weimar, 2001.

Prokop Ursula, *Das Architekten und Designerehepaar, Jacques und Jacqueline Groag,* Böhlau Verlag, Vienne, 2005.

Schorsk Carl E., *Vienne fin de siècle, Politique et culture,* Le Seuil, Paris, 1983.

Sekler Eduard, *Josef Hoffmann,* Residenz Verlag, Vienne/Salzbourg, 1986.

Somavilla Ilse/Unterkircher Anton/Berger Christian Paul (édité par), *Ludwig Hänsel-Ludwig Wittgenstein, eine Freudschaft,* Haymon Verlag, Innsbruck, 1994.

Sjögren Marguerite, *Granny et son temps,* La Baconnière, Neuchâtel, 1982.

Strob Alice, *Gustav Klimt – Zeichnungen 1904-1912,* 2 vol., Salzbourg, 1982.

Wijdeveld Paul, *Ludwig Wittgenstein Architect,* MIT Press, Cambridge, 1993.

Wistrich Robert, *The Jews of Vienna in the age of Franz Josef,* Littman, Oxford, 1989.

Wittgenstein Ludwig/Engelmann Paul, *Lettres, rencontres, souvenirs,* Éditions de l'éclat, Paris, 2010.

Wünsche Konrad, *Der Volksschullehrer Ludwig Wittgenstein,* Suhrkamp, Francfort sur le Main, 1985.

Wagner-Rieger Renate, *Die Wiener Ringstrasse,* Böhlau Verlag, Vienne, 1997.

Wittgenstein Ludwig, *Leçons et conversations sur l'esthétique, la psychologie et la croyance religieuse,* textes établis par Cyril Barett d'après les notes prises par Yorick Smythies, Rush Rhees et James Taylor, Gallimard, Folio essai, Paris, 1992.

Zaunschirm Thomas, *Gustav Klimt, Margarethe Stonborough-Wittgenstein, Ein österreichisches Schicksal,* Fischer Verlag, Francfort sur le Main, 1987.

ARBRES GÉNÉALOGIQUES

Arbres généalogiques des familles Wittgenstein et Stonborough

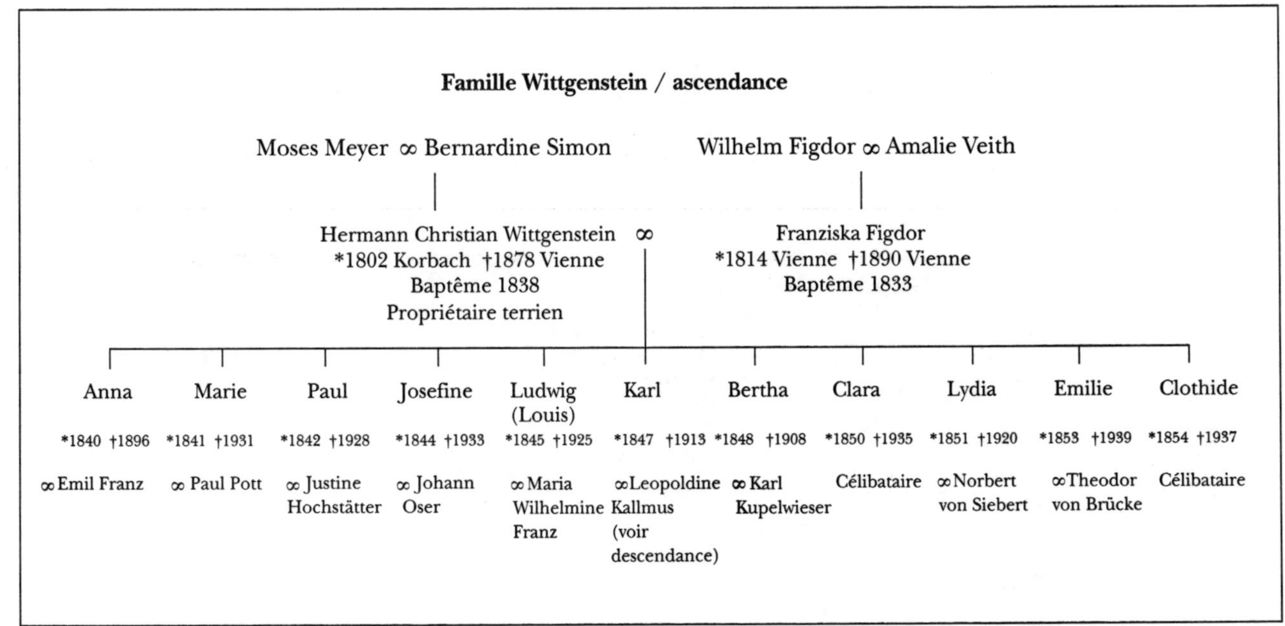

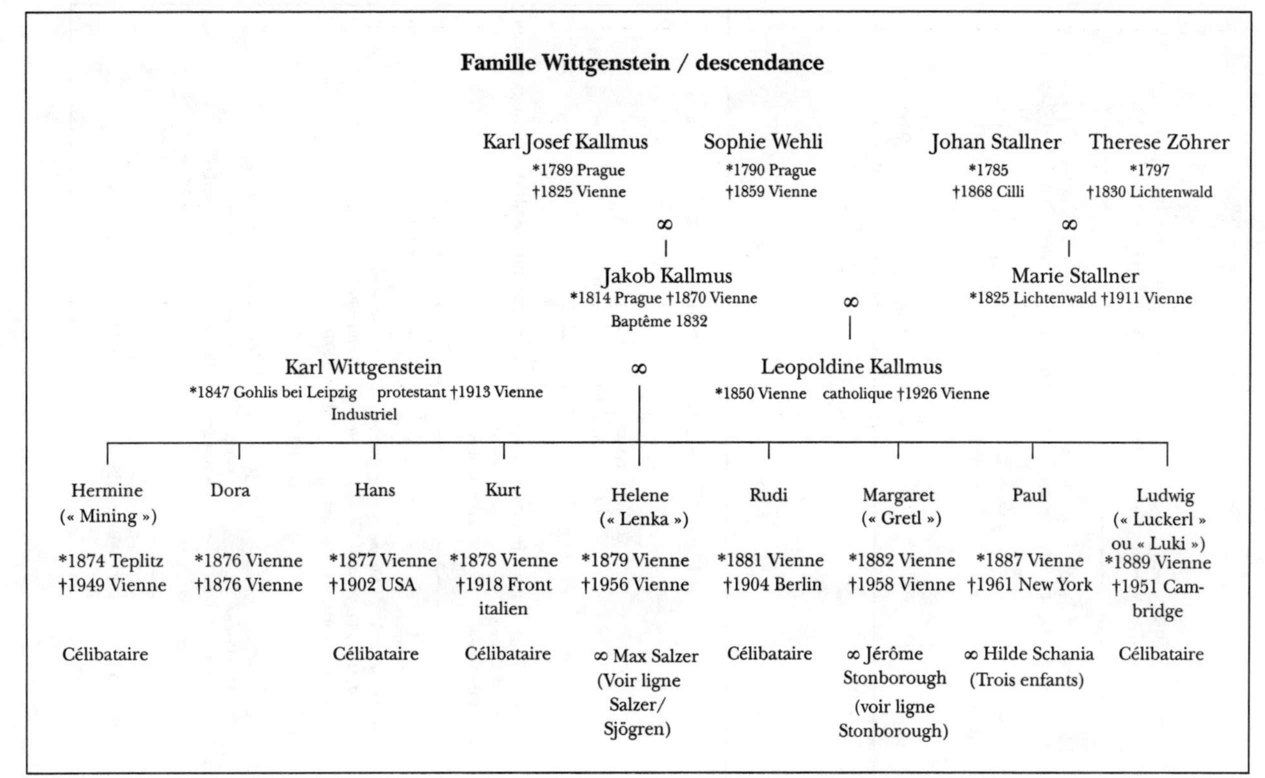

Famille Wittgenstein / descendance
Karl Josef Kallmus
*1789 Prague
†1825 Vienne
Sophie Wehli
*1790 Prague
†1859 Vienne
Johan Stallner
*1785
†1868 Cilli
Therese Zöhrer
*1797
†1830 Lichtenwald
∞
∞
Jakob Kallmus
*1814 Prague †1870 Vienne
Baptême 1832
Marie Stallner
*1825 Lichtenwald †1911 Vienne
∞
Karl Wittgenstein
*1847 Gohlis bei Leipzig protestant †1913 Vienne
Industriel
∞
Leopoldine Kallmus
*1850 Vienne catholique †1926 Vienne
Hermine
(« Mining »)
*1874 Teplitz
†1949 Vienne
Célibataire
Dora
*1876 Vienne
†1876 Vienne
Hans
*1877 Vienne
†1902 USA
Célibataire
Kurt
*1878 Vienne
†1918 Front italien
Célibataire
Helene
(« Lenka »)
*1879 Vienne
†1956 Vienne
∞ Max Salzer
(Voir ligne Salzer/ Sjögren)
Rudi
*1881 Vienne
†1904 Berlin
Célibataire
Margaret
(« Gretl »)
*1882 Vienne
†1958 Vienne
∞ Jérôme Stonborough
(voir ligne Stonborough)
Paul
*1887 Vienne
†1961 New York
∞ Hilde Schania
(Trois enfants)
Ludwig
(« Luckerl » ou « Luki »)
*1889 Vienne
†1951 Cambridge
Célibataire

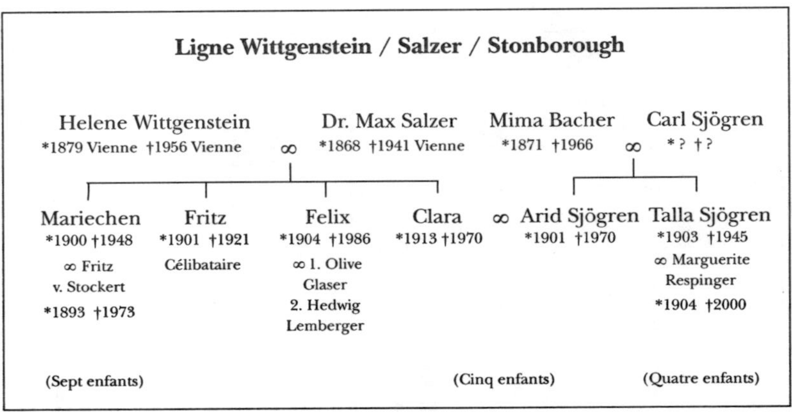
Ligne Wittgenstein / Salzer / Stonborough
Helene Wittgenstein
*1879 Vienne †1956 Vienne
∞
Dr. Max Salzer
*1868 †1941 Vienne
Mima Bacher
*1871 †1966
∞
Carl Sjögren
* ? † ?
Mariechen
*1900 †1948
∞ Fritz
v. Stockert
*1893 †1973
Fritz
*1901 †1921
Célibataire
Felix
*1904 †1986
∞ 1. Olive
Glaser
2. Hedwig
Lemberger
Clara
*1913 †1970
∞
Arid Sjögren
*1901 †1970
Talla Sjögren
*1903 †1945
∞ Marguerite
Respinger
*1904 †2000
(Sept enfants)
(Cinq enfants)
(Quatre enfants)

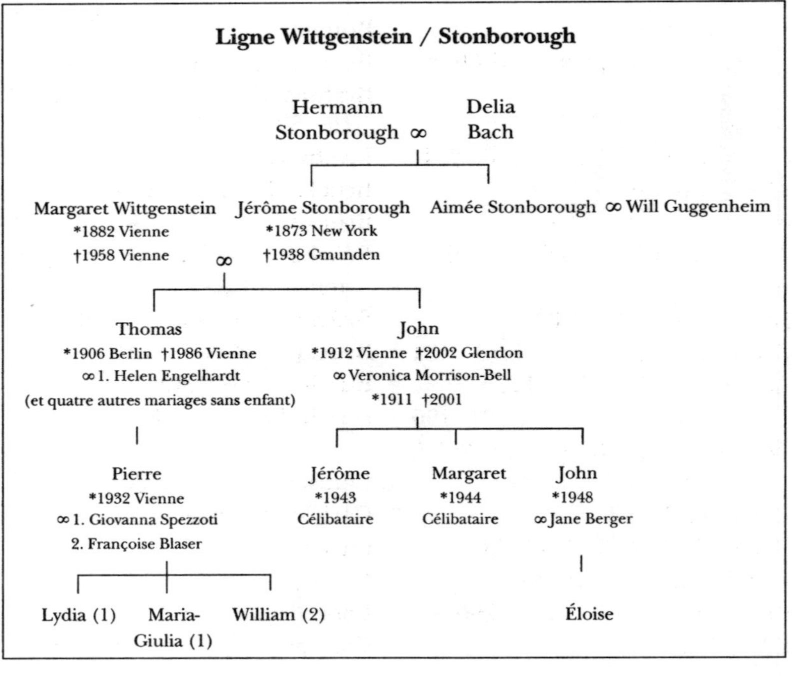
Ligne Wittgenstein / Stonborough
Hermann
Stonborough
∞
Delia
Bach
Margaret Wittgenstein
*1882 Vienne
†1958 Vienne
∞
Jérôme Stonborough
*1873 New York
†1938 Gmunden
Aimée Stonborough
∞ Will Guggenheim
Thomas
*1906 Berlin †1986 Vienne
∞ 1. Helen Engelhardt
(et quatre autres mariages sans enfant)
John
*1912 Vienne †2002 Glendon
∞ Veronica Morrison-Bell
*1911 †2001
Pierre
*1932 Vienne
∞ 1. Giovanna Spezzoti
2. Françoise Blaser
Jérôme
*1943
Célibataire
Margaret
*1944
Célibataire
John
*1948
∞ Jane Berger
Lydia (1)
Maria-
Giulia (1)
William (2)
Éloise

Index des noms de personnes

Crédits photographiques

Archives Pierre Stonborough, Vienne : 2, 3, 6, 7, 8, 9, 10, 14, 15, 16, 17, 18, 19, 20, 21.
Galerie Westlicht, Vienne, photo Schmutzer : 1, 4.
Bibliothèque nationale d'Autriche : 5.
Michael Nedo, Wittgenstein Archiv Cambridge : 12, 13, 15.
Musée national de Basse-Autriche : 11.

CET OUVRAGE A ÉTÉ TRANSCODÉ
PAR NORD COMPO
À VILLENEUVE-D'ASCQ (59)

ACHEVÉ D'IMPRIMER
SUR ROTO-PAGE
PAR L'IMPRIMERIE FLOCH
À MAYENNE EN MARS 2010

N° d'impression : 76005
Dépôt légal : mars 2010
Imprimé en France